日本农产品「地产地消」理论与实证研究

李凤荣 ◎ 著

中国社会科学出版社

**图书在版编目（CIP）数据**

日本农产品"地产地消"理论与实证研究/李凤荣著.
—北京：中国社会科学出版社，2016.9
ISBN 978 - 7 - 5161 - 8848 - 4

Ⅰ.①日… Ⅱ.①李… Ⅲ.①农产品流通—研究—日本
Ⅳ.①F733.134.72

中国版本图书馆 CIP 数据核字（2016）第 213334 号

| | |
|---|---|
| 出 版 人 | 赵剑英 |
| 责任编辑 | 王　曦 |
| 责任校对 | 周晓东 |
| 责任印制 | 戴　宽 |

| | |
|---|---|
| 出　　版 | 中国社会科学出版社 |
| 社　　址 | 北京鼓楼西大街甲 158 号 |
| 邮　　编 | 100720 |
| 网　　址 | http://www.csspw.cn |
| 发 行 部 | 010 - 84083685 |
| 门 市 部 | 010 - 84029450 |
| 经　　销 | 新华书店及其他书店 |

| | |
|---|---|
| 印　　刷 | 北京君升印刷有限公司 |
| 装　　订 | 廊坊市广阳区广增装订厂 |
| 版　　次 | 2016 年 9 月第 1 版 |
| 印　　次 | 2016 年 9 月第 1 次印刷 |

| | |
|---|---|
| 开　　本 | 710 × 1000　1/16 |
| 印　　张 | 18.5 |
| 插　　页 | 2 |
| 字　　数 | 263 千字 |
| 定　　价 | 66.00 元 |

凡购买中国社会科学出版社图书，如有质量问题请与本社营销中心联系调换
电话：010 - 84083683
版权所有　侵权必究

# 作者简介

　　李凤荣，女，吉林省吉林市人，生于1970年，毕业于中国社会科学院农村发展研究所，管理学博士，日本京都大学访问学者，日本神户大学访问学者。曾获2004年北京市优秀教师、2007年北京市优秀青年骨干教师称号。现任陕西理工大学企业战略与运营管理研究所所长、陕西理工大学管理学院学术委员会委员、副教授。主要研究方向：农产品流通、农村组织制度。曾参与或主持省级以上研究课题5项，出版专著2部，主编国家规划教材3部，发表学术论文20余篇。

　　课题来源：日本国际交流基金会日本知识研究资助项目："日本农协主导的农产品'地产地消'流通模式研究"的研究成果；陕西理工学院人才引进启动基金项目"汉中市农产品'地产地消'实证研究"（SLGQD2013［2］－33）的研究成果；陕西省教育厅科研计划项目"汉中市农产品绿色流通体系构建研究"（14JK1117）的研究成果；"汉中市十三五服务业发展战略研究"（汉中市"十三五"规划前期研究重大招标课题）的研究成果。

# 内容摘要

农产品贸易自由化促进了农产品的广域流通，世界范围的农产品大流通产生了诸多国际性问题，引起了世界各国学者和政府机构的普遍关注。笔者认为，当前最为突出的问题有三个：一是农产品质量安全问题。由于生产者与消费者之间的空间距离不断扩大，农产由于生产者和消费者之间的信息不对称，生产者为追求收益最大化而大量使用化肥、农药，导致农产品质量安全事件频发。二是小生产与大市场的矛盾。现代化农业生产逐渐向单一品种、大规模产地、标准化作业方向发展，导致小规模农户难以进入市场，小生产与大市场的矛盾日益凸显，小农户生活难以维系，土地荒弃现象严重。三是农村经济发展问题。大量农村青壮年劳动力外出务工，农村空巢家庭不断增多，农业劳动力成本不断提高，农产品价格不稳定，农村经济发展缓慢。在这个背景下，如何确保农产品质量安全、使小规模农户进入市场、增加农民收入、促进农村地域经济发展成为世界各国普遍关注的现实问题。日本发起了农产品"地产地消"运动，旨在有效地解决上述问题，实践证明日本农产品"地产地消"已成为一个成功范例，因此，研究日本农产品"地产地消"的理论与实践对我国农业发展具有重要意义。本书研究的主要内容和结论如下：

（1）"地产地消"的基本理念分析。日本农产品"地产地消"运动倡导"身土不二"、"医食农源"、"和谐共生"三大基本理念，引导消费者养成健康饮食习惯，食用本地生产的农产品、绿色农产品，引导消费者遵循自然规律选择回归自然的生活方式，引导农业经营理论由追求资本收益的理论转向改善生命、生活的理论。

（2）"地产地消"产生机制分析。根据制度变迁理论和交易费用理论，从流通视角分析，"地产地消"是农产品流通制度的一种创新，

"地产地消"具有交易成本的比较优势，是与生鲜农产品交易特征相适配的治理模式的选择，"地产"与"地消"相互促进的机制决定了"地产"与"地消"必须同步发展，因而产生了"地产地消"流通模式。

（3）"地产地消"的组织管理模式剖析。在"地产地消"流通模式中，生产者以小规模农户为主，消费者以个人家庭消费为主，交易对象以生鲜农产品为主，基于生产者享有决策权的委托代理交易方式，可以减少信息不对称所导致的道德风险和逆向选择，有效地保护生产者利益。根据供应链管理理论，"地产地消"供应链是需求拉动与供给推动相结合的双向驱动的供应链，合作机制、交流机制、自律机制、决策机制和激励机制能够有效地保障供应链的稳定运营。"地产地消"供应链管理模式是以零售企业（直销所）为核心的供应链管理模式，其供应链治理采用三方治理结构，通过农协发挥中间协调作用，对物流、信息流、资金流进行整合，可以减少流通时间、降低交易成本、提高经济效益。

（4）"地产地消"的运营效果分析。第一，"地产地消"的经济效果。在"地产地消"运营过程中，基于生产者和消费者之间交流的常硫化而产生了温情效应，建立了稳定的产消关系。从理论上分析，"地产地消"的经济效果包括直接经济效果和间接经济效果两个方面，直接经济效果表现为供应链上相关利益群体收益均有增加，可以实现帕累托改进。间接经济效果表现为对地域经济发展的溢出效果，具体包括扩大就业和拉动地域经济增长。第二，"地产地消"的社会效果。在"地产地消"运营过程中，以直销所为核心建立了广泛的社会合作关系，包括生产者之间的合作、生产者与消费者的合作、直销所其他行业间的合作、直销所与行政机构的合作、不同地域的直销所间的合作等，形成了一、二、三次产业融合发展的良好局面。同时，"地产地消"理念被生产者和消费者所接受，不断培养了新型职业农民和地域消费者，有利于推动农业可持续发展。

（4）"地产地消"实证研究。本书以兵库六甲农协为例，运用SWOT分析法，分析"地产地消"的优势与劣势、机遇与挑战。通过对兵库六甲农协经营年报统计数据的分析，证明了"地产地消"的销售效率高于传统超市，"地产地消"可提高供应链相关主体的经济效益，实现共赢。运用产业关联分析法计算分析，证明了"地产地消"对区域经济发展具有波及效果。

关键词："地产地消" 农产品流通 直销所 供应链 运营效果

# 目　录

# 第一章 绪论

## 第一节 研究背景、目的与意义

### 一 研究背景

农业是与土地紧密联系的生命产业，具有很强的地域特点，食品产业对农业的依赖性强，也具有很强的地域特点（本地食品）。在食物自给阶段，"食"与"农"是一体的，"食"是"农"的一部分，"食"生活重视自然的和传统的饮食文化和方式。食物的商品化始于"食"与"农"的分离，以食物商品化为契机，推进了"食"与"农"在空间和社会的分离，随着农业生产与消费的分离，造成"食"与"农"在空间的、社会的背离。空间的背离是指国际化的、多国籍的农业食料资本的活动领域和日常的"食"生活领域的空间背离。具体而言，由于进口农产品的增加（全球化），居民"食"生活的场所和"食"生活的内容都发生了很大的变化，生产与消费在空间上的距离增大了。并且，随着空间距离的扩大，社会的共同关系也被打破，食品消费的个别性、独立性增强，生产和消费的社会背离程度也在扩大，关于"食"的劳动社会化和消费个别化的矛盾日益加强。随着生产与消费的社会分离，食品信息外部化了，消费者难以直接掌握食品信息，食品生产过程信息已经具有"制成品"的属性，由于消费者缺少对食品生产的知识和想象力，只能借助商标来识别食品生产过程信息，因此，对商品标签的依存度明显增强。随着食品生产工业化的发展，导致传统的饮食文化和食品加工技艺日益衰退，而农业则处于原料生产部门的位置，通过原料配置的国际化进行农业产业结构重组,"农"成为"食"的从属部门。同时,由于消费者缺乏关于农业的知识和经验,缺少对农业的切身感受,关于"食"的消费能力,包括对食品原料的味觉评价能力日益低下,因而,引发了"食"消费的问题日益增多。

保证劳动者的自身健康和安全,消费自己生产的农产品放心而又安心是最基本的生理需求,在食品安全受到严重威胁的今天似乎是一种奢望。第一,生产者责任感缺失。生产者不知道生产出来后会给谁去吃,大量使用农药和化肥的农产品,它可以使农产品长得个大高产,没有害虫的侵害,长相漂亮,如果可能的话,自己都会避开食用,另外种植不用农药、化肥的瓜果、蔬菜和粮食,但是可以把大量使用农药、化肥的产品卖出高价,赚取更多的金钱为目标;一些生产商或者经销商采取掺假、伪造和以次充好等手段牟取暴利,坑害消费者。第二,消费者信任感缺失。农产品消费者也不知道是谁生产出的产品,存在严重的信任缺失,消费者都想花最少的钱买最好的产品,可是好产品的标准又如何衡量呢?因此,引出第三方认证和品牌的树立,但也常常为了取得第三方认证和品牌的广告宣传需要付出极高的代价,这又会把这部分代价,包括过度包装等费用转嫁到消费者身上,消费者为吃上"新鲜、放心、安全"的蔬菜要另外增加支出来购买生产者的诚信。第三,劳动异化现象。农产品的消费者可能是其他产品的生产者,这种不良行为和商业文化会得到延伸和扩展,以至于在整个社会普遍存在,以最小投入,求得最大收益,生产的产品不是用来消费,而是作为盈利的手段,由此产生"劳动异化"现象,即人的类本质与人相异化,同时,还有劳动产品与劳动者相异化、劳动行为与劳动者异化和人与人异化伴随而来。生产资料的使用也同样会出现这种现象,也就使得当今社会面临价值观念的重塑。

实际上,根据食品体系理论,在农业加工原料生产部门化和食品原料配置国际化的进程中,多国籍农业食料关联资本逐渐成为一个整体,现在已经进入农业产业集成化发展阶段。在"食"与"农"背离的前提下,"农"作为"食"原料的供给部门从属于"食"。自古以来,食品产业虽然收益性不高,但却是最为稳定的产业。可是,随着农产品价格上涨,食品产业的收益进一步恶化,全球范围频繁发生的食品安全事件和食品问题，引起"食"的消费者对"食"的安全性更加关注，对生产者的不信任，导致农业生产面临严峻局面，食品安全问题已经发展成为社会问题。各国解决食品安全问题主要有两个途径：一是彻底实行从农田到餐桌的全程管理，导入 HACCP① 和可追溯体系，实施从农田到餐桌的全程风险管理；二是以克服"农"与"食"相背离为宗旨，以解决食品安全问题为契机，从农产品流通体系、行政管理体系的视角深入探索，开展"地产地消"运动，以期重新塑造与居民生活地域的地域资源相结合的"食"生活和"食"文化，恢复"食"与"农"的一体化，恢复消费者对食品以及食品生产者和企业的信赖。

此外，国际农产品贸易自由化对世界各国的农业及农产品流通产生了重大影响。一方面，伴随农产品在世界范围的广域流通，农产品批发市场迅速发展起来，经由批发市场的流通具有流通量大、运输距离长、流通范围广等特点，使农业生产朝单一品种、大规模产地、标准化生产方向发展，一些具有地域特色的农产品生产却因难以持续发展，导致具有地域特色的传统饮食文化逐渐被淡忘；另一方面，由于分散的小规模生产的农户难以进入批发市场，导致其生产的农产品销售困难、农户收入下降，一些小规模农户放弃农业生产，造成耕地荒弃、农业从业人口减少、农业生产后继乏人、农业及农村地域经济发展缓慢等问题。

进入 20 世纪 80 年代以后，在日本、美国、意大利、德国以及亚洲的一些国家相继开展了恢复地域传统饮食、缩短"食"与"农"的距离的运动。如日本的"地产地消"运动、韩国的"身土不二"运动、美国的 CSA（Community Supported Agriculture）、意大利的 Slow Food 运动等，可以说倡导新的饮食运动在世界范围内同时发生。在这个背景下，各国从本国实际出发，考虑农村地域经济发展、创新农业发展方式、提高农民收入等问题，逐步探索新型的农产品流通模式，

---

① 国家标准 GB/T15091—1994《食品工业基本术语》对 HACCP 的定义为：生产（加工）安全食品的一种控制手段；对原料、关键生产工序及影响产品安全的人为因素进行分析，确定加工过程中的关键环节，建立、完善监控程序和监控标准，采取规范的纠正措施。

比较有特点的模式有：韩国以农协为主导的连锁销售店模式、美国的农产品直销所模式、意大利的生产者市场模式等，值得关注的是日本正式提出了"地产地消"的概念，并以"地产地消"为基本理念，创新了以直销所为核心的农产品"地产地消"流通模式，通过政府、农协、企业等多方面的协作和共同努力，"地产地消"日益成为振兴农村地域经济的一种发展战略。

**二 研究目的**

第一，揭示农产品"地产地消"的经济学原理。本书旨在系统地梳理日本农产品"地产地消"的理论，从经济学和管理学两大视角分析日本农产品"地产地消"，以期揭示"地产地消"的经济学原理。

第二，深入剖析农产品"地产地消"的供应链管理模式。本书具体分析日本农产品"地产地消"的产生机制，明晰日本农产品"地产地消"流通在日本农产品流通体系中所处的地位，剖析"地产地消"流通体系；在实地调查的基础上，从微观层面剖析农产品"地产地消"流通模式，通过具体案例分析把握"地产地消"流通模式的构成（生产特征、消费群体及交易方式）、"地产地消"供应链运营机制和管理模式。

第三，实证分析一个完整的、成功案例。运用第一手数据资料定量分析直销所运营所产生的经济效果，以验证"地产地消"供应链相关利益群体的经济收益和对地域经济发展的效果。本书最终将为我国农村区域经济发展，尤其是为农村第一、第二、第三次产业融合发展提供一个可资借鉴的参考样板。

**三 研究意义**

（一）理论意义

第一，丰富我国对于日本农产品流通领域的研究。目前，我国理论界对于日本农产品流通领域的研究主要是从宏观层面上对中日两国农产品批发市场的比较研究，而对于日本农产品零售市场的研究较少，对零售市场进行深入的实证研究更为少见。本书着重研究日本农产品"地产地消"流通模式，属于日本农产品流通领域中的批发市场流通以外的农产品流通模式。此项研究必然会弥补我国对于日本农产品流通领域研究的不足。

　　第二，扩展关于农产品"地产地消"的研究范围。国内外关于"地产地消"的理论研究主要是关于"地产地消"模式的某一种类型的个案研究、关于"地产地消"效果的定性研究、关于"地产地消"的组织形式等方面的研究，而从供应链管理的角度进行的研究还很少见，尤其是关于一个地域"地产地消"的全方位、整体的系统研究，对"地产地消"运营效果的定量研究更为少见。本书尝试对一个地域的"地产地消"进行全面、整体的分析，对其经济效果进行定量分析，并采用SWOT法分析"地产地消"可以选择的发展策略。

　　（二）现实意义

　　第一，为促进我国农产品产销对接模式发展、提高农产品流通效率提供新的途径。我国农产品产销衔接模式的发展虽然已在全国范围内进行，但在发展中遇到诸多问题和困惑，如对接的接口问题，也就是说谁与谁对接？谁来组织？怎样对接？农产品质量监控问题，谁来监控？怎样监控？农产品配送问题，谁来负责配送？如何降低运输成本？等等。日本农产品"地产地消"流通模式中有政府行为、有中间层组织进行整合协调、有第三方物流公司或农协进行配送等成熟的组织操作模式，通过研究日本农产品"地产地消"的运营模式，可以为我国农产品流通实现产销衔接提供组织操作层面的借鉴，通过确立统一的、明确的经营理念有效地将农产品供应链上各环节有机整合，缩短流通链条、减少流通时间、降低流通成本，提高农产品流通效率。

　　第二，为促进农村第一、第二、第三次产业融合发展，提高农民收入、增加农民就业、振兴农村区域经济提供新的范式。发展农产品"地产地消"流通模式，可以将分散的农户生产的农产品纳入流通供应链系统中，不仅可以满足更多消费者的需求，同时也为农民提供了增加收入的机会。以"地产地消"为基本理念，开发地域特色农产品加工业，有利于促进农村第一、第二、第三次产业融合发展，有利于整合农产品加工企业资源，创造加工附加值，促进产业间的合作与交流，吸纳农村剩余劳动力，发展地域经济。

# 第二节　概念界定

## 一　"地产地消"的由来

"地产地消"概念的形成有一个历史过程。早在 1965 年的日本，一些家庭主妇借鉴瑞典的思想经验，开始关心农药对于食物的污染，加工和进口食品越来越多，而相应地，本地农产品越来越少。于是，她们就与当地农产品的生产者达成了一个供需协议，这就是被叫作"Teikei"的制度，就是有共识或一起合作的意思，推崇农产品生产者和消费者对接，让消费者"看得到农夫的脸"。日本农林水产省的生活改善科于 1981 年制定并实施的《地域内饮食生活提高对策事业》四年计划中首次正式提出了"地产地消"这一概念，主要背景如下：

（一）不良饮食习惯引发健康危机

1981 年，日本农林水产省首次提出了"地产地消"概念，推行"地产地消"计划，主要是针对当时日本农村的传统饮食习惯，除了主食大米以外，大酱汤和腌菜是最普遍的配菜，高盐分的饮食结构导致高血压人口增加，而食品中的钙质、蛋白质却明显不足。推行"地产地消"运动的目的在于普及健康、合理和科学的饮食文化，改善饮食结构，提升国民体质，从而减少国家在医疗支出上的压力。

（二）农业现代化生产片面追求产量却忽视了质量问题

日本农产品自给率低，农产品流通在日本国民经济发展中占有举足轻重的地位。日本是个岛国，国土面积狭小，只相当于中国的 1/25，且资源贫乏，土壤贫瘠，多火山和地震，山地和丘陵约占国土面积的 80%，但是日本人口众多，约 1.27 亿人，是典型的人多地少的国家。农业经营规模小，兼业经营农户比重大；农产品自给率低，进口依赖度大；农业劳动力持续减少，农业人口老龄化严重；农产品流通连接着农产品的生产与消费，把市场需求信息传递到生产领域，引导生产；把农产品送到消费者手中，促进消费，在农业产业化发展中发挥着承上启下的重要功能。农产品流通是否高效、畅通关系到社会的稳定和发展，关系到整个社会经济的运行效率和运行质量。

日本在农业现代化过程中，以生物技术为农业技术创新的重点，大量使用农药和化肥，提高土地面积单产，以缓解土地资源的不足，增加农产品供给。在 1985 年之后，日元大幅度升值，进口农产品相对廉价，大量的海外农产品涌入日本市场，占据了半壁江山，丰富了日本民众的"菜篮子"。可是，进入 21 世纪后，由于日本的食品行业发生了不少恶性事件，如修改保质期、库存过期食品返工再生产、"毒大米事件"和"毒水饺事件"等，使消费者对食品，尤其是对农产品的信任变得非常脆弱，因而就更加追求食品的安全性。

综上所述，日本农林水产省以增进农村居民的身体健康为目的提出发展"地产地消"，并力图推进地域内生产的农产品在地域内消费，构筑具有地域特色的、合理的饮食结构。日本政府提出推进"地产地消"活动计划，鼓励消费者尽可能消费当地或邻近产地的农产品，同时避免农产品生产单一化，鼓励农民生产多种农产品，缓解日本大米受到进口冲击带来的危机，也有助于保证农民收入的稳定。当时，"地产地消"计划首先在全国范围内选择 8 个县进行试点，现在已经在全国范围内普遍实施。"地产地消"的含义是：当地生产的农产品，在当地消费，即"当地生产，当地消费"。"当地生产，当地消费"的说法在不断被引用的过程中，逐渐被简称为"地产地消"。

二 "地产地消"的新内涵

（一）日本农林水产省对"地产地消"的定义

关于"地产地消"的定义，日本农林水产省分别于 2005 年和 2010 年做出了解释。

2005 年，日本政府制定并实施了《食品、农业、农村基本计划》，这个计划是以提高粮食自给率为重点，作为一种农业发展的策略，提出在全国范围内组织开展"地产地消"。该计划中对"地产地消"的定义为："地产地消"是指根据地域内消费者的需求进行农业生产，并将生产的农产品在当地进行消费，使生产者和消费者直接联系在一起的一种流通组织形式。这个定义中强调两个要点：一是强调将生产者和消费者直接联系在一起，进行面对面交易；二是强调按消费者需求组织生产并在生产地进行消费，流通的范围界定在生产地。

2010 年，日本政府颁布了《六次产业化法》，该法第三章的核心思想是强化"地产地消",促进地域内农林水产品的利用。并对"地产地消"的定义做出了新的界定,即"地产地消"是指将在国内生产的农林水产品(仅限于供食用的产品)在其生产地域内进行消费的组织形式,是以提高粮食自给率,通过组织直销所、发展农产品加工等途径推进"六次产业化"①为目的。这个定义强调的是推进"六次产业化",即强调通过"地产地消",促进第一产业、第二产业、第三产业的协调发展,促进地域经济发展。

(二)学术界对"地产地消"的定义

学术界对于"地产地消"的定义,最有代表性的是山下庆洋(2009)提出的,即所谓"地产地消"是指在某个地域生产的农产品由本地域的居民积极进行消费,以此来刺激生产,发展农业关联产业,促进地域资金循环,振兴地域经济的一种组织方法。②可见,学术界也更加关注"地产地消"对振兴地域经济的效果。

综上所述,所谓"地产地消",是指消费者直接从生产者那里购买商品并进行消费以及利用当地产的原料进行加工后在当地进行消费。无论是直接消费还是间接消费,不是简单地以"与农产品生产者面对面交易"为界限的,而是强调消费一定地域范围内生产的农产品及其加工品。因此,"地产地消"具有地域性,日本"地产地消"的地域范围基本上指"县内"。

### 三 本书对"地产地消"定义及范围的界定

本书从市场流通论的视角出发,具体分析"地产地消"活动引发的农产品流通结构的变化,最突出的变化就是引发了农产品直销型流通的扩展。因此,本书将"地产地消"的定义界定为一种农产品流通模式。"地产地消"是一种地域流通,指在一定地域范围(通常指县内域范围)内,不经由批发市场,没有中间商介入,由生产者及其组

---

① 六次产业化是日本农业经济学者今村奈良臣提倡的一种说法,表示从农业、水产业等第一产业开始到食品加工业的第二产业,再到流通销售的第三产业,实现农业经营多元化,将其称为"六次产业化"。即第一次产业的"1"+第二次产业的"2"+第三次产业的"3"=第六次产业的"6"。

② 山下庆洋:《地产地消の取組をめぐって》,《立法と調査》2009年第299期,第66页。

织以直销方式将其生产的农产品销售给加工、餐饮等企业或直接销售给最终消费者，以此来促进产业间的合作、促进地域经济发展的流通模式。

本书的实证研究选择的研究对象为兵库六甲农协，研究的地域范围限于兵库六甲农协管区以内，具体包括神户市、三田市、宝塚市、西宫市、川西市、伊丹市、尼崎市、猪名川町共7市一町。选择兵库六甲农协作为研究对象，主要原因在于兵库六甲农协具备发展"地产地消"的条件，兵库六甲农协所属的神户市是日本"地产地消"的发源地，发展历史较长、经验成熟，"地产地消"流通具有稳定性，是"地产地消"的成功范例。

# 第三节　研究内容、方法与创新

## 一　研究内容

研究内容主要包括十章，具体研究框架如图1-1所示。

第一章，绪论。在对"地产地消"的概念做出界定的基础上，阐述研究背景及研究的目的和意义，介绍主要研究内容及研究的思路、方法，并陈述研究特点和可能创新之处。

第二章，"地产地消"的经济学。本章从农业与工业的区别入手，着重阐述"地产地消"的基本理念、基本特征，集中阐述"地产地消"的经济学理论及观点。

第三章，"地产地消"的国际比较。本章通过分析世界主要国家（美国、韩国、德国、意大利、泰国、中国等）的农产品"地产地消"的理念、组织模式、运行模式以及政府管理模式，从市场形态、经营管理模式和政策措施等方面进行比较分析。

第四章，研究综述和理论基础。对日本"地产地消"的研究成果进行概括和总结，并对已有的研究做出评价，导入本书的研究方向；对研究运用的理论进行归纳和整理，具体介绍制度变迁理论、交易成本理论、农产品供应链管理理论和区域循环经济理论，在对理论系统梳理的基础上，构建本书的理论框架。

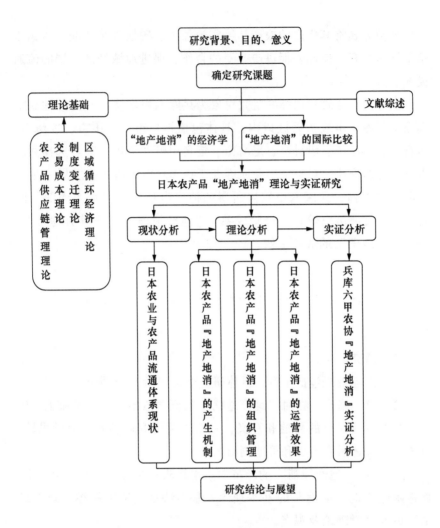

**图1-1 研究整体框架**

第五章，日本农业与农产品流通体系。从日本农产品流通体系分析入手，介绍日本农产品市场流通和市场外流通的构成，明确"地产地消"属于市场外流通的重要组成部分，进而从农产品流通体系的三个维度——流通渠道体系、交易的载体、规范与支撑要素分析"地产地消"流通体系的发展现状。

第六章，"地产地消"产生机制。主要说明"地产地消"如何产生的问题。首先，与传统的经由批发市场的流通模式相比，"地产地消"是一种制度创新，并运用制度变迁理论、交易成本理论阐释"地产地消"产生的原因和"地产"与"地消"相互促进的机制。

第七章，"地产地消"的组织管理模式。本章具体分析日本农产品"地产地消"的四种组织运营模式，即直销所型、农超对接型、农餐对接型和产品加工型的组织运营模式；从流通主体、交易对象、交易方式和营销策略四个方面分析"地产地消"流通模式；从管理运营机制、业务流程、治理结构三个方面分析"地产地消"的供应链管理模式。

第八章，"地产地消"的运营效果。本章从理论与实践两个方面，围绕日本农业、农村的核心问题，具体分析、论述"地产地消"的经济效果、社会合作效果、新农民培养效果、培养地域接班人及消费者的效果以及促进农协职能转换的效果。

第九章，兵库六甲农协"地产地消"实证研究。深入兵库六甲农协内部，通过资料查阅、问卷调查、访谈等形式，了解兵库六甲农协的基本情况，进一步分析参加"地产地消"的生产者特征、消费者特征、"地产地消"的组织管理方式以及"地产地消"流通的规模及渠道结构状况。在此基础上，通过 SWOT 分析把握兵库六甲农协发展"地产地消"的利弊，并对其发展"地产地消"的基本策略进行研判；详细分析兵库六甲农协"地产地消"的运营模式和供应链管理模式，并对其利弊进行评价；利用调研数据具体量化分析兵库六甲农协"地产地消"的销售效率和经济效益；最后运用产业关联分析法，从直接效果和间接效果两个方面量化分析"地产地消"对地域经济发展的影响效果。

第十章，研究结论与展望。在理论与实证分析的基础上，提炼研究的主要结论，总结研究的不足，明确今后有待进一步研究的课题与方向。

**二　研究方法**

本书以理论总结和文献综述为基础，实证分析和理论分析相结合，定性分析与定量分析相结合的研究方法，分析问题、归纳结论。具体采用的分析方法如下：

第一，理论分析法。运用制度经济学中的制度变迁理论，解释

"地产地消"的产生是一种制度的创新，是与交易特征相适配的必然结果；运用交易成本理论，在将传统市场流通与"地产地消"流通的交易成本进行比较的基础上，构建"地产地消"经济效果概念图，并通过具体的计算，验证经济效果的存在；运用产业经济学的产业关联理论，分析计算"地产地消"对地域经济的波及效果。

第二，问卷调查法。实证分析中对生产情况实地调查时，通过兵库六甲农协网上信息平台发布对生产者的调查问卷，根据对调查问卷的整理和分析，总结出生产者的特征；在对消费者满意度进行调查时，通过在兵库六甲农协市场馆各店铺入口处设置问卷领取和回收箱的形式，发放和回收调查问卷，根据对调查问卷的整理和分析，总结消费者的满意程度。

第三，比较分析法。本书中，对"地产地消"的经济效果分析、直销所的销售效率、盈利能力分析等多处均采用了比较分析法，在将"地产地消"流通模式与传统的市场流通模式相比、将直销所与传统的蔬果超市等量贩店相比的基础上，对"地产地消"流通模式做出客观的评价和判断。

第四，案例分析法。本书中，在对"地产地消"流通模式进行剖析时，以兵库六甲农协为研究对象，通过对兵库六甲农协进行具体的案例分析，从具体的操作层面阐述"地产地消"的组织管理的做法、"地产地消"运营模式，并通过具体的财务统计数据分析，定量地计算出兵库六甲农协市场馆的经营利润、利润率、利润增长率等指标，以及市场馆运营所产生的直接经济效果、对地域经济的波及效果。

第五，产业关联矩阵分析法。本书中，对"地产地消"的经济效果的分析，采用了产业关联矩阵分析法，具体分析了"地产地消"对地域经济发展产生的效果，即分析基于"地产地消"对消费者、生产者带来的直接收益，进而引起消费的增加对第一产业、第二产业、第三产业产生的波及效果，诱发了生产和就业。

**三 特点和创新之处**

到目前为止，国内关于日本农产品流通体系的研究主要是关于基本情况的简单介绍，大多属于新闻报道性质的文章，缺乏翔实的实证研究，更缺乏具体组织、操作层面的深入研究，本书是在深入目标研究对象内部实地调查，以从一线实际获取的"地产地消"的真实报表数据为基础，上升到理论高度进行分析。可能的创新之处有以下两个方面：

第一，研究选题的创新。国内关于"地产地消"的概念尚未提出，关于农产品"产销对接"模式的实践还处于起步探索阶段，关于日本农产品流通方面的研究主要是对日本农产品批发市场的研究，而关于日本农产品市场外流通模式的研究尚少有涉及，关于日本农产品"地产地消"的相关研究尚未开展。所以，本书选择日本农产品"地产地消"理论与实证案例进行研究，选题本身即有创新意义。

第二，探索新的研究视角。国内基于农产品供应链理论的研究起步较晚，基于供应链管理的农产品流通模式的研究较少，而且主要是定性研究，对农产品供应链流通效果的定量研究颇为少见。本书从案例研究入手，从供应链整体的视角分析"地产地消"供应链运营管理模式，从微观领域定量分析"地产地消"运营的经济效果，运用量化的经济指标揭示"地产地消"的综合效果。

# 第二章　"地产地消"的经济学

## 第一节　"地产地消"的基本理念

"地产地消"实现了生产者和消费者的直接对接，减少了流通的中间环节，倡导回归农业产业化之前的原生态的绿色消费价值理念，这种流通环节的简约化是以流通主体之间相互的信任为基础的，农业产业化在扩大生产的同时也显现出劳动异化现象，对社会价值观念的取向带来了新的挑战，农产品"地产地消"倡导的是一种"返璞归真"的价值取向，其基本理念可概括为"身土不二"、"医食农源"和"和谐共生"三大理念。

### 一　身土不二

"地产地消"的基本理念是"身土不二"，"身土不二"源于人与自然和谐统一的思想，人的身体健康与其赖以生存的自然环境密切相关，人们食用自己生活所在地的土壤生产出来的农产品对身体健康是最有益的。

日本以增进国民身体健康为出发点，通过立法的形式规定学校、农协及地方政府在加强中小学生饮食文化教育方面的义务，在学校供应的营养餐的食材选择上要优先选用"地产"农产品，在"地产"农产品供应不足时再选用"县产"农产品，"县产"农产品供应不足时再选用"国产"农产品，绝对不允许选用进口农产品。因此，日本国民从小学生时代开始就确立了"地产"农产品有益于身体健康的理念。现在，"地产地消"已经成为指导消费者决策的一种基本理念，日本国民购买"地产"农产品的意识较强，通常会按照先"地产"、后"县产"、再"国产"的顺序依次选择,尽管日本"国产"农产品的价格远远高于进口农产品的价格,但消费者依然青睐"国产"农产品。

并且,消费者的这种消费理念也渗透给了生产者,成为影响生产者决策的一种指导思想,使生产者也从有益身体健康的视角出发,开发特色农产品,并且选择安全、环保的生产技术和生产流程,创新农产品流通模式,确保消费者能够买到新鲜、安全、放心的农产品。通过开拓"地产"农产品的"地消"渠道,加强地域内不同产业间的交流与合作,以期实现促进地域经济共同发展的效果。

**二 医食农源**

"医食农源"的理念来源于中国中医学的"药食同源"理论,这一理论认为:许多食物既是食物也是药物,食物和药物同样能够防治疾病。在古代原始社会中,人们在寻找食物的过程中发现了各种食物和药物的性味和功效,认识到许多食物既可以药用,也可以食用,两者之间很难严格区分。这就是"药食同源"理论的基础,也是食物疗法的基础。中医药学还有一种中药的概念是:所有的动植物、矿物质等也都是属于中药的范畴,中药是一个非常大的药物概念。凡是中药,都可以食用,只不过是一个用量上的差异而已,也就是说,毒性作用大的食用量小,而毒性作用小的食用量大。因此严格地说,在中医药中,药物和食物是不分的,是相对而言的:药物也是食物,而食物也是药物;食物的副作用小,而药物的副作用大。这就是"药食同源"的另一种含义。

"药食同源"的理论表明医药与饮食是同一个起源。实际上,饮食的出现,比医药要早得多,因为人类为了生存、繁衍后代,就必须摄取食物,以维持身体代谢的需要。经过长期的生活实践,人们逐渐了解了哪些食物有益,可以进食;哪些食物有害,不宜进食。通过讲究饮食,使某些疾病得到医治,而逐渐形成了药膳食疗学。药膳是传统医学知识与烹调经验相结合的产物,是以药物和食物为原料,经过烹饪加工制成的一种具有食疗作用的膳食。它"寓医于食",既将药物作为食物,又将食物赋予药用;既具有营养价值,又可以防病治病、强身健体、延年益寿。因此,药膳是一种兼有药物功效和食品美味的特殊膳食。它可以使食用者得到美食享受，又在享受中，使其身体得到滋补，疾病得到治疗。

日本农林水产省生活改善科通过宣传、推广"医食农源"的基本理念，改善国民的传统饮食习惯，提高国民身体素质。强调为了达到健康之道，除了必须注意调整日常生活习惯之外，饮食的调整也可达到养生目的，人类几千年来的生活体验，经历了《神农本草经》，《食疗本草》甚至《本草纲目》等，已经将食物及医药融为一体，演化出"药食同源"之文化。医学发展过程中首重预防，而预防之道在于遵循自然治疗之原则，饮食健康自然是预防疾病的第一道保障。从发展过程来看，中药与饮食在远古时代是同源的，后经几千年的发展，药食分化，若再往今后的前景看，必将返璞归真，以食为药，以食代药。

### 三 和谐共生

日本农产品"地产地消"中倡导和谐共生的理念，旨在实现人与自然、生产者与消费者、不同年龄的农业劳动者以及关联产业之间的和谐共生。

第一，人与自然和谐共生。农业生产应以保护环境为基本原则，农业生产要建立在自然生态环境可持续发展的基础之上。因此，在农业生产中应尽量减少农药、化肥等化学物质的使用，提倡使用生物杀虫技术和有机肥料，推广农户自治堆肥技术，逐步普及农产品绿色论证，引导生产和消费绿色、无公害、有机农产品；发展农产品直销模式，减少流通环节，减少农产品运输里程，减少农产品运输过程中的碳排放，保护自然环境。

第二，生产者与消费者和谐共生。"地产地消"以生产者与消费者的直接交流为基础，生产者基于与消费者面对面的直接交流，及时、准确地把握消费者的需求，并根据消费者的需求及时调整生产计划，消费者需求什么，生产者就生产什么；消费者需求多少，生产者就生产多少。可以说"地产地消"真正实现了以需求为导向的农业生产，能够保证生产者生产的农产品有稳定的销路。另外，基于生产者与消费者的直接交流，也使消费者能够清楚地知道自己消费的农产品是谁生产的，是采用什么样的技术生产的，通过生产者组织的烹饪教室和试食大会等活动，也能使消费者了解自己所食用的农产品的营养价值、烹饪技法等知识，做到放心消费、安全消费。因此，"地产地消"将生产者和消费者的利益紧密地联系在一起，倡导生产者与消费者和谐共生的理念，既有利于提高农户收入，又保证了消费者买到新鲜、安全、放心的农产品。

第三，农业劳动者之间和谐共生。"地产地消"使不同年龄、不同性别的劳动者都能找到自己发展的空间，实现自身价值。日本的农业劳动者老龄化问题非常突出，老龄化的劳动者在农业现代化大生产中难以找到其存在的空间，但在"地产地消"中却可以充分发挥其自身价值，例如，老龄化的劳动者更加了解"本地"农业耕作的传统和地方饮食文化，老龄化劳动者参与"地产地消"有利于地方文化的传承，同时也使其获得一定的收入。另外，家庭主妇也可以在"地产地消"中找到自己的发展空间，家庭主妇通过加工、销售地方传统饮食产品，为自己创造一定的收入，实现自身价值，改变依靠男性收入维持生活的被动局面。

第四，关联产业之间和谐共生。通过"地产地消"，将地域内的农产品生产者、食品加工企业、流通企业、旅游企业以及餐饮企业等紧密地联系在一条产业链上，通过利益共享机制在各关联企业间形成了利益统一体，从而加强了产业链上各关联企业的自我约束与管理，加强了关联企业间的协调与合作。关联企业之间和谐共生的理念有效地将地域内的企业联合在一起，以需求为导向组织生产，可以减少生产的盲目性、降低经营风险，保障各关联企业的持续发展。另外，贯彻关联企业间和谐共生的理念也有利于创造地域产品品牌，提高"地产"产品的知名度，增强"地产"产品的市场竞争力，同时，也可以增加地域内劳动就业机会，提高地域内劳动者收入。

## 第二节 "地产地消"的诠释

伴随着经济全球化和世界市场化，在全球范围内掀起了新自由主义之风，世界市场进入了完全市场经济时代，也导致了在全球范围内贫富差距拉大、环境问题日益严峻,在一定程度上影响了人类的生活,人类对自然资源的过度开发严重破坏了自然界的持续发展能力,甚至导致一些生物已经濒临绝迹。由于农业是必须遵循自然规律的生产领域,因此,在全球化浪潮中受到的冲击较大。日本农业资源极为有限,农产品自给率低,在全球化进程中,日本农业在产量上无法与美国竞争,在价格上无法与中国等东南亚国家相抗衡,因此导致进口农产品数量大增,食品安全事件频发。同时,日本小规模生产农户由于生产成本过高而无法持续经营,农户生活艰难,耕地荒弃现象严重,在此背景下,日本发起了"地产地消"运动。本节从环境与经济的视角分析"地产地消"的经济学本质,进而阐述"地产地消"在何种程度上可以克服市场经济产生的弊端。

## 一 农业经济与"地产地消"

农业是人类生存的根本,农业生产依赖自然资本和社会共同资本。自然资本是指未附加人力改变的、自然恩惠的大气、水、土地等资源;社会共同资本是指在自然界存在的经过一部分人力劳动打造的山林、河道、海岸、道路、铁路、公园等。在此,超出了市场经济所界定的作为劳动生产物的经济财产的范畴,而是扩展到着眼生命世界的财产——非劳动生产物,是更广义的经济学范畴。在交通运输、保鲜技术不发达的时代,农业生产一直采用"地产地消"的模式,随着技术的发展和道路建设,大规模的远距离销售成为现实,农业生产经营也背离了其本来的经营模式。市场经济发展到今天,人类仅是将生命世界的资源当作财产无限制地摄取,这可以说是市场经济的失败。

市场经济条件下,商品交换的主要载体是市场,市场是由买卖双方直接协商确定价格、完成交易的场所。"地产地消"的最主要市场载体是直销所,直销所不仅是按照市场经济的原理完成交易的场所,更是生产者和消费者进行交流的场所,作为交换手段的货币,对生产者来说是其生活费,对消费者来说是获得了农产品的使用价值。所以,这里的货币是联系生产者和消费者的纽带,直销所也是连接城市和乡村的中介场所。例如,位于神户市垂水区神出町的兵库乐农生活中心(直销所的一种形式),该中心内开设自助餐馆,采用限时(90分钟)消费模式,每人1500日元的低价格深受消费者青睐;该中心还开设有观光农园,开展农业实习和营农讲座，消费者可以在观光农园自助采摘，然后到自助餐馆自己烹制菜肴，自助餐馆提供"地产"农产品的烹饪菜单，并专门有生产者指导消费者操作，这种模式给自助餐馆招徕了大量客源，而且使生产者和消费者可以直接面对面地进行交流。

随着直销所业务活动的多元化发展，给地域内带来了各种商业机会，激发起老年人和女性团体的智慧和技能，他们亲手用"地产"农产品制作食品在直销所销售。在直销所实行实名销售制度，在直销所销售的产品上都贴有注明生产者姓名的标签，这样使农村主妇也开始持有以自己的名义开设的银行账户，农村主妇也重新认识到其自身价值。通过"地产地消"活动在农村扩展，不仅使"地产"农产品的品种多样化，而且也使先人们创造的智慧和技术得以传承，并且有利于食品安全、生活安定，农村（生产者）和城市（消费者）的联系进一步加强。

可是，在此必须明确的是"所得"与"资本"的区别，如果不将二者明确区分开来，或者混淆"产业"与"生业"①的区别，简单地将农业经济一并纳入市场经济的框架中去必然会违背农业自身发展的基本规律，生产者为了实现货币增值而片面追求产量和经济利润，容易产生道德风险，造成食品安全问题和消费者的不信任。

如上所述，在以"地产地消"为核心的直销所运营模式中，货币承担了保障市场经济顺利运营的交换手段职能，使我们可以看到市场经济的健全发展。可是，这是否可以说明用于农业生产的货币的性质正在从维持生计的货币向实现货币增值的手段的转化呢？事实上完全不是这样的。市场经济是向资本主义市场经济迈进，其经济行为以实现货币增值为目标。可是，作为农业生产者所得的收入是一种混合所得，包含两部分：一部分是继续进行农业再生产的维持费用，另一部分是非农行业的兼业收入。在这种情况下，关于农业的市场经济是维持农业再生产的一种手段，农产品的价格应以补偿农业再生产所需费用［C（不变成本）+ V（可变成本）］为依据确定。因此，可以说农业生产要以自然为基础、实现农业可持续发展为第一目标，而不应过于追求其收益性。可是，对于那些没有加入任何生产组织的零散的小农

————————

① 生业：是日语中的一个专用词汇，意指谋生的职业、糊口的职业。

户来说，在农产品价格下降的情况下，迫于市场的压力，必须降低农业生产补偿费用价格中的 V（可变成本），小农户为了提高混合所得，只能依赖于非农业的兼业收入。农产品的价格在很多情况下都难以实现维持农业生产的补偿费用价格，农户自我雇佣的劳动价格大多低于其从事非农产业的兼业时的劳动价格。

对生产者而言，农业生产所用的土地是生产者投入的资本，根据资本理论，作为资本的收入以收益最大化为原则，为了维持农业生产经营，在农产品的价格中首先要保证土地价格的高水平。与农产品的使用价值相比较，生产者更加重视农产品的交换价值。因此，农业发展成为以人的意志为基础改造自然的现代化农业，其结果是：以资本的收入或收益性为第一原则的现代化农业，将效率低下的小规模农业排除在外，农药、化肥的大量使用使土地和自然环境负荷加重，同时在农产品的消费地，由于忽视食品安全，造成食品安全和人身健康的压力不断扩大。例如，蔬菜的反季节种植。在寒冷的冬季，不仅供应增加人体热量的根茎类冬季蔬菜，也供应降低人体热量的夏季蔬菜。而且，一些蔬菜（如黄瓜、西红柿等）既可以陆地栽培，也可以利用温室大棚种植，因此，可以不分季节，实现全年生产。这是温室栽培、冷冻技术以及交通条件等快速发展的成果，可是却带来了人体健康的隐患，打破了食与健康的自然平衡。

因此，笔者在此重申农业经济的意义，即使是在市场经济条件下，农业经济也必须是发展农业的经济，而不是发展经济的农业，农业就是农业，是以自然为基础的。如果忽视这一点，过分追求实现货币增值的收益性，以此作为与农业相关的企业的发展方向，过度追求市场经济，必然会遭到自然界的惩罚。以人的意志改造自然一旦超越了自然允许的范围，农业就不是农业了，农业生产遵循生物生长的自然规律循环进行，难以按照资本主义市场经济规律，以货币为核心循环、追求货币流转的速度和效率。如果把农业纳入市场经济的框架内，不考虑生产季节和生产场所，"远产远消"① 的做法是不可行的。

---

① "远产远消"是指农产品的生产地和消费地相隔较远，一个地方生产的农产品，在很远的地方消费。

市场经济本身具有缺陷性会导致农产品丰产不丰收，因为按照市场经济规律，当农产品丰收时市场供给增加，农产品价格必然会下降，而农民收入未必增加，如果生产米的成本高于从市场购买米的价格时，生产者就会放弃生产，所以，即使拥有世界上较高生产技术水平的生产者也可能会减少生产量。为了维持农业生产持续发展，政府就必须采取措施进行干预。例如，日本在1942—1995年实行了"食管制度"，其主要原因是由于农产品贸易自由化，日本米的生产价格高于市场价格（消费价格），造成米的生产者经营困境，为了保障生产者能够稳定生产和消费者生活安定，日本政府实行了双重米价制度，即政府以较高价格从生产者那里收购大米，然后再以较低的价格卖给消费者，而收购价和销售价之间的差额就形成了赤字。新自由主义的市场经济无法容忍这种赤字的累积，最终导致"食管制度"废止。在"食管制度"废止以后，由于市场经济向农业经济的渗透，米的自由流通，一些小规模农户难以承受米价下跌造成的损失而放弃耕作。现在，已经导致日本山区和半山区出现了废弃村庄和全国范围内有2000多个村庄濒临废弃的边缘。并且，受WTO和FTA的影响，进口农产品以明显低于本国农产品的价格迅速扩大在日本的市场份额，存在安全隐患的农产品和食品也在国内市场蔓延，在一定程度上影响了人们的身体健康，也扰乱了地域社会秩序，导致生产者的生产和消费者的健康都受到冲击。因此，笔者再次阐明：市场经济是没有界限的、是有缺陷的。

二 农业和工业的本质区别

工业是无生命系的世界，农业是有生命系的世界。工业生产的最终产品是特定化的制成品，以实现快速、高效生产为目标。可是，农业生产的最终产品是食品原料，生命系的世界范围很广，无法特定化。农业的生产效率和发展速度与工业生产效率和发展速度是完全不同的概念，农业本身具有多功能性和存在外部经济效果，即使在市场经济条件下也无法否认其非市场经济的特性。工业是从自然界获取原料资源，而向自然界排放有害物质，如果不加以有效治理，污水、污泥以及产业废弃物等乱排放，就会形成社会公害，在工业大生产的同时也加重了社会生产的负担；而农业是从自然界摄取有害物质而向自然界释放有益物质,以水稻生产为例:在水稻生产过程中,可以净化水资源、保持水土,吸收二氧化碳、释放氧气,而且投入 1 粒种子可以收获约 2000 粒稻米。可见,水稻生产不仅可以改善地球环境问题,也可以解决饥饿问题,因此,有必要重新认识农业的作用。

另外,农业是不是一个产业?这是一个本质问题。舒马赫(1976)指出:农业的基本原则是提供有生命的、生长出来的产品。所谓生物就是通过有生命体的生长产出的结果,其生产的手段是利用生长的土地,每一立方厘米的肥沃土地中含有几百万个活着的有机物,而将这些有机物完成开发出来远远超出人类的能力。[①] 工业是近代产业,工业的基本原则是人为进行加工生产,而且是只有在需要加工无生命的原材料时才开始运转的生产过程。工业的理想是驱逐有生命物质……排除包括人类在内的有生命的要素,利用机械作业的生产过程。[②] 舒马赫的观点意义深刻,根据舒马赫的观点,农业和工业的基本原则是不相容的,那么,工业和农业到底哪一个更重要呢?舒马赫认为,没有死亡的生命是没有意义的,同样,没有工业的农业也是没有意义的。但是,农业是首要的、工业是次要的事实不会改变,如果没有农业,人类的生命将无法延续,而如果没有工业,人类的生命仍可延续。[③]

如果不将农业与工业加以区别,而将农业也作为一种产业来运营,不可避免地会使农业本身受到破坏。如果完全遵循市场经济规律,将农业也纳入资本主义市场经济条件下,则会歪曲农业作为"生业"的本质,耕地荒弃的现象就会蔓延。这是由农业本身的特殊性决定的,在以生命系世界为本质的农业和以非生命系为基础的工业之间存在着生产力的差异。这种生产力的差异,则成为在资本主义市场经济条件下农业发展的劣势,造成农业和工业间发展的不均衡,农业发展日益落后,要想使农业在市场竞争中生存下来,越是试图逃离自然的制约,就越歪曲了农业的本质。因此,忽视农业和工业之间生产力的差异,将

---

① [英]舒马赫:《人间復興の経済学》,[日]齐藤志郎译,佑学社 1976 年版,第 83 页。

② 同上。

③ 同上书,第 84 页。

农业纳入资本主义市场经济的运营体系中去是非常危险的。

农业和工业之间生产力的差异成为阻碍农业发展的自然性约束，可以理解为是自然力的约束，但也不能忽视在市场经济中孕育的社会性约束。例如，土地的有限性就是自然力的约束之一，虽然投入资本能够改良土地，但是不能创造出土地。一方面，由于土地的有限性，在资本主义市场经济条件下的农产品价格，不是由平均中等生产条件下的生产费用价格决定的，而是取决于最劣等地的生产条件下的生产费用价格，否则，就不能绝对确保农产品的生产量，饥饿将成为一种普遍现象。因此，在优等地上就会产生差额地租，而这种差额地租是在将农业生产资本投入到土地上之前由地主强行征收的，于是，阻止资本投入到土地上就会阻碍农业的发展。另一方面，农业发展还受耕地面积扩大的限制。因为土地面积的有限性，为了扩大耕地面积就必须减少农业从业人口，因此，必须实施农产品低价格持久化、土地流转、农业从业人口流出等政策；即使耕地面积可以扩大，也不能期待农业会和工业一样产生同等程度的规模优势。而且，在日本，购买土地的资金是取得财产所有权的资金成本，在农产品价格中未被反映出来，不能作为成本加以回收，从而加重了农户的经济困难。要增强日本农业的实力，必须重新调整政策，也必须以减少农村人口、维持农产品低价格为前提，但是，这样会使脆弱的日本农业更加落后，农业经营陷入进退两难的困境。

正因为如此，批判地接受市场经济，从狭义的经济学向广义的经济学扩展，构筑"地产地消"的经济学，具有重要意义。

我们在市场经济的基础上从事生产生活，可是，人类的生活和农业的生产活动却不能完全以市场经济为导向，如果我们容忍以生命活动为本质特征的农业的衰退，那实际上也是在否定人类自己的生命活动。例如：由于人类的生产活动排放的废弃物加重了人类生存环境的负荷，甚至形成公害等负面作用，由此形成的外部不经济在市场价格中没有体现出来。因此，由市场自发调整的最优资源配置就会出现扭曲，造成社会损失、生活环境恶化，导致市场失败。在近代以前，无论是私有制还是公有制，在各地都普遍存在共有土地、共有财产等现象。以近代所有制度为基础建立的市场经济，把许多共有地变成了私人所有的对象被私有化了，这是"公地悲剧"。从这个例子中可以看出，市场经济不是万能的。人类以市场经济为基础从事生产生活必须深刻认识市场经济的本质，排除其市场失败和"公地悲剧"等弊端，无视或容忍这些弊端就会将市场经济的优点转化为缺点。

现在，农产品贸易自由化已经扩展到全球范围，而农产品贸易自由化与"地产地消"的经营理念完全相反。在 WTO 和 FTA 的体制下发展市场经济，推广农产品贸易自由化，强调食品低价优先原则，而将食品安全放在次要位置，无视农产品生产的地域性和季节性，强调食品世界化、价格均等化。强化生命食粮的商品化促使农业企业向世界化升级，归根结底，就是深化了农业的世界化和食品的南北差异化，扩大了人类生存条件的差距。其结果会使食品的国际水平分工固定化，弱化了粮食进口国的食料自给基础和粮食出口国的土地营养基础。

此外，农药和食品添加剂的使用量不断扩大，这些危险的化学物质在食品中的残留增加，导致人类的寿命缩短和身体亚健康状态的日益普遍，因此，我们不能否认"人生 41 岁寿命说"[①] 的现实性。这种食与农、食与健康的状态不仅使人们对生活感到不安，即使是从食品安全、放心的角度来看，在收获后和配送中也会导致食品污染的扩散，根据食品运输距离和运输量计算的食物英里里程也会增加，这些都将导致地球变暖。曾经风靡一时的"绿色革命"，基于高产品种的大规模、单一种植，大量使用化肥和农药，其结果在短期内实现了产量的激增、减少了病虫害，但同时也导致了对农药的依赖性增强、土地破坏、土地生产力下降，加速了农地的老化。被农药浸渍的土壤，由于土壤中的有机物和微生物也被破坏，造成土壤颗粒化，土壤保温

①［日］西丸震哉：《41 歳寿命説》，情报センター出版局 1990 年版，第 3 页。所谓"人生 41 岁寿命说"是由日本食生态学者西丸震哉提出的，他精通天文地理，研究食生态学，他认为古代人和现代人在生理上没有什么差别，但古代人吃饭前要去打猎，如果没有打到，也只有摸摸肚子过一餐，即使到了农业社会，也是要先下田耕种，所以基本上古代人都是先运动才吃饭；而我们现在的人一日三餐还不够，要吃四餐、五餐，吃完以后就躺在那里不动，所以我们在行为上是有偏差的。日本社会从 1959 年算起，当时日本人的平均寿命只有 41 岁，因为日本从 1959 年起开始从欧美引进西方的速食产品，而恰好在 40—50 岁的人是癌症的高发期。

能力和通风性减弱，相反却加重了土壤中盐分的积累，表土流失严重。

可见，建立在食料世界化基础上的近代食品自然会存在隐患，导致人与自然的不和谐和不可预测的危机。例如，美国、澳大利亚、欧盟等都因为降雨量减少，农药、化肥等容易在土地、河流、地下水中残留，利用这样的土地和水生产的农产品中含有亚硝酸盐，人食用后，由于亚硝酸会引起血红蛋白被氧化形成硝态氮，血液不能正常输送氧分而导致"蓝色婴儿"事件①的发生。这种现象是随着近代生产技术的发展和食料全球化的推进，人类已经忽视了食料的地域性和食品的本地化，丢掉了农业生产的传统技艺和智慧，过于追求金钱和效益的结果。而农业领域的这种所谓的发展和进步，到底是不是真正地向前发展和进步？笔者认为，农业的发展和进步与工业不同，农业的发展和进步应以对传统技艺的传承和发展为基础，不能违背自然规律，因此，现代农业发展需要返璞归真。

**三 "地产地消"的特征**

现在，在全球范围内的食料全球化、食品安全等问题日益深化的背景下，有必要深入探讨"地产地消"的内涵、验证"地产地消"的意义。富山洋子（日本消费者联盟事务局长）认为，为了实现食料自给和保障食品安全，必须重新找回地方的传统饮食，在全国范围内推广普及"地产地消"。②

日本农产品"地产地消"制度确立的标志是《食料、农业、农村基本法》（1999年7月制定）和以其为基础制定的《食料、农业、农村基本计划》（2005年3月制定），该计划以提高食料自给率为主要目标（计划到2015年，实现食料自给率达到45%），决定从2005年6月在日本600个市町村开始实施，此后三年内，在全国范围内普及"地产地消"。2006年2月召开第一次"地产地消"先进事例表彰大会，同年12月，在日本农林水产省的支持下成立了全国"地产地消"

---

① "蓝色婴儿"事件是曾经发生在美国的婴儿陆续死亡的悲剧事件。由于食物中含有硝化氮，血液中氧分过少，引起婴儿的身体逐渐变成蓝色，大约出生6个月便会气绝而亡。由于婴儿身体呈现蓝色，所以将其命名为"蓝色婴儿"事件。

② 富山洋子：《フードアクション21》ニュース49号，2007年7月20日，第10页。

推进协议会。此后,"地产地消"运动在全国范围内迅速开展实施。

"地产地消"的特征主要体现在以下几个方面:

第一,"地产地消"以农业为基础,以振兴地域经济、增强地域经济自我发展能力为前提。现在,农业对地域经济发展的贡献如何?根据日本农业的现状,如果说日本农业是没有未来的也不过分,而且这种说法由来已久。农业的衰落可能会引发城市的解体,并导致地域社会的崩溃,最终会威胁到每一个人的生命。因此,增强地域经济自我发展能力、振兴地域农业是刻不容缓的重要问题。

第二,"地产地消"是以创造循环型社会为目的的运动。所谓循环型社会包括地域内循环和地域间循环两方面。地域内循环是指将从土地上生长出来的作物最终再返还给土地,如家庭消费产生的生物垃圾填埋到土壤里,使其转化为农作物的营养源;清晨采摘的"地产"新鲜蔬菜作为"本地"学校餐饮供应的主要食材,而将学校餐饮供应中所产生的生物垃圾和剩饭剩菜用于制作堆肥,再返还到学生农园的土地里去。这样,既能让学生体验到生命的循环,也具有对学生进行环境教育和食农教育的重要作用。地域间循环是指在更广的范围内创造循环型社会,如在城市与农村、河流的上游与下游、山与海等之间创造和谐共生的关系。这个概念是强调以河流、蓄水池、供水渠等水系、生物垃圾的回收等食料营养循环为核心来创造地域循环型社会。

第三,"地产地消"是要把安全、放心的食材送上餐桌。现在,在日本市场上有大量便宜的进口食材和不安全食品,消费者对食品安全、放心的关注程度越来越高,安全消费意识日益增强,对消费者来说,进口产品是通过哪家公司进口的、从哪里进口的、什么时候生产的、采用怎样的生产工艺生产的等问题要问个清楚,而与进口食材相比,"地产地消"实现了生产者和消费者面对面交流,可以打消消费者的所有顾虑和担忧,保障消费者能买到安全、放心的农产品,保证餐桌上的饮食安全、放心。

第四,"地产地消"强调将一定地域内生产的农产品就近消费,不仅能保证食品安全,而且能降低在食材运输中所造成的能源消耗。食材从距离较远的生产地生产后,经过时间运输到达消费地,在运输过程中会发生运输成本、冷冻成本等,其中,相当一部分成本是属于能源消耗的费用。例如：从国外进口的农产品，为了得到 1 卡路里的热量，需要投入相当于 10—100 卡路里的热量的能源进行运输、冷冻等，也就是说通过进口农产品扩大了使食物里程值。① 这不仅加速了能源资源的枯竭，也使地球变暖的问题变得更加严峻。日本是世界上食物里程值最大的国家之一，虽然国土面积狭小是日本的劣势，但也正因为国土面积狭小，无论在哪里，生产地的附近都会有消费存在，所以更有利于形成独立的市场，这也是发展"地产地消"的土地条件优势，国土面积狭小转化成了"地产地消"的优势。充分利用这种优势可以在各地开展独具特色的"地产地消"活动，提高地域内食材的自给能力，使日本发展成为世界上食物里程最小、食品安全最放心的国家。

第五，"地产地消"旨在唤醒并发挥农业对地域社会以及全球范围的环境净化作用。如前文所述，工业生产是利用自然界提供的有益资源进行生产，而将有害的废弃物排放到自然界；与之相反，农业生产是吸收对自然界不利的物质，并将其转化成有益物质再返回给自然界的过程，可见，农业是地域环境净化的担当者。

第六，"地产地消"积极倡导慢食、慢生活运动，为我们重新找回本来的生活方式。现代社会经济的高速增长，过度追求速度和效率，促进了农业朝工业化方向的大发展，同时也损耗了我们的生命。在饮食方面，快餐日益成为现代社会饮食的一个象征，家庭成员在家里用餐的时间越来越少。而"地产地消"所倡导的是使人们重新回归自然的生活方式，就饮食消费而言，要按照太阳运转的季节性选择宜于耕种的品种从事农业生产，消费者尽可能选用充分接受太阳光能条件下生产的农产品，在自己家中进行科学烹饪，然后一家人坐下来慢慢享受美味可口的菜肴，享受那种久违的充满自然、亲情的氛围。

第七，"地产地消"的食材不采用"袋装"。这里的"袋装"有两重含义：第一层含义是指用袋包装。吃的食材是活的生物，有呼吸作用，用袋包装会影响生物的呼吸作用，"地产地消"倡导回归自然，就减少人为包装影响生物的自然呼吸。第二层含义是指日本的家庭料

---

① 食物里程值＝食物的量×食物运输的距离。

理基本上都被特定化为妈妈的工作，做出的菜肴都是"妈妈的味道"。"地产地消"则强调在"妈妈的味道"上再加上"爸爸的味道"，即强调男女共同参与亲手制作料理，然后一家人慢慢享用。这就是所谓的回归慢食、慢生活的方式。

第八，"地产地消"以"身土不二"的思想为基础。我们的身体和土地是分不开的，这种思想来源于东方医学的轮回思想。吃的东西，把它从土地中所吸收的营养物质输送给我们，因此，可以说作为食材的植物成为土地和构成我们身体元素的中介，人们食用从土壤上生长出来的植物，再把排泄物返还到土壤中去，如此循环就回归到了自然循环的轨道。

第九，"地产地消"以农协和生协这两个协同组合间的合作为基础，共同构建循环型、协同型社会，旨在创造一种"珍惜生命的社会体系"。在经济学中往往把生产者和消费者视为两个不同的概念，可是，生产要消耗资源，生产出来的产品通过消费使生命得以延续，如果我们能够认识到这一点，那么，就会认同生产和消费实际上是一体的观点。例如：农业生产者为了生产供人们食用的农产品而努力减少农药的使用量，进行安全生产以保护自己的身体健康，消费者食用安全的农产品以保护自己的身体健康，与此同时，也培育了农户的稳定生活关系。这种关系中，农户和消费者不是对立关系，而是成为互为一体的生活和保护健康的"共生关系"。前者所说的对立关系是指金钱和价格方面，后者所说的"共生关系"是指生活和健康方面，是联系关系的纽带，生产者和消费者为了保障彼此的生活和健康建立了相互依赖关系。换言之，通过协同组合间的协作，以"地产地消"为基础，在生产者和消费者之间构筑"珍惜生命的社会体系"。

第十，"地产地消"是一种"内发的地域主义"。玉井野芳郎将"内发的地域主义"定义为：一定地域的居民在特定的风土背景下，将该地域视为居民生活的共同体，以实现经济上的自立发展为目标，追求自身的政治、经济自律性和文化自律性。① 所谓经济自立，不是指封闭的自给型经济，而是指投入的自给性，是为了确保已经被市场

① 玉井野芳郎：《地域主义的思想》，农山渔村文化协会，1979年，第119页。

化了的土地、水资源、劳动力等要素以地域为单位的自给性。"地产地消"的核心在于培育地域经济自我发展能力,实现地域内经济的自我循环。如果从其他地域引进资金,其创造的利润必然还要转移出去,这样就相当于把本地域内的财富带走了。也就是说,在一个地域内创造的财富要再投入到该地域的经济发展中去。所以,"地产地消"有地域保护主义倾向,从本质上期待货币在本地域内流通。

第十一,关于"地产地消"的区域。"地产地消"运动倡导将在一定地域内生产的农产品,在该地域内(仅限于生产地附近的地域)消费。从广义上看,城市的消费者到农村的直销所或餐厅消费也超出了消费者自己所在的地域,但是,消费者为了购买到安全的农产品,到农村去买,生产和消费的心理距离缩短了,所以,这种情况也属于"地产地消"。而且,城市的消费者到农村的市民农园亲自耕种自家消费用的蔬菜,也可以说是广义的"地产地消",因为从产地的角度看,这实际上是缩短了生产地和消费地的距离,来到市民家园的消费者从心理上会认为这是自己种的蔬菜,相当于是利用自己家的菜园生产的蔬菜,所以会从心理上认为这是绝对的"地产地消"。可见,"地产地消"运动从生产地和消费地两方面考虑,采取各种措施、开展多样化活动,具有缩短"食"与"农"的距离和时间的重要意义。在"地产地消"的区域内,人们都很关注"食"与"农"的关系,无论是生产者还是消费者都努力追求食品安全、放心,基于生产者和消费者直接面对面的交易,在彼此间建立了相互信赖的关系。

第十二,"地产地消"的主旨在于扩大地域内农产品的生产和消费。市町村推动"地产地消"的目的是扩大市町村内农产品的生产和消费;农协推动"地产地消"的目的是扩大农协管区内农产品的生产和消费;都道府县行政推动"地产地消"的目的是扩大都道府县域范围内农产品的生产和消费。例如,在兵库县,根据兵库食品认证制度①,倡导县内生产的农产品、畜产品、水产品以及加工食品,强化其个性特征、确保质量安全、放心消费,以促进县内生产的农产品的

———————————

① 兵库食品认证制度,2004 年 7 月由兵库县食品认证推进委员会会长池本广希发起创立。

消费和流通。

综上所述，"地产地消"是以振兴农业为目的，提高地域经济自我循环发展能力和地域居民的生存能力的运动。在某一地域内出生、成长，食用地域内生产的农产品加工的传统菜肴，加深地域内生产者与消费者之间的共生、协同与信赖。可以说，"地产地消"从追求食品安全、放心到追求生活安全、放心，对于创造珍惜生命的社会体系具有重要意义，在传承与发展地域传统生活文化的同时，也构筑起地域营养循环和水循环。

## 四 "地产地消"焕发生命的活力

再次重申，"地产地消"以振兴农业、促进地域经济发展为目的，进而推广到振兴地域产业、提高地域内居民生存能力，基于生产者与消费者面对面的交流、彼此之间建立相互信任关系的基础上，保障食品安全和提高地域农产品的自给能力、振兴地域社会，使在该地域内生存的人们实现积极健康的独立生活。也就是说，使地域内所有生命体都能同呼吸、共命运，焕发出生命的活力。因此，"地产地消"并不追求拥有金钱和物质财富的最大化，而是追求人与生物世界的和谐关系的运动。

可是，"地产地消"与"产直"①活动以及露天市场等有什么不同呢？如果从"身土不二"的基本理念考虑，"地产地消"与"产直"活动存在本质区别。通过"产直"活动，不仅可以减少流通经费，而且也能让消费者买到新鲜、便宜的农产品。可是，"身土不二"的理念强调的是为了保障消费者身体健康，而让消费者食用在其"自己居住的土地"上生长出来的农产品。"自己居住的土地"的范围又如何界定呢？一般认为，这一范围是指步行一日之内能够完成一次往返的距离范围，这是从危机管理的角度提出的一种观点，日本有"三

---

① 1970 年左右在日本发起了产直运动，初期的产直运动是使生产者和消费者直接结合，减少中间流通费用，追求生产者和消费者的经济效益，可是实际上流通费用增加的情况很多。在产直运动之后，出现生活协同组合提倡的产直和有机农业等各种形态，一直持续到现在。

里四方"① 至"四里四方"② 的说法，即半径 12—14 公里的区域内。其含义是：在自己力所能及的范围内，如果能够确保有水和食物，那么，无论发生什么事情，都可以保住生命。

此外，支撑"地产地消"的日本农业现状又是怎样的呢？日本农业是没有未来的农业，这种说法由来已久。一旦农业衰退了，必然会导致城市的衰退和整个地域社会的衰退，最终会影响到人类的生命。这是日本在第二次世界大战后经济高速增长政策下，农业盲目向前发展的重大失败。在 20 世纪 60 年代的经济高速发展时期，受经济至上主义思想的影响，伴随着农村劳动人口向城市大量转移，农户举家离村的现象日益普遍，造成专业农户锐减、兼业农户激增，最终导致农村社会、地域社会的崩溃，这也是日本第二次世界大战后的农业政策备受指责的主要原因。

现在，之所以考虑"地产地消"，这也是经过近半个世纪以来，在对第二次世界大战后日本农业政策的深刻反思、吸取经验教训的基础上，充分认识到了振兴地域经济、增强地域自我发展能力的重要性。如果将"地产地消"与慢食运动结合考虑，那么，慢食运动就与慢生活方式相结合了。现在活着的我们生存的意义就在于要挖掘生活的本来模式，进行向慢生活方式转变的意识变革与实践，这也是使"地产地消"扎根于人们生活中的一种方式。

可是，日本的农产品自给率从 2007 年开始就跌破 40%，达到了39%。其中，包含有大城市的都府县的农产品自给率更低（东京都为1%；大阪府为 2%；神奈川县为 3%）。日本什么时候才能实现农产品自给自足呢？这不仅是"地产地消"的问题，而是涉及国民的自由权的重要问题。基于以上思考，有必要对担当农产品自给重任的第一产业的重要地位进行重新认识，农业是人类为了生存以劳动为媒介推动自然发展的谋生的职业，跨越农业人类就无法生存，产业社会也无从谈起，建立在第一次产业基础上的第二次产业、第三次产业也失去了其存在的前提，在世界历史上，还没有哪一个国家没有农业而立国

---

① 三里四方，指半径约 12 公里的区域。
② 四里四方，指半径约 16 公里的区域。

的，也没有哪一个国家放弃农业还能存续下来，可以说是史无前例的。

　　基于以上的认识和思考，另一个重要的问题呈现在我们面前，那就是：通过"地产地消"将"从土地上得到的东西再返还给土地"，以实现农业永续发展。世界四大文明的发祥地中无论哪一个地方都曾经拥有肥沃的土地和河流，可是，现在这些地区的周边都被大沙漠所覆盖，其原因之一就是"从土地上得到的东西没有再返还给土地"，只是一味地从土地上吸收营养成分，使原本肥沃的土地日益贫瘠，最终使土地变成了沙漠化的不毛之地。舒马赫指出：人类无论是现代的文明人，还是原始的野人，都是自然的孩子，不是自然的主人。如果要维持对环境的支配权，就必须顺应自然法则而为之，一旦违背了自然法则就会破坏自然，导致环境急剧恶化时，人类文明也随之衰退。因此，有人说，文明人在跨越大地前进的过程中，在自己的足迹里留下的却是沙漠。①

　　吸取以上教训，我们每个人都必须充分认识到，享用从土地上收获的食物，再将消化后的排泄物返还给土地的重要意义。即为了人类能够生存下去，不只是要考虑吃什么的问题，而是应该考虑如何将人类的排泄物返还给土地的问题，这是解决"食与健康"问题的起点。如果不能将从土地上收获的食物最终再返还给土地，而是胡乱丢弃，必然会导致环境的破坏。可是，如果将同样的排泄物返还给土地，就会成为土地的养分，也使文明得以延续。这种活动应该首先考虑从将人类的粪便、家庭生活中产生的生物垃圾返还给家庭农园开始。

　　换言之，给土地返还营养物质是生命世界的起点。人类的饮食生活也是以排泄行为为前提的，有排泄行为才能再摄取食物进食，也就是说，生命的起点除了摄取食物外还有排泄行为。因此，人类的健康诊断也是从尿检、便检开始的，这是从排泄的"出口"开始来诊断摄食的"入口"，也是人类构思的一种大转换。实际上，"地产地消"的本质就是用这种构思来考虑地域社会发展问题，重视生命的再生

———————————

　　① ［英］舒马赫：《人间復興の経済学》，［日］齐藤志郎译，佑学社 1976 年版，第77 页。

产，提倡在"产地"消费，是为了在生产者和消费者间建立信赖、协作、共生的关系，构建地域内的营养循环和循环型社会，创造珍爱生命的社会体系，共同保护人类的生命健康。

# 第三节 "地产地消"的经济学

经济一词起源于中国古书记载的"经世济民"[①]一词，意为使社会繁荣、百姓安居的意思，是古代贤士的立世准则，唐代以后，简写为"经济"二字。可见，经济学应该是"经世济民"之学，充分体现经济学厚生、惠民的人文主义思想。"地产地消"的经济学不仅着眼于"经济"，更注重于"民生"。

## 一 从资本理论转向生命、生活理论

资本主义的市场经济是建立在商品生产的基础之上的，在资本主义市场经济条件下，商品是以营利为目的生产的产品，商品交换是在使用价值的不同商品间进行的价值量相等的交换。也就是说，商品交换的前提有两个：一是商品使用价值不同；二是商品价值量相等。因此，进行交换的产品间存在实体不同、价值相同的关系，这是一种矛盾关系，也正是在这种矛盾关系中才产生了商品交换。

理解资本主义市场经济，首先要明确两个基本问题，这也是商品所有者最关心的两个问题，即商品的使用价值是什么？商品交换价值到底又是什么？在资本主义市场经济条件下，对商品所有者来说，商品的使用价值直接表现为交换价值，因此，交换价值只是使用价值的表现形式。这种情况下的使用价值是基于交换实现的价值，商品所有者不是直接获得了商品的使用价值，而是更关心通过交换实现的交换价值，因为没有交换，使用价值对其不具有任何意义。对卖者而言，商品使用价值的内容最终是因为使用而产生的问题，是买者关心的问

---

① 《抱朴子·审举》："故披洪范而知箕子有经世之器，览九术而见范生怀治国之略。"《晋书·殷浩传简文（司马昱）答书》："足下沈识淹长，思综通练，起而明之，足以经济。"

题。卖者所关心的问题只是在价格方面，如何以比较好的价格条件与买者成交。因此，对卖者来说，商品的品质是次要的，只要能够实现交换价值，价格便宜、质量较差的商品也可以上市交易。这也是假冒伪劣商品事件在今天仍然频繁发生、恐怕以后也难以杜绝的根本原因。

对此，消费者作为商品购买方，为了饮食安全、放心，更加关心商品的使用价值。因而，生产者和消费者之间关于商品的理解与认识产生了分歧，并导致企业（厂商）的资本理论与消费者的生活理论之间形成对立关系。企业（厂商）以资本理论为指导，追求资本增值，与企业（厂商）这种大型组织集团相比，消费者一般都是无组织的分散的个体，明显处于弱势地位。因此，为了维护消费者的生活安全、放心，有必要以生活协同组合为核心成立消费者组织，而消费者组织不受资本理论支配，以保护消费者的生活安全为第一要务。

"地产地消"运动在日本全国范围内迅速发展，从资本理论角度来看，可以说是市场经济健全化的表现。因为"地产地消"运动的出发点是为了保护生产者和消费者，在直销所和路边站点都能看到生产者和消费者积极地参与交易。同时，直销所和路边站点等地也是现代人对久违了的"住所"的再发现，是生产者和消费者交流的场所，并且有利于提高地域内的农产品自给率、促进环境改善。这里所谓的环境改善，是通过生命体消除损害生命活动的运动。凡是对生命带来危害的商品，被污染的空气、水、食品等直接与生命有关的东西都会引起高度关注。在这里，经济学已经超越了狭义的市场经济的范畴而发展成为广义的经济学，是自然与人类的物质代谢过程，或者说是构筑符合生态学规则的经济学。

关于这一点，玉野井芳郎指出：现在，生产和消费的基础是生态系统的存在，事实上，生态系统受到威胁已经成为社会问题。在消费过程中，资本主义市场经济是基于外力强制的劳动力生产过程……在资本主义的市场经济内部，其资本的生产率也已经不能按照其自身的市场规模进行配置了。这一点正如近代经济学所指出的"市场的破绽"，解决这个问题只能依靠非市场经济的途径。……因此，今后的经济学不能只停留在研究联结社会生产和消费的商品形态和市场的框架内，而应重新认识自然和生态系统，从而重新构建广义的物质代谢过程，这必将在经济学史上形成一个重大转折点。①

根据上述玉野井芳郎的观点，劳动力再生产困难是由于产生了生活费回收的问题，也是由于现在维持生产和消费的生态系统受到破坏而表现出来的新现象。因此，把劳动力商品作为"制造商品"，靠外部力量强制其生产的资本主义市场经济露出了破绽。今后的经济学要使生产和消费超越市场的框架，扩展到更广义的物质代谢过程，形成重视生命世界的经济学。

资本主义的崩溃，如果能够摒弃其固有的弊端，并且建立新生社会，将具有重要的社会意义。可是，在资本主义崩溃的同时，如果连同文明社会的因素也崩溃了，那岂不是鸡飞蛋打？这就是说，资本主义的市场经济活动的起点是从自然界掠夺大量的资源、能源，其终点是同时向自然界排放了大量的废弃物和废热。如将地下资源只是作为财产进行掠夺式开采，而将资源使用后的废弃物随意丢弃。这样，一方面产生了外部不经济现象，另一方面也造成了资源、能源的枯竭和地球环境的破坏，导致文明社会的终结。

价值（交换价值）优先的资本主义市场经济，只是将土地作为天然的宝藏，无限制地从土地上掠夺资源、能源，按照最低生活费标准榨取廉价劳动力创造的价值。其结果是彻底地从土地和劳动者两个方面掠夺了价值。也就是说，由于资本主义的生产，在大规模的生产中心地汇集的城市人口越来越成为一种生产的优势，一方面形成了社会历史发展的动力；另一方面扰乱了人类和土地之间的物质代谢。也就是说，人类以食物、衣料等形式消费的土壤成分没有有效地回归于土地，最终扰乱了土壤的自然条件，打破了土壤肥力的持续性、永久性。同时，也影响了劳动者的身体健康和农村劳动者的精神生活。时至今日，生态系统危机四伏，不仅危及了自然界的再生能力和劳动力的再生产，也破坏了资本主义的生存基础，导致有生命的世界濒临绝境。

---

① 玉野井芳郎：《エコノミーとエコロジー》，みすず书房1978年版，第51页。

## 二 "地产地消"经济学的主要观点

"地产地消"经济学的核心内容可以提炼为以下五个方面：

第一，"地产地消"的经济学重视在生产者与消费者之间建立直接交流的关系，是关系经济学。市场经济以价格为信号，按照竞争原理进行资源的最优配置。可是，"地产地消"的经济学是基于生产和消费的关系性，具有吸引生产者和消费者双方的动因，以促进其再次实施相同行为。在"地产地消"的地域内，基于生产者和消费者直接面对面的交流与沟通，使消费者不仅能听到生产者的声音，也能看到生产者本人，进而在彼此间产生温情效应，消费者可以清楚地知道自己购买的农产品是谁生产的、在哪里生产的以及采用什么方法生产和加工的，以确保食品的安全性，建立信赖关系，成为忠诚的消费者。同时，通过消费者和生产者的交流，使消费者很愉快地接触自然和大地，体验收获农产品的喜悦，加深消费者对农业、农业传统文化、生产技艺、传统节日等的理解和认识，并使之世代传承。生产者通过与消费者的交流，可以及时了解消费者的需求，并根据消费者的需求确定生产品种、提高产品品质，不断调整农产品上市时间、加工方法、销售方法等，增强生产者的社会责任感。

第二，"地产地消"的经济学遵循使用价值优先的原则，是发现价值的经济学。"地产地消"的经济学不是着眼于交换价值，不是按照价值形态理论将生产使用价值的具体的、有用的劳动抽象化。由于重视使用价值，就必须着眼于生产使用价值的具体的有用劳动。因此，今后的经济学研究应该更加关注使用价值的生产现场，是否拥有核实确认产品存在负的使用价值，或者核实确认生产负的使用价值的生产过程的机能至关重要。也就是说，要增强对生产使用价值的有用性的意识，提高消费者对商品的安全性、自然环境、生活环境等的意识。于是，从重视资本理论优先原则转向重视生活理论优先的原则，加强对环境教育、消费者教育，改变消费者的意识。例如：2006 年，日本制定了有机农业法，在该法制定前 6 年，2000 年 4 月，日本先修改了 JAS 法，导入了有机农产品认证制度，明确了有机农产品标示的义务。当时，已经在生产者和消费者之间建立合作关系的生产者和消费者共同到生产现场举行交流会，设立对有机农产品的安全性及品质进行检验、认定等活动。例如：兵库县有机农业研究会在全国率先成立了代理有机农产品检验、认定的认证机构，此举可以说是关注农产品使用价值的具体的做法。由此可以看出，对农产品而言，与交换价值相比，更应重视使用价值。从而，证实了玉野井芳郎的主张，即重视生态系统的广义的经济学可以具体地运用到现实生产中。

第三，"地产地消"的经济学将经济活动的起点和终点连接成一个环形，是以构筑循环型社会为目标的经济学。因此，"地产地消"的经济学不是以非再生资源作为经济发展的基础，而是以再生性资源作为其发展的基础。例如：水田是水的田，其表面是水平的；金字塔、万里长城等不是过去的遗产，而是时至今日仍然活跃于世的活着的资产。自日本绳文时代①以来，经过2000多年不断开发出来的水田稻作，一直延续至今。如果过去就产生了连作障碍②或嫌地现象，作物不能耕作，那么，水稻也不是现在这样的作物了。不但如此，还使水田肥力逐年增加，生产能力也逐年增强。水稻这种作物生命活动的终点是通过人类或家畜食用后，经由胃肠消化的排泄物，再把这些排泄物返还到土壤中去，作为土壤的再生性营养源。在这个循环过程中，从土地上收获的物质经过一个循环最终又返还给了土地，营养循环的终点又变成了起点，而这个循环正是基于维持生命系统而创造的循环型社会，而正如水田稻作这样的营养循环，也成为以可持续发展为基础的循环型社会的典范。同时，也是构筑"地产地消"经济学的知识宝库。

第四，"地产地消"的经济学是关于生命的循环，是对人类长期以来固有的思想观念的180度大转换。生命的起点不是把食物放入口中，正好相反，应是将体内的废弃物排出体外，也就是说，废弃物的

---

① 日本的绳文时代是公元前145世纪至公元前30世纪，也就是公元前14500年至公元前3000年。约一万年以前到公元前一世纪前后的时期，日本由旧石器时代进入新石器时代。考古发掘表明，这一时期遗迹特别多，文化遗址遍及全国。当时中国还处于三皇五帝的神化时代，在世界史上是中石器向新石器时代的过渡期。

② 广义的连作是指同一种作物或感染同一种病原菌或线虫的作物连续种植。同一作物或近缘作物连作以后，即使在正常管理的情况下，也会产生产量降低、品质变劣、生育状况变差现象，这就是连作障碍。

排出成为生命的开端。基于生命活动产生的熵（无效能量）① 如何排出体外？这种思想观念的转换是以焕发生命活力为宗旨的思想大转变。如果这种观点成立，我们应该重新认识生命的本质机能，与其说要重视如何摄取食物，更应该重视排泄的方式。这不是吃什么的问题，而是吃完后经过消化产生出来的排泄物如何处置的问题。从生命观念的角度考虑，这种思想观念的转变是不可回避的。人类将其生命活动自然产生的排泄物胡乱丢弃，必然会破坏自然环境，可是，如果将这些排泄物再返还给土地就会转化为作物的肥料，保持社会文明永续发展。因此，“地产地消”的经济学以熵（无效能量）论为核心构筑新的经济学的开端。

第五，“地产地消”的经济学的推广要求加强市民层面的国际交流，强化国际协作意识。连接城市和农村的直销市场是在日本的农民、农村的交流中产生的。1996 年，一些农村活动家们应亚洲农民交流中心的邀请访问日本，调研日本生产者和消费者直接交易的产直形态，并以此为契机开始将日本的产直模式导入泰国。日本对泰国东北部农村的国际援助不仅是资金的援助，还包括种子支援、灌溉机井建设等方面，通过民间的交流与援助，对增强地域自我发展能力、创新“地产地消”模式具有一定的作用。过去，泰国东北部地区的居民购买日用品、服装等都依赖地区以外的市场，导入日本的产直模式以后，在这个地区生活的农民自己亲手制作必要的生活用品，然后在村里销售，从村外购买的物品明显减少。通过开展地域自给运动，以促进地域资源和资金在地域内循环为目的，最终建立了自己的市场。并且，在这一地区还实现了农产品的直接交易，以有机农产品为主，实现了生产者和消费者直接面对面的农业。其结果是，由于新鲜、安全的蔬菜备受消费者青睐，每个农户平均每天的销售额达到 700—800

---

① 熵的增加就意味着有效能量的减少。每当自然界发生任何事情，一定的能量就被转化成了不能再做功的无效能量。被转化成了无效状态的能量构成了我们所说的污染。许多人以为污染是生产的副产品，但实际上它只是世界上转化成无效能量的全部有效能量的总和。耗散了的能量就是污染。既然根据热力学第一定律，能量既不能被产生又不能被消灭，而根据热力学第二定律，能量只能沿着一个方向——耗散的方向——转化，那么污染就是熵的同义词。它是某一系统中存在的一定单位的无效能量。

泰铢,远远高于当地劳动者平均一天约 170 泰铢的工资水平。卖菜的妇女们很高兴地说:"消费者食用'地产地消'的蔬菜能够带来健康,生产者能获得稳定的收入,并能和消费者进行愉快的交流"[1],这种说法与在日本路边站点直销店参与经营家庭主妇们的观点相同。以上事例说明,"地产地消"超越国界,也能产生同样的效果,给生产者和消费者带来同样的感受。

### 三 现代文明的方向

直销市场作为城市和农村的中介,以被称为"有畜复合型循环农业"的有机农业为主。例如:农户在干旱季节自挖池塘,在池塘里养鱼、在池塘周围修造水田,到了雨季,池塘里的水会自然增加,溢出的水用来浇灌水田,这时的池塘水里含有大量的有机物也自然成为水田的土壤肥料;在果树园里放养生猪,其粪便可作为土壤的肥料,在池塘上建造鸡舍,鸡粪可作为喂鱼的饵料等。这样,不用追加投资、完全自给就可以发展以有机农业为主的"有畜复合型循环农业",通过这种模式生产出来的产品就在连接城市和农村的直销市场上进行推销。农业产业化后的农产品生产、流通体系引发了食品安全、放心等问题,而"有畜复合型循环农业"模式与农业产业化的模式完全不同,可以说这是完全不同的两个世界,而这样的"有畜复合型循环农业"模式在古老的阿兹特克文明[2]时期就已经存在。14—16 世纪,阿兹特克被称为一个繁荣的王国。当时,阿兹特克人在人工湖上铺满草,然后把湖底的泥堆积上来,这样堆积的泥成为营养丰富的肥料,如此整修成旱田,并用这种方法在湖上造田,将一片浮岛完全开发后形成了湖上的田,用于种植玉米、豆类、南瓜、西红柿、辣椒等美洲

---

① 富山洋子:《フードアクション21》,ニュース49 号,2007 年 7 月 20 日,第 24 页。
② 阿兹特克是古代墨西哥文化舞台上最后一个角色,他们创造了辉煌的阿兹特克文明,开创了阿兹特克族最兴盛的时期。阿兹特克族是北方贫瘠而居无定所的狩猎民族,后来侵入墨西哥谷地,征服了原有的居民托尔特克人。在 16 世纪西班牙入侵之前,特诺奇蒂特兰作为阿兹特克帝国的中心,拥有人口 20 万—30 万,是当时世界上最繁荣的城市之一。在宗教的庇护下阿兹特克的经济得到了长足的发展。经济的发展进而推动了阿兹特克人的教育、科学研究、天文学、历法、文字、艺术各方面的发展。阿兹特克人的辉煌文明最后毁于西班牙殖民者之手,它的历史从此被拦腰截断。阿兹特克是墨西哥古代最后一个辉煌的文明。

植物，供养该地域的全部人口。这种传统一直传承下来，直到现在，每年还能收获很多农产品。

在日本，池塘一直用来栽培莲藕、莼菜等水生蔬菜，荷花的果实和茎也都可以食用，并且，把池塘的水排干后捕鱼，同时，使池塘底部土壤接受日光照射，可将池塘底部肥沃的土壤用于旱田土壤改良，到了第二年，再向池塘里注入干净的新水。这样，日本的池塘农业也可以达到与泰国东北部的"有畜复合型循环农业"和阿兹特克文明时期的水上城市同样的效果。由此可见，发展以可持续发展的"地产地消"为例的循环型经济具有可行性。

发展农林渔业应该控制在农地、水、渔场、森林、放牧地等资源可持续的范围内，只要耕地的地力、森林的再生能力、鱼的捕捞量不超过可持续发展的量，就能维持现状，也就能使遵循自然循环规律的生命得以延续。可是，现代文明忽略了农林渔业可持续发展的界限，当今世界的市场化和资本主义的市场经济的要求与地球的自然规律发生了冲突，生态环境问题在全球范围内蔓延，几乎超越了农林渔业可持续发展的临界点，人类不能破坏自然界固有的可持续发展的循环型经济，不能再走破坏生态系统的错误道路。

与舒马赫"前进的大败退"的观点同时确立的内桥克人在《可能的另一个日本》一书中发出警告：如果按照现在的状态发展下去，经济繁荣，以发展经济为手段最终会导致人类毁灭。为了避免这样的灾难，就要形成地域内的自给自足圈，走出一条真正实现国民自立发展的道路，这是一条实现生命可持续、世界可持续的正道，也是近道。构筑"地产地消"的经济学应当牢记这个警示，保护生命世界共同依存的大地。

# 第三章 "地产地消"的国际比较

## 第一节 世界主要国家的"地产地消"

**一 韩国的"地产地消"**

韩国的"地产地消"以"身土不二"为基本理念。所谓"身土不二",从字面上理解,是指"人的身体和故乡的土地是不可分的"。现在往往被解释为:食用故乡或者居住地生产的食品有益于身心健康。可是,对于这个概念是从什么时候产生的却有诸多说法。有的说是来自中国古代的典故,也有的说是来自韩国古代的思想,还有的说是日本的食文化运动被传播到了韩国等,至今众说纷纭。

20世纪90年代初,以重视地方饮食为核心理念的"身土不二"运动在韩国开始普及。当时韩国农协中央会的会长亲自致力于普及"身土不二"运动,很快在全国范围内得到认同。这个时期正好是关贸总协定乌拉圭回合谈判提出的农产品贸易自由化被普遍关注的时期。当时的韩国和日本一样,对以大米为主的多个品种的农产品实行限制进口的措施,因此,韩国担心由于农产品贸易自由化会引起国内农业的衰退。为了唤起国内消费者对本国农产品的重要性的认识,故把"身土不二"作为一个宣传口号广泛宣传,并且在实践中得到了普遍认可。

推进"身土不二"运动的主体是韩国农协,与日本一样采用综合农协的形式来开展销售事业。在韩国农协运营的销售店铺中,经营食品原料和日用品的店铺可以区分为两大系统,即 HanaroMart 和 Hana-roClut,HanaroMart 和 HanaroClut 在"身土不二"运动中采用连锁销售的形式，强化销售国产食品，实行只销售国产食品的战略。Han-aroMart 是由地域农协运营的中小规模的店铺，主要销售食品原料和日用品，相当于消费合作社的形式；HanaroClut 是由全国农协中央会或其系统内的公司作为农协流通中心运营的大型店铺，拥有相当于日本的综合量贩店、大型超级商场的设施，经营的商品涉及的领域比 HanaroMart 要广泛得多。

HanaroMart 在全国设有 2588 个店铺，主要销售食品原料、日用品和农业生产资料。特别是近年来，表现出明显的重视食品原料销售的倾向，实行只销售国产农产品的销售战略。可是，在农产品上只标着"国产"字样，不注明具体的生产地。而且在销售额中当地产的农产品所占的比重较小。所以，由农协工作人员到农户庭院进行收购，不定期开设当地产农产品销售市场，加强和支持当地产农产品的市场销售。

HanaroClut 与 HanaroMart 相比，规模较大，在全国设有 16 个店铺，计划今后在全国普及，随着像 HanaroClut 这样的大型店铺在韩国的迅速发展，同业间的竞争也日益激烈。因为 HanaroClut 是农协经营的大型市场，在销售额中食品所占的比例较高，这一点也正是 HanaroClut 实行差别化战略的体现。另外，与 HanaroMart 一样，HanaroClut 也遵守只销售国产食品的原则。也有一部分 HanaroClut 不只是面向一般消费者的零售店铺，也拥有从事批发、加工能力的农产品集聚设施，与实行会员制的大型店铺并设，形成农产品综合流通中心，可以经营国内优良产地的多种农产品。

在卖场内开设"新环保农产品"专柜，专门销售经过环境保全型农业项目认证的产地生产的农产品。韩国政府于 1997 年开始施行《环境农业育成法》，之后经过多次修订，主要是通过对农户和产地集团进行直接补贴，以振兴环境保全型农业，组织的农户数不断增加。韩国导入 GAP（适当农业规范）要比日本早，不是简单地说国产、当地产就好，而是力图在品质管理方面实行与进口农产品的差别化战略。

## 二 泰国的"地产地消"

泰国的"地产地消"主要采取建立社区市场的模式。社区市场的基本理念可以概括为五个方面：①社区市场作为商品交换的场所，为增加村庄居民收入、促进农产品生产和销售发挥作用；②社区市场是推广市场销售、经营管理等知识和技能开发的组织；③由村庄的居民委员会进行管理；④村庄居民平等参加，同时重视村庄传统和文化；⑤加强地域资源的管理和资金储备，提供社会发展和持续开发的基础。

泰国近年来经济增长显著，对农产品贸易也主张实行自由贸易。可是，在泰国东北部的干旱地区土壤贫瘠的条件下，以零星分散的家庭经营为主，主要生产自给自足的稻米和侧重砂糖薯和木薯的商业性旱作经营，其收益很低而且也不稳定。并且由于种植砂糖薯和木薯所需的肥料和农药主要依靠信用贷款购买，导致农户背负高额债务负担。另外，由于偏重于砂糖薯和木薯的生产，除大米以外连自家消费用的蔬菜也要依靠购买来维持，这样的恶劣环境造成农民生活贫困，大量农民离开家乡到外地打工。

面对这样的问题，1990年前后改变偏重于砂糖薯和木薯的种植，开始实施以农户自给自足为基础的向复合农业的转变。并且2000年以后，为了促进农产品在村庄内流通，开始在村庄内设置市场，由农民负责运营。近年来，泰国政府把村庄市场纳入了开发计划之中。例如，1998年开始，利用JBIC贷款，由泰国农业协同组合省作为实施机关实施了"泰国农地改革地区综合农业开发事业"，主要事业内容是进行贮水池、小规模灌溉设施、农村道路等基础设施的建设，农民组织以及网络开发，向农民进行技术普及、用有机肥料改良土壤和森林保全等，这项事业得到了农民的支持，并作为一种"参加型"农村开发事业不断推进。可是，2004年开始，随着农户生产能力的不断提高，出现了以销售为目的的生产，可以预见到会出现销售渠道不足的问题。因此，以三佑咨询公司为中心导入了日本志愿者中心的"创造地域市场"项目，特别是作为"连接村和町的市场"模式，在一些地区开始建设社区市场。

### 三 美国的"地产地消"

美国的"地产地消"主要采取直销所模式，并在此基础上发展了地域支持型农业的经营模式。直销所是"地产地消"的基本活动场所。作为销售者的农户和作为消费者的都市居民通过"看得见的脸"进行面对面交易，加深交流，直销所是社交的场所也是地域居民同僚间交流的场所。另外，直销所是开展饮食教育的基本活动场所，例如直销所与当地的教育委员会合作，把小学生召集到直销所开展关于农产品和与饮食相关的教育活动——介绍应季水果和蔬菜、试吃，糖分检测试验、购物体验等，并且由直销所给学校提供食材。在直销所经常举行烹饪法介绍和由厨师主讲的料理教室等活动，提供关于饮食和健康方面的信息，由市和医院等非营利性组织开设的直销所不断增加，直销所发挥了积极的社会作用。

一直以来，美国农产品流通给人留下的深刻印象就是从大规模农场的长距离运输到大型量贩店的大量销售。近年来，以小规模农户为中心的直销所不断增加。根据美国农务省的调查，1994 年全美有1755 所，2009 年增加到了 5274 所，而且有继续增加的趋势。从美国全国的农业结构来看，可以说直销所是小规模的经营者的集群，农产品的销售活动的经济性得到了充分肯定。近年来，美国关注基于 CSA的农户和消费者的合作，直销所也开始参与 CSA 的经营，出现 CSA与直销所并行的状态。

20 世纪 40 年代美国就存在直销所，50 年代以后，由于农业生产的大型化、品目单一化以及超市等的兴起，直销所渐渐退出了流通领域。大批量流通要求商品标准化、规格化，例如在加利福尼亚州，根据法律规定农产品每个品目必须有标准化的容器才可以流通，这样就把农户的零售排除在外了，所以在加利福尼亚州的直销所也就退出了流通领域。

可是，从 20 世纪 70 年代开始，消费者对环境、有机农产品等问题的关注不断加强，开展了环境运动、有机运动等。同时，也出现了以小规模农户为中心寻求商品销路的趋势，并且开展了以购买本地产品支援地域经济为主题的运动，直销所重新复活的呼声日益提高，渐渐地随处可见农户和消费者直接进行买卖。推动这个运动的主要原因是加利福尼亚州 1978 年修改了州法，允许农户在经过政府认可的直销所内从事农产品直销活动。此后，加利福尼亚州内直销所设置数不断增加。

美国的直销所大多数都没有专用的设施，是一种露天市场，尤其是在南部温暖地区，拥有设施的直销所可以说是极为稀少的。而在北部一些地区散见拥有设施的直销所。在加利福尼亚等温暖地区的直销所一般都是常年营业，冬季寒冷的北部各州很难常年营业，即使有遮雨篷等，一般也都是从春季到秋季营业的比较多，这与北部地区冬季收获、销售的农产品较少有关。没有设施的直销所一般都是临时占用公园、道路、停车场等，一周开市 1—2 次的较多，营业时间一般每次 4—5 小时。直销所的位置，有的设在大城市的中心地区，有的设在郊外的住宅区或观光地。可是，从发展趋势上看，不仅在农村，在人口众多的城市地区开设直销所的情况也比较多见，这是美国直销所的特征之一。

在直销所销售的农户各自都有指定的区域，农户自行携带帐篷、摆放商品，直接向消费者销售。商品和货款的收付也由销售者和消费者直接进行。

能够开设直销所的主体主要有三种：一是农户（包括农户联盟）；二是 NPO（包括教会、组合等）；三是行政部门。在加利福尼亚州，只有这三者才能作为主体开设直销所。

开设直销所的目的：很多直销所都主张支援小规模家庭经营农户，除此以外的目的与开设基础和土地条件有很大关系。例如，如果是由市政府作为开设主体，其目的主要是给地域居民提供购买新鲜、安全的农产品的机会；如果是由 NPO 作为开设主体，其目的主要是为了达到该 NPO 的使命（如为达到对消费者进行食育教育的目的）。另外，在城市内开设的直销所也有一个目的是为了促进地域经济发展。例如，在市中心开设直销所，主要目的是通过招徕客人，给周边的商业街带来人气，重振处于衰退阶段的旧街市经济。

直销所的销售者必须是农户。直销所的场所有限，参加直销所销售需事先申请确认，多数直销所实行事前登记的制度，如果达到规定的销售者数量后还有很多人希望参加直销所销售，直销所就会做成加入等待风险，有时会把很多农户的名字按申请先后排序。

直销所的手续费一般是按照定额的基本费用和根据销售额按一定比例征收。因此，农户在不能抵消销售费用的情况下就很难在直销所进行销售。另外，如果农户在直销所的销售额较少，可以认定为是消费者的需求较小，管理者可以拒绝该农户以后再参加直销所销售。

在直销所销售的农产品必须是在指定的地域生产的。例如，在加利福尼亚州直销所销售的农产品必须是加利福尼亚州生产的，销售者事前要接受郡当局的检查（文件或实地），经过产地认定的农户才可以在直销所进行销售。另外，在直销所销售时经常会要求出示证明书。

直销所按照开设主体的意志和开设目的运营，如果是NPO，理事会拥有最终的决议权。直销所的管理者包办运营方面的事务，有很大的决定权。管理者根据直销所的方针和品种齐全的考虑，兼顾顾客的评价等因素来选择进店销售的农户。另外，每个营业日销售者的选择和分配销售场所等事项一般也都由管理者决定。但是，大多数直销所都实行按照参加年数和贡献等确定的年功制，不能全部按照管理者的个人意见来决定。

当日销售后，销售者支付当日销售的费用，费用标准因直销所不同而异。例如，有的直销所按当日销售额的一定比例征收，也有的直销所征收一定的基本费用和年会费，还有的直销所采用上述两种方法并用来征收。另外也有的直销所根据不同的日期采用不同的费用标准。

### 四　德国的"地产地消"

德国的"地产地消"流通模式是以农家店铺（庭院销售）为主的多样化的农产品直销方式。最初设置的农家店铺（庭院销售）一般没有专用的设施，如果设置店铺，也大多是用农家的小仓库或储藏室改装而成。一般是在星期日营业，平时多数不营业，即使平时营业的店铺其营业时间也很有限。调查显示，在德国94%的直销经营者都采用这种方式销售农产品。在经营方面，夫妻店的倾向很明显。农家店铺通常销售自家产的农产品及其加工品，有时也会销售其他农户的产品和食品以外的一些日用品，这也是为了适应消费者希望实现一站式购物的需要。现在，农家店铺的设计、待客态度、服务以及一些附属设施等都在向高级化方向发展。相反，像过去那种把蔬菜、水果简单地摆放在铺板上销售的方式已难以生存。

定期市主要是在市中心的教会前广场举办，一般是在星期六和星期三的上午营业。近年来，适应从业女性的需要营业时间延长到了傍晚。34%的直销经营者采用这种方式销售农产品。定期市由市町村行政部门负责运营，希望在定期市进行销售的农户必须向市町村行政部门申请并取得经营权。有一些传统的定期市由于经营权世代相传，新经营者很难加入。取得经营权的农户在开市当天早上运送货物至指定的铺位进行销售，场所的使用费根据临街部分的长度来确定，向行政主管部门缴纳。由于在定期市上除农户以外，也有零售店和超市等参与经营，20世纪80年代后半期开始诞生了只有农户经营的农民市（Bauernmarkt）。例如，法兰克福市明斯特广场的定期市，以教会为分界线，把北部地区作为农民市专用区域，像这种情况不是单独开设的农民市，而是用定期市的一角开设的农民市。农民市不是由市町村运营，而是由经营农户组合在一起以缴纳会费的形式运营的。

农户与零售店合作销售主要是农户与大型超市合作销售，采用重视"地产地消"的销售战略。例如：本地产的草莓与南美产的草莓相比，不仅产品新鲜、营养价值高，而且运输成本低，价格便宜，并且深受消费者的喜爱。所以，超市指定在本地30公里以内的区域生产的草莓用当地品牌、开设专柜进行销售，销售的手续费是销售额的20%左右。目前，有30%的直销经营者采用，而且有不断增加的趋势。

**五 意大利的"地产地消"**

意大利的农产品"地产地消"模式主要是建立生产者市场和发展绿色观光农业。前者是生产销售农产品，后者是在不可移动的农业资源或者服务场所现场提供产品或服务。

在意大利基于生产者的直销，南部地区主要是葡萄、柠檬等果实和蜂蜜、橄榄加工品，北部地区主要是蔬菜和米等农产品的庭院直卖。实际销售时必须经过许可并且要办理一些复杂的手续。另外，在城市中心部的露天市场也有经过许可的零售业者销售蔬菜，其采购地为批发市场或专门经营者，而与生产者没有直接关系。关于绿色观光农业，与德国等绿色观光农业发展先进国家相比，意大利组织得较晚，大约是从1985年才开始的。对于大规模生产者来说，在农业生产的基础上再组织开展直销和绿色观光农业这两方面的事业绝不是容易的事情。因此，生产者直销和绿色观光农业的规模比较小，但却是在明确的理念和严格的规定下进行的农产品"地产地消"。

地域传统饮食协会通过对生产者直销的支援活动，在培育和保护地域农产品的基础上形成了对传统饮食文化的保护和继承。地域传统饮食协会通过"大地市场"项目，设立了由生产者直销的市场。地域农产品种类很多，而且主要是由小规模生产者生产的。地域农产品的持续生产依赖于地域内消费者的持续购买。地域传统饮食协会在考虑生产者经济独立时首先考虑的是能够保护地域的传统饮食文化。也就是说，把地域农产品恰当地融入地域经济和交流活动之中是很重要的，在这里明确了直销具有通过经济活动来表现文化、社会活动的作用。"大地市场"项目中，以生产者自己销售为原则，生产者通过自己定价来销售自己生产的农产品，这样由于生产者和消费者直接面对面进行交流，能够了解消费者的意见和明确销售的卖点，同时也能了解其他生产者的信息。另外，对消费者来说，获得了直接了解地域及农业状况的机会，能够通过地域固有的生产者的直销开阔眼界并具有社会性。最终，形成了生产者直销的机会和能力，确保生产者自身的社会特征，即使在全球化的现在，地域农业和小规模生产者的存在也是十分必要的。

作为生产者市场的基本形态，是在市内中心部的广场等地设置临时帐篷，25—30 个生产者在店头销售自己的农产品的形式。并且，在营业前销售者之间没有进行销售调配，因此，在店头会摆放相同的产品，可是，在这里因为销售不是主要目的，所以不是特别要重视的问题。因为考虑到对既存的露天市场的影响而选择在其他地点，通常在零售店闭店的星期日营业。另外，开展与地域传统饮食有关的活动时，上午由生产者进行直销，下午开展使用当地农产品的大众饭店等活动。在这里销售的地域农产品绝不是珍贵稀有产品或者是高品质、高规格的特别农产品，而是以自古以来在这个地域就有的传统的、日常的农作物为对象的（当然转基因作物等是被排除在外的）。当然，生产者是以生产者理解地域传统饮食为前提的，坚持这样的基本原则，对其他的生产者和市场运营组织也采取自动申报的制度。

开设生产者市场实行许可制度，必须在当地自治体、商工会议所、保健所等机构取得各种许可证书，这些手续很复杂。并且，在露天市场的既存业者对此也有意见。关于这些手续的调整，形成了以当地的地域传统饮食协会为中心的支援体制。每当开业时，生产者、地域传统饮食协会和自治体相关部门三方之间要组成市场运营组织，经过事前详细、周密的协调制定运营规则。生产者市场的开设费用，假定设置40个摊位的帐篷的情况下，大概需要2.5万里拉的初期费用。并且在平时营业时，每一个摊位平均还需要100里拉的电费、租金等运营费用。这对生产者来说也是一笔很大的负担，现在，根据国家制定的《直销支持法》，会给予生产者一半的补助。并且，在同项目中重视可持续发展的环境保护和农业生产二者并存，欧盟的地域经济发展项目采取了追加补助的措施。开设一个生产者市场，在地域内必须确保有40个生产者参加。因此，市场运营组织在选定肉类、奶酪等地域生产者的同时，对蔬菜类产品大约限定在40公里范围内的生产者参加。

如前文所述，"大地市场"项目中以生产者自身销售为原则，所以，价格也由生产者自己确定。这样，由生产者自己向消费者详细说明价格，要确保价格的透明度。随之而来的问题就是在确定价格时必须谋求公正的理由。例如，不能采用不正当的低报酬劳动生产产品，追求在地域环境和传统、生物多样性等方面充分考虑的农产品。相反，如果在设定价格时没有任何规则，直销过程中与质量相比而言更重视数量，恐怕生产者就变成商人了。实际的价格是通过直销能够节省流通经费的价格，即使是小批量也发生同样的生产经费。最终形成消费者日常能够购买的价格，能够达到和市中心的超市同等的价格水平。

## 六 中国的"地产地消"

在中国，目前尚没有使用"地产地消"这一概念，但与"地产地消"相对应的农产品流通模式一直存在。中国的"地产地消"主要包括起源于传统的农贸市场、集市、早市、绿色乡村旅游和新型的直销模式形式，2008年开始试点"农超对接"，出现了新型的农产品直销模式，标志着中国农产品流通向"地产地消"模式又迈进了一步。

（1）农贸市场。在中国，作为生产者直接以消费者为销售对象的流通模式，自古延续下来的模式是农贸市场，在20世纪50年代至70年代，中国实行了计划经济，阻止了农贸市场的发展。但是农贸自由市场在80年代改革开放后又逐渐兴起。农贸市场是中国改革开放的产物，是指在城乡设立的可以进行自由买卖农副产品的以零售经营为主的固定市场，交易的商品包括蔬菜、瓜果、水产品、禽蛋、肉类及其制品、豆制品、熟食、调味品、土特产等农产品和食品。在农贸市场上，出售新鲜的农副产品，允许顾客自己挑选偏好的农副产品，可以议价；在摊贩之间形成了竞争关系，价格可以随行就市。

（2）集市。集市是有周期性的商品交易地点，主要是乡村农民的交易。集市一般是每隔一定的日期（如逢单、双日或逢五、逢十）在固定地点或邻近的几个地点轮流举行，也有个别地方利用"庙会"、"骡马大会"等形式进行一连多日的集市性质的货物交易活动。集市的周期主要受人口密度的影响，较大的人口密度地区集市的周期相对较短。此外，集市的周期还受到周和月循环的影响，如中国的集市一般按太阴历周期循环。集市属于低级的中心地，交易的商品一般为农副产品、日常用品和易耗品等低级货物，为集市附近的乡村居民服务。集市的地点通常选择位于交通适中的集镇或乡村以及寺庙所在地、城镇边缘地带等。

（3）早市。早市又称晓市，早市的营业时间受到地方政府的严格规定，主要是在凌晨及早上进行交易的市场，销售的商品一般包括蔬菜、水果、海鲜、日用杂货等。购买者通常是退休人员和家庭主妇。依照营业时间区分，早市可以分为两类：一是定点早市，即每日营业的早市，地点被固定的早市；二是流动早市，即在特定日期或特定时间营业的早市，由于参与的商家在其他日期或时间会移动到其他地方营业，就像是一个流动于邻近各地的早市。一般常见于乡间或都市边缘，平时可能作为停车场、草地或公园。销售者全部为摆摊销售，凌晨时分到达场地，中午前撤除。

（4）绿色乡村旅游。绿色乡村旅游是以各种类型的乡村为背景，以乡村田园风光、乡村生活和乡村文化为旅游吸引物，以农业和农村特色资源为基础开发旅游产品吸引旅客前来观光游览、休闲度假、考察学习、参与体验的旅游活动。20 世纪 80 年代末，在深圳市举办了首届荔枝节，以此为契机，90 年代以后，随着农业和旅游业的发展以及农村条件的改善，绿色乡村旅游迅速发展起来。1998 年，以"华夏城乡游"为主题在全国范围内开展了城市农村交流活动。特别是北京、上海、广东、山东、四川、云南等东部沿海地区以及旅游名胜地的周边地区发展较快。中国的绿色乡村旅游主要是利用农业、农村的自然景观、文化等多方面的资源，进行农业、农村开发以及面向城市居民提供休闲生活的场所，向观光旅客介绍农业生产、农业技术、传统食品的加工方法等农业相关活动。也就是说，农户（或农业经营法人）通过提供观光、娱乐、餐饮、住宿等服务，实现农业、加工业、旅游业（第一产业、第二产业、第三产业）一体化发展。绿色乡村旅游具有乡村性、文化性、生态性和体验性的特点，"生态观光＋生态休闲＋文化体验"是其精髓。绿色乡村旅游按照经营内容可以划分为四种类型：自在休闲型、都市农业观光型、民俗传统文化型、自然生态型。

（5）新型的直销模式。2008 年以来，国家对农产品流通问题高度重视，先后出台了多项文件，推进"农超对接"、"农校对接"等多种形式的"产销对接"，打造安全、高效的流通链条和舒适、便捷的消费环境，确保消费者安全、放心地消费新鲜的农产品，同时稳定农产品价格和农民收入。经过不断创新和实践，已经形成了农超对接，农校、农餐对接、社区直销店、农宅对接等多种直销模式。

"农超对接"就是组织具有一定规模和标准化生产基础条件的农业合作社直接与城市大中型超市签订协议，销售农产品。从实际效果来看，成功的"农超对接"应该具备一定的条件：首先，超市不是直接与分散的农户合作，而是与具有一定生产规模的龙头专业合作社合作，合作社必须是得到政府支持的合作社，如免税、奖励等，具有一定的价格抗衡能力。其次，超市应是以经营农副产品为主的具备实力的区域性龙头超市，实行区域化、集中化发展，具有集约化优势，并且要有自己的大型冷链物流系统和完善的信息系统。

"农校、农餐对接"就是合作社通过与大学院校、大机关食堂和饭店餐馆等签订协议，由农业合作社直接供应蔬果、畜禽等农产品。

社区直销店主要是组织合作社直接到城市社区开设专营店，直销合作社产品，形成网络化、规模化连锁经营，扩张合作社营销规模，使农民获取流通环节的增加值。直销店采取生产基地直采直销的运营模式，有效缩短了农产品从田间到餐桌的周转次数和时间，实现了农产品的安全可追溯。直销店使用统一的牌匾，统一对外广告宣传，统一食品质量安全举报电话号码，统一销售农副产品。

"农宅对接"与农超、农校、农餐对接截然不同，它彻底去掉了农产品生产者与最终消费者之间的中间环节，借助电子商务销售平台以及物联网的相关技术，通过网上下单、付款、送菜上门的方式，以相对低廉的价格向消费者提供质量可靠、安全保证的农产品。合作社利用网络订菜平台主要通过以下两种方式实现农宅对接销售：第一种是根据订单配送。由合作社派专人配送，保证订购的蔬菜产品从田间采收到送货上门不超过 5 小时。第二种是智能交付柜配送。在城区有机蔬菜需求量较大的高档小区定点安放智能交付柜，采取每天定点配送的方式保证当天将客户订购的蔬菜送到社区。支付方式目前有三种：第一，用户下达订单后马上通过网上银行等方式完成线上付款；第二，用户先向注册账户存入预付款，然后通过预付款支付；第三，用户在收到订单产品一周内完成银行转账或线上支付。其中第一种付款方式的价格为网站提供的参考价格，第二种预付款方式可以得到适当优惠，第三种付款方式则会适当提高蔬菜的销售价格。

## 第二节　世界主要国家"地产地消"的比较

目前，世界各国农业结构不同，农产品"地产地消"的市场形态多样化，从露天市场、简易摊位的面对面销售到利用大型专用设施进行自选式销售，在市场形态上有很大差别，相应的经营管理方式也有很大的不同。

### 一　市场形态不同

韩国"地产地消"是以农协为中心开展的，具体形式是农协直销店，实行连锁经营的模式；泰国以增加居民收入为出发点，主要采取农村社区市场的形式;美国是从环境保护、绿色消费的角度出发,同时支援小规模农户扩大收入,在城市定期开设露天市场;德国则是从农户庭院销售开始逐渐出现了定期的露天市场;意大利的生产者市场是一种不定期的露天市场;中国的"地产地消"目前尚没有明确的理念,处于刚刚萌芽的阶段,农业合作社正在逐步探索不同的销售方式。

二 经营管理模式不同

"地产地消"的市场运行,其经营管理的主体既有公共机构、民营企业和生产者团体,也有非营利性的社会团体,并且,民营企业或生产者团体经营通常都是利用公共机构的公共设施和空地进行的,具体的经营管理形式各不相同。

韩国的农协直销店由农协运营管理,农协是农户的协同组合,是生产者有组织地直销,而不是由农户自己搬运农产品到直销店,因此,农户是间接参与经营管理;美国对直销所的运营主体有严格规定,在加利福尼亚州只认定农户(包括农户联盟)、NPO(包括教会、组合等)、行政部门三类主体可以开设直销所,相应地,最高决策机构是行政或 NPO 的理事会,日常的运营管理由理事会或行政机关委托专门的管理人员负责;意大利的生产者市场是由地域传统饮食协会基于饮食教育、食品供给多样化、环境保护等目的,由非营利组织支援设立的,其运营组织的成员包括地域传统饮食协会的相关人员、自治体的相关人员和生产者等。参加市场交易的生产者必须认同协会的基本理念,以有机栽培的方式生产农产品或者不种植转基因作物。

三 政策措施不同

随着农产品生产和流通国际化的进展,各国农业结构、农产品流通体系发生了很大变化。可是,由于各国所处的地理位置不同,农业在国民经济中所处的地位不同,城乡发展不均衡等问题,农业结构、农产品流通体系的变化不同,各国政府对"地产地消"采取的政府措施也不尽相同,但各国政府大多实施了支援小规模农户生产经营的政策措施。

美国农务省(USDA)对低收入者和无收入者实施食品购买补助政策(Food Stamp Program),对参加 USDA 自己开设直销所销售的农户给予补助，另外，向消费者发放在直销所购买农产品使用的代金券。通过以上措施促进产消双方共同参与"地产地消"。意大利的"地产地消"主要是由地域传统饮食协会发起，并就开设生产者市场的具体事宜与当地政府、商工会议所、保健所等行政机关协调，帮助办理许可证，支持地域农产品的团体购买和绿色乡村旅游等活动。地域传统饮食协会支付生产者市场的运营管理费（销售额的12%）。农协和农业省共同支持生产者组织大规模的消费者学习农园，政府制定《直销支援法案》，规定对开设生产者市场的支持力度为初始费用的50%。德国依据联邦政府的个体经营支援项目和各州的农村开发项目，对农户利用自家庭院开设店铺销售农产品提供资金援助，主要是提供借款和利息补助。在民间，也在推进与"地产地消"相关的饮食教育活动。韩国根据1997年制定的《环境农业育成法》，对农户提供直接补贴，促进发展环境保全型农业。1999年制定《农业、农村基本法》，实施农村经济振兴的政策，对农业、农村经济的支援采取行政组织联合协作的措施，由农村振兴厅、农林部、文化观光部、环境部、行政自治部以及农协中央会相互提携，共同支援。

# 第四章　研究综述和理论基础

## 第一节　研究综述

　　日本农产品"地产地消"的发展起步较早，已经有较为成熟的经验，尤其是日本发起的"产直运动"和"地产地消"运动，在"地产地消"的理论上有较为系统的研究。目前，中国国内关于日本农产品"地产地消"流通模式的研究尚未展开，在中国期刊数据库中采用"地产地消"和"日本"、"农产品"等关键词进行检索，未找到相关研究文献；采用"农产品直销"、"日本"两个关键词进行检索，共检索到4篇论文。主要研究有：张玉兰、姜雪忠（2010）认为农产品市场营销的方式影响着农产品的效益和农民的增收，具体分析农产品直销市场的投资主体、运营模式、交易规则及消费群体等特点；袁平红（2009）指出日本农产品直销所模式下，在生产者和消费者之间产生了"温情效应"，有利于生产和销售的稳定；徐涛（2008）指出日本农产品直销所的发展不仅使众多农户获得了新生，同时也带动了观光农业、食育事业、农家餐厅等城市与农村的交流项目的发展；姜雪忠、问嵩卉（2006）以日本伊豆半岛中北部的地产直销市场——"大仁真情市场"为例，具体分析了日本农产品直销市场的销售方式。

　　日本学者关于"地产地消"的研究与"地产地消"的发展有密切关系，学者对发展较快、影响较大的"地产地消"流通渠道类型的研究成果也比较丰富，本节主要从农业运动论、农产品流通论、农村经济多元化和市场营销论四个视角归纳日本学者关于"地产地消"的研究成果。

### 一 从农业运动的视角进行的研究

产直运动是 20 世纪 80 年代以后进行的产直多样化活动之一，是从一村一品、故乡宅配便等活动开始的。初期的产直运动是使生产者和消费者直接结合，减少中间流通费用，追求生产者和消费者的经济效益，可是实际上某些方面也增加了流通费用。在产直运动之后，出现了生活协同组合提倡的产直和有机农业等各种形态，一直持续到现在。竹中（2007）研究了产直活动存续下来的原因：①能让消费者买到新鲜的农产品；②生产者享有定价权；③商品化率较高；④便于生产者和消费者的交流、有放心感；⑤有益于地域居民身体健康。野见山敏雄（2008）认为，产直活动是重新找回在近代农业中失去的理念，也是使人们过上真正富裕的生活，保障国民身体健康、改善环境和确保生物多样性的运动，是生产者和消费者协同推进的运动。吉田（2007）则提出了"地域社会农业"的概念，并指出"地域社会农业"与基于市场竞争原理的"生产优先"的农业不同，是以实现以人为中心的"生活优先"的农业为目标，同时包含产直运动的基本理念。藤井（2007）以山口县为例研究直销所运动，作为农村生活改善普及事业，从 1970 年左右，在山口县开始了"家庭主妇创造零用钱运动"，之后又进行了"自给 50 万日元运动"，也就是开展相当于 50 万日元自给所得的农产品在家庭菜园生产的运动。实际上栽培自己需要的全部蔬菜很困难，于是出现了把个人栽培的蔬菜放在一个"交换市"（早市）进行互相交换的活动。山口县的早市、直销所大部分是从"交换市"开始的。关田（2004）以高知县为例研究直销所运动，高知县作为向大城市供应蔬菜的主产地，推进产地化的结果是使"地产"农产品在县域内的流通量减少了，进行专业化生产的农户自给率低下，生产者在自我反省后开始了农产品自给运动，结果出现了作为销售剩余农产品的销路的直销所运动。岸（2005）以秋田县为例研究"地产地消"运动，1973 年，秋田县的仁贺保町农协开始了"自给 20 万日元运动"，现在的"地产地消"运动就是以当时的农产品自给运动为起源的，在 1994 年和 2000 年的全国农协大会上，倡导通过直销所进行的地域内自给，强化"地产地消"的组织形式，使今天的"地产地消"运动加速发展起来。岩崎（2007）的研究指出，产直运动的主要承担者是城市的女性、家庭主妇，农产品自给运动的主要承担者是农村女性。这样的运动被延续发展成为"地产地消"运动，而且从很多事例报告中可以看出农村女性在参加直销所的生产者会员中占有相当的比例。野田（2007）根据自己的切身体会，论述了农村女性参加直销所活动可以获得自己的零用钱，使其由从属性的劳动者成长为自主性的农业经营者的过程，使长期未被重视的女性能力得到发挥，并且从具体的经济效果方面也充分肯定了直销所的职能。

**二 从农产品流通的视角进行的研究**

从农产品流通的视角进行的研究主要是与批发市场流通进行对比，展开对"地产地消"流通理论研究。藤岛（1994）总结了第二次世界大战后日本蔬菜流通的理论基础，1950—1970年，日本蔬菜流通向广域化发展，相应的研究理论主要是主产地形成论、农协共同销售论及与之相反的城市农业论。主产地形成论和农协共同销售论提出蔬菜广域化流通的市场销售策略，城市农业论主张在城市内和城市近郊区的生产地建立市场，回避与大规模、远距离的蔬菜产地竞争的重要性，这个时期的直销所采取了在城市内和城市近郊区产地设立有利于流通的路径。1980年以后，随着蔬菜流通的国际化、全球化的推进，为防止国内生产力受到国际冲击，开展了对地域流通论的研究。此时，由农协经营直销所，由生产者直接向消费者销售产品，成为市场外流通的最基本的一种形态。小柴（2005）从地域振兴论和流通论的视角阐述了大型直销所和店中店等模式是在直销所形态多样化过程中出现的，适应消费者需求的生产体制的构筑，是伴随着直销所间、直销所与量贩店之间的竞争激化的必然选择，以及直销所和店中店所发挥的作用。细川（2006）认为在批发市场流通中，大型产地有优势、优先向大型零售店供货，农产品实行品质标准化，批发市场很少办理个人销售业务，因而遭到了一些小规模农户的反对，出现了面向本地消费者的产地直送和直销模式。田村（2007）研究了高知县的农产品直销模式形成的过程，指出高知县从第二次世界大战前就是面向日本全国大城市的蔬菜供应地，推进共同销售体制的结果使其作为消费供应地的作用下降了，为了弥补对县内消费的供应，从1970年开始兴起了市场外流通。高知市继承了从江户时代流传下来的星期日市场，后来又开设了被称为"良心市"的无人销售市场，并且由农协设立了常设的、有人销售的直销所。可见，细川和田村的研究达成共识，都产生了对远距离化、大规模化的批发市场流通的反省、质疑的观点，提出应开始产地直销活动。大西（2006，2007）不仅对消费者进行研究，也对生产者的意愿以及直销所与"市"的区别进行研究，在对山形市进行详细实态调研的基础上，指出早市对促进生产者与消费者的交流、稳定产消关系具有重要意义。桂（2007）的研究指出，直销所在确定价格时主要是参考邻近市场价格，从这一点来看，可以说直销所只是作为以批发市场为起点的各种流通机构而存在，对于不宜长途运输的产品、尚未取得一定市场的产品来说，直销所是重要的销售渠道，今后也会继续完善。总之，从农产品流通的视角来看，为满足大规模化、广域化的批发市场流通不能满足的消费地的需求，加强生产者与消费者之间的沟通与交流，"地产地消"流通模式的存在具有重要意义。

### 三 从市场销售角度进行的研究

关于农产品的市场销售，从古典的"刺激—反应"理论框架下进行的研究比较多，而基于"地产地消"的农产品市场销售的研究现在发展为向"关系性"理论框架转移。村上（2000）和饭坂（2003）分别在数据和分析方法上进行探讨，主要是根据调查问卷和使用 POS数据进行分析，研究消费者的特征，揭示了到直销所购物的消费者大多居住在距直销所车程 1 小时以内的区域，每星期购买 1—2 次。大西（2008）从直销所和早市的功能差异的角度进行研究，通过对不同课题的实证分析，指出"市"与直销所具有不同的本质，采取适应各自性质的销售方式很重要。斋藤（1998）在使用三个评价指标（生活空间保全、地域农业保全、地域社会）多方面评价的基础上，指出经营观光农园的农户与一般经营的农户相比，其销售渠道多元化，能够不受市场价格变动的影响，观光农园作为直销和宅配的场所具有重要意义。樱井（1997）对山区、半山区地域的直销所的发展情况进行了分析整理，指出山区、半山区地域的直销所规模较小、销售的产品品种不齐全，因而大多实行季节性营业，为实现常年营业，应发展农产品加工业、开发地域特色产品才更有利于销售。饭坂（1999）对在道路服务区开设的直销所进行了研究，指出在道路服务区开设的直销所营业额的一大半是来自城市的重复购买者，销售者认为直销所是信息交换的场所，另外，道路服务区直销所建有休闲、娱乐、体验等配套设施，实行复合经营有利于提高农产品销售额。田村（2004）通过对到观光农园的游客进行问卷调查，对游客的属性（居住地、来园的机会、路途时间、停留时间、消费额等）、对设施的评价进行整理，揭示出重复来园的中老年人消费额比较大的特征。小柴（2003）指出，店中店事业克服了直销所地理位置的限制，并且容易适应消费者的需求，可以吸引更多消费者、扩大销售额。二木季南（2009）认为，直销所也是零售店铺的一种形式，指出了直销所和一般零售店的区别：①实现地域产品的流通费用收益化和高附加值化的场所；②产生地域资源活性化的联动；③不仅实现收益极大化，而且极大化回归农户、回归地域本色。因此，不能简单地把直销所零售店化、超市化。堀田学（2006）指出，作为零售业的直销所在现阶段有五个特征：①能给消费者提供生产者特定化的详细的商品信息，提高服务水平；②销售符合消费者"地产地消"指向的相应商品；③成本效率比较高，容易提高价格吸引力；④管理运营主体多样化；⑤多业种集聚的店铺增加了，店铺集聚的方式多样化。其中，最后两个特征是近年来表现出的显著特征。大浦（2007）运用市场销售、调查研究的方法进行实例分析，从零售组合的角度论述了实行差异化战略，取消直销所之间以及直销所与一般食品超市竞争的可能性，并指出对不同的消费者阶层，应该适用不同的零售组合策略。清野（2007）通过商业契约的分析，阐明消费者对地域特产品的印象结构，并利用因子分析和 ABC 分析法等市场销售调查研究方法，分析说明直销所销售地域特产品的促销方法应突出地域特色，通过现场体验、试吃、试做等活动更有利于加深消费者对地域特产品的认识和理解，达到扩大销售的目的。

**四　从城市农村交流、农村经济多元化的视角进行的研究**

"地产地消"流通模式的开展，作为城市农村交流的开端，在直销所可以进行人的交流，并且通过开设直销所，带动绿色观光旅游业发展，是实现农村经济多元化的一个策略。1987 年制定的第四次全国综合开发计划，以实现土地均衡发展为目的，制定了"基于定居和交流的地域经济开发"的命题，提出了"交流网络化"的方案，目的在于促进城市与农村、生产者与消费者之间的交流，基于地域主导的地域建设，将交通、信息、通信体系的建设和扩大交流机会放在了首要位置。因此，开展体验农园、举办观光集会，设立直销所、早市、露天市场等活动迅速增加。中安章（1982）研究认为，直销所作为故乡产直运动的一种形式，是生产者和消费者交流的一个重要场所。饭坂（1999）对冈山县内的路边站点直销所的利用者进行了调查，发现直销所的营业额的一大半来自城市的重复消费者，他们大多认为直销所是信息交换场所，消费者购买的金额也大，这样的结果说明直销所作为信息交换场所的重要性。岸（2002）在对已有文献研究进行评价的基础上，对生产者、消费者、地域、农协四者的作用和功能进行了整理，明确了直销所在农业、农村发展中所处的地位。室冈（2007）通过对 2000 人进行问卷调查，指出城市农村交流具有累积性和阶段性，也就是说不是从某个交流活动直接转移到另外的交流活动，而是把某个交流活动的经验，在后续的其他交流活动中加以借鉴、积累。二木（2009）认为来参加城市农村交流的体验者和地域内生活的普通百姓共同推进了地域资源活用型事业的发展，直销所在与体验农业、住宿设施利用等其他事业相结合的形式中发挥积极的作用。樱井（2009）研究南房总地域经济开发事例，指出直销所是地域资源活用型事业开展的核心，直销所活动与其他个别开展各种事业保持相对独立性，同时又形成了地域资源活用的网络，但作为交流场所，应该注意直销所交流的两个特点：因为对消费者没有契约约束，生产者会面对不特定多数的消费者；消费者每次在直销所停留的时间较短。可见，室冈从参加城市农村交流活动的侧面，二木和樱井从实施交流事业的侧面指出了直销所作为城市农村交流活动开端的重要性。大江靖雄（2002）通过典型样本，从供给和需求两个方面分析城市农村交流成立的条件和效果，并且指出可以从市场细分中产生新的财富来源，为确保比较优势，应进行交流。也就是说，即使绝对成本水平无差异，只要有相对成本差异存在，也有和条件不利的地域进行交流的可能性。因此，充分利用地域资源进行生产、交换，促进农户开展多方面的经济活动，实现农村经济多元化是很重要的。

## 五　关于"地产地消"的综合研究

佐佐木（2002）从"地产地消"促进环境改善的角度进行研究，提出与"地产地消"相关的新的市场原则和五个环境命题：新的市场原则是融进相互依赖的市场，五个环境命题包括：①农业、农村对环境保障不可缺；②"地产地消"提高环境意识；③"地产地消"推进环境保全型农业发展；④"地产地消"推进自然循环型资源再生利用；⑤"地产地消"使运输时的环境负担最小化。津庸子（2005）认为消费者的消费行为要承担社会责任，以此为出发点研究"地产地消"。樱井（2009）采用案例分析法分析了"地产地消"的综合效果，指出在平原地区、山区、城市近郊区和城市街区等不同类型地域，"地产地消"运营的效果不同，在平原地区、城市近郊区和城市街区设立的直销所规模较大、经济效果较好，而在山区设立的直销所一般规模较小、经济效果较差。金子良江（2006）以札幌市为例，阐述行政主导型"地产地消"的运作效果；带广畜产大学、带广信用金库共同研究《十胜型地产地消与地域紧密结合型食品体系的发展研究》课题，系统研究了十胜地域内农产品生产与食物供应体系，实行学校餐饮所需农产品完全由农协负责供应的模式，首先选择"地产"农产品，其次选择"县产"农产品，最后选择"国产"农产品，这种供给模式将农协与地域内食品相关产业紧密联系在一起，形成了地域紧密结合型食品体系。内藤重之（2008）研究了埼玉县以学校餐饮供应会为中心的"地产地消"，指出埼玉县以学校餐饮供应会为中心的"地产地消"，不仅对学生产生了较好的教育效果，也促进了地域经济发展。大浦裕二、山本淳子、山田伊澄（2008）对群马县4所小学校的学校餐饮供应效果进行问卷调查，指出采用自校烹饪方式的学校的学生对食与农的关系有切身感受、亲身体验和周围环境对食与农的理解的影响大、在家庭的亲身体验对儿童的影响大，根据餐饮供应的运营方式和农业体验学习的活动情况不同，其饮食教育效果亦不同。

### 六  总结

日本关于"地产地消"的研究是从 2000 年以后开始增多的，以直销所为对象的研究是核心，这与日本"地产地消"以直销所为核心是一致的。关于"地产地消"研究主要是从农业运动论、农产品流通论、市场销售论及城市农村交流和农村经济多元化的视角，采用实际案例分析的方法进行的，研究的内容从"地产地消"的产生、"地产地消"运动的演进、"地产地消"流通模式的发展到研究"地产地消"的功能与作用，再到具体研究"地产地消"运营对农村经济多元化和地域经济发展产生的影响。但是，还缺少关于"地产地消"的经营管理、发展策略等方面的研究，对于生产者的意向和行为、直销所销售对农业经营的影响等关于生产者的研究还很不充分。现在，日本的直销所已经卷入了直销所之间、直销所与超市之间的竞争，需要加强关于生产者的研究和关于直销所的组织、运营问题的研究。根据日本农林水产省和六次产业化法中关于"地产地消"的概念的界定，实施"地产地消"的最终目的是促进地域经济的发展，因而需要对"地产地消"流通经济效果的产生机制进行理论与实证研究，并在此基础上进一步进行关于"地产地消"流通对地域经济发展的带动效果等方面的定量研究，以验证"地产地消"流通的实际效果，也为"地产地消"未来发展策略的制定提供理论与实证的依据。

# 第二节  理论基础

### 一  制度变迁理论

20 世纪 60—70 年代，美国著名经济学家道格拉思·C. 诺斯（Douglass C. North）在研究中发现制度因素对经济增长具有重要作用，通过制度创新或者变迁也能提高生产率，实现经济增长。从此，诺斯开始了对制度进行深入、全面的研究，最终发展成为一套完整的制度变迁理论。诺斯的制度变迁理论的前提假设是经济人假设，将制度因素引入经济模型，建立了分析制度演化和制度特征的抽象理论模型，并据此分析比较各种制度的绩效、特征以及制度的演化，进一步探讨了政府在制度变迁中的决定性作用。产权理论、国家理论和意识形态理论是诺斯的制度变迁理论的三大理论基础。

（一）制度与制度变迁

1. 制度及制度的类型

诺斯（1991）认为制度是为决定人们的相互关系而人为设定的一些制约。制度设立的目的是保障行动集团利益、降低交易成本、维持经济正常运行。制度是由人所创造的，用来约束和限制人们相互交往的行为框架，是社会博弈的规则。制度由正式制度、非正式制度和它们的强制性所组成。正式制度是指人们有意识地制定的规章或法则，具有强制性，如宪法、法律、产权、契约等；非正式制度是一种在人们长期交往中约定俗成的非正式约束，如道德和伦理、惯例和自我限定的行为准则等；无论是正式制度还是非正式制度，都具有一定的强制性，正式制度的强制性表现为可以凭借国家法律保障其实施，而非正式制度的强制性表现为道德、舆论的谴责。

汪洪涛（2003）认为诺斯对制度的分类更贴近经济分析的实质，认为制度可以分为宪法秩序、规范性行为准则、制度安排三个层次。其中，宪法秩序是基本准则，是制定一般规则的依据；规范性行为准则是经济运行的外生变量，与人们的意识形态、文化背景等相关，一旦形成，不易轻易变动；制度安排是经济运行的内生变量，是具体的操作规则，建立在宪法秩序和规范性行为准则的基础之上，包括法律、规章、合同等。

2. 制度变迁

诺斯（1994）认为制度变迁是指制度创立、变更及随着时间变化而被打破的方式。当外部的制度环境发生变化改变了经济主体间利益格局时，经过相互博弈，就会发生制度变迁，由新制度取代旧制度。制度变迁的动力源于制度的非均衡状态，行为主体追求将外部潜在利润的内部化是制度变迁的根本动力。如果制度变迁收益大于制度变迁成本，就会引发制度变迁。政府应以交易成本最小化为目标来设计合理的制度结构，推动制度变迁朝有利于增进社会福利的方向发展。

制度变迁的方式包括诱致性制度变迁和强制性制度变迁，选择制度变迁的方式也要遵循成本节约的原则。诱致性制度变迁是盈利的、自发的和渐进的，当原有制度安排下无法得到期望利益，行动主体为获得期望利益则会自发倡导、组织变更或替代现行制度安排。正式制度的确立需要经过长时间的谈判才能在团体内部达成一致意见，是一个渐进的过程。诺斯指出：初级行动团体是一个决策单位（包括个人和团体），初级行动团体为增加收入，会主动寻找一些潜在收入（这些收入是在现有制度下无法获得的），如果通过改变现有的制度安排结构，就可以增加这些收入。次级行动团体也是一个决策单位，为帮助初级行动团体获取收入而实施一些制度安排变迁。次级行动团体可以通过作出一些策略性决定，使初级行动团体能增加收入，但它不能使所有的追加收入自然增长，实际上也不可能实现收入的自然增长。国家在诱致性制度变迁过程中，应该充当次级行动团体，及时追踪初级行动团体创新规则，科学地作出一些战略决策，以使初级行动团体能够增加收益。

强制性制度变迁往往要由政府通过命令和法律的手段实施，会改变不同选民集团之间现有收入的分配格局，会导致对现有收入的再分配。诺斯认为，可将制度作为公共物品，基于公共物品的特殊性，其供给必然不足，政府可以动用国家政权机器的力量补充制度供给。他认为制度创新并不是取决于选民的意志，而是来自统治者，这是因为选民往往只能"搭便车"。对统治者来说，由于不存在"搭便车"问题，所以就要不断进行制度创新以适应外部环境的变化。在强制性制度变迁过程中，政府需要在提供合理的制度和法规环境、产权界定、意识形态三个方面发挥作用。

（二）制度变迁理论的基础

诺斯以产权理论、国家理论和意识形态理论为基础，阐述其关于制度变迁理论的主要观点，形成了关于制度变迁理论的分析框架。

在一个经济体系中，有关对个人和集团实施激励的理论主要是以产权界定为前提的理论。诺斯的制度变迁理论的第一个理论基础是关于产权分析及私有财产的界定。诺斯（1999）指出：经济组织的效率性是经济增长的关键所在，西方国家兴起的原因就在于有效率的经济组织在西欧的迅速发展。有效率的组织发展需要通过制度安排确立产权，形成一种激励，通过对私有产权界定建立有效率的经济组织，调动社会成员的积极性，激励社会成员按照经济利益最大化的原则作出经营决策，从而促进经济增长和社会制度的变迁。

国家理论是关于界定实施产权的理论，是诺斯的制度变迁理论的第二个基础理论。诺斯认为，国家理论是最根本性的理论，因为产权结构是由国家通过法律、制度等手段所界定的，最终是由国家对产权结构的效率负责，产权结构的效率最终会表现为国家的经济增长、停滞或衰退。因而，国家理论必须对造成产权结构无效率的政治、经济制度的内在倾向作出解释。一个能够实现整个社会福利或效用最大化的国家模型具有三个基本特征：一是在统治者与选民间是一种交换关系，国家通过向选民提供"保护"和"公正"的服务，获得选民的支持，并因此而取得收入；二是国家的统治者通过制定法律、制度等手段明确每一个社会集团的产权关系、构造有效率的产权结构，进而实现国家收入最大化；三是国家的统治者总是面临各种竞争，包括来自其他国家的统治者的竞争和来自国内的可能成为未来统治者的个人的竞争，因此，统治者对权力的控制程度取决于各不同选民集团之间的替代度，统治者对权力的控制程度越强，则国家的制度越稳定、产权结构也越稳定。

意识形态理论是诺斯制度变迁理论的第三个基础理论，意识形态影响人们对客观存在变化所作出的反应。诺斯认为应该在对意识形态的理论思考基础之上进行制度分析，能够有效克服"搭便车"行为的意识形态才是成功的意识形态。以此为出发点，诺斯指出要注重意识形态的三个方面：第一，源于"节约机制"的"世界观"的引导，使人们通过意识形态真正认识了自己所处的环境，从而使决策过程简单化；第二，意识形态往往受到道德、伦理观念的影响，人们在对客观变化作出反应时，不可避免地会与个人在观察世界时对公正所持的道德、伦理观念等相互交织在一起，人们经常要在相互对立的意识形态中作出选择；第三，当人们的经验与其意识形态不一致时，人们就会主观地改变其意识形态，实际上是试图发展一套与其经验更"适合"新的理性。

（三）制度均衡

制度供给与制度需求达到均衡的状态即为制度均衡，当制度供给和制度需求处于均衡状态时，制度供给者没有变革现有制度的愿望，制度需求者也没有追求新制度的愿望，这种处于制度供需均衡的制度就称为均衡制度。

制度的供给因制度需求而产生，如果没有制度需求，便不会产生制度供给。当外在性制度环境的变化导致现有制度安排无法提高收入分配、扩大资源配置效率，并且制度创新能够增加潜在利润时，就会产生制度需求。制度创新、制度供给决策以成本收益比较分析为基本原则，如果制度变革者能够设计出合理的治理结构，使制度变革收益大于制度变革成本，即新制度的供给符合成本收益原则，制度变革者就会做出相应的决策，实现制度变迁。相较来说，基于强制性制度变迁的制度安排效率较高，但往往制度安排的适配性较差、制度结构的效益性也较差，强制性制度变迁具有内在隐含的破坏性，由于政策制定者的获利动机，会改变收入分配格局。相反，基于诱致性制度变迁产生的制度安排的适配性较高，制度结构的效率也较高，但由于诱致性制度变迁需要一个渐进的过程，不能及时发生制度供给，制度供给与制度需求有时滞性。

诺斯（1991）指出，制度均衡是既存的制度结构处于"帕累托最优"状态，制度均衡状态下，无论对当前的制度安排作出任何改变都不会增加经济中的任何人或任何团体的额外收入。制度均衡常表现为以下几种状态：一是现有制度安排的潜在利润为零，即所有可能的潜在利润均已实现；二是虽然还存在潜在利润，但进行制度变革违背成本收益原则，即制度创新的成本高于制度创新所带来的利润；三是在现有制度安排下形成的收入分配结构比较稳定，不存在制度变革的诱致性因素，因而就缺少制度变迁的动力，这时的制度安排处于相对稳定的状态。制度供给不足或制度供给过量都会导致非均衡，而制度非均衡又是制度变迁的诱致性因素，制度结构的非均衡最终会导致制度变迁的产生。

制度变迁的步骤：首先由"初级行动团体"作为制度创新的首倡者提出制度创新方案；其次根据成本收益原则对各种方案进行抉择；再形成促进创新的"次行动团体"，由以上两种团体共同努力实现创新。由于受现存法律和制度安排状况的局限，以及受信息成本、意识形态等因素影响，使潜在利润出现与使潜在利润内部化的制度创新之间有时间间隔，即出现制度创新的"时滞"。

制度变迁具有以下特征：第一，制度均衡只是制度变迁过程中的偶然现象，是一个制度处于不均衡状态时追求潜在获得机会的自发的、交替的过程；第二，制度变迁的过程是制度供需在均衡与不均衡上反复博弈的过程，表现为"不均衡—均衡—不均衡"的反复循环；第三，制度供需均衡是一个临时的、特殊的现象，而制度供需不均衡却是制度变迁的一种常态。

**二　交易费用理论**

交易费用理论是进行经济分析的基本工具之一。1937 年，科斯在《企业的性质》一文中首次将交易费用的概念应用于经济分析。科斯认为，社会制度安排要通过一定的组织形式表现出来，不同的组织形式下进行交易所需的费用不同，因而，使用交易费用的这一概念可以将组织与费用联系起来。可是，在实践中却很难精确地计算出交易费用的量值，难以进行实证检验，导致交易费用这一概念只停留在理论探讨的层面上，在实践中很少应用。威廉姆森认同科斯的有关交易费用的基本想念，并将交易费用发展成了一个可以验证的概念，通过从资产专用性、交易的频率以及交易不确定性三个方面研究交易的特征，并对交易费用进行测量，最终确立了交易费用经济学的相关理论。

**（一）交易费用的产生**

交易费用产生于交易双方特定行为，不同的交易行为所产生的交易费用是不同的。在新制度经济学中，对人的行为假定主要包括有限理性、机会主义倾向和追求财富与非财富最大化的双重动机。

交易双方在收集、存储、处理信息方面的认识能力是有限的，任何一方都不可能穷尽所有的信息，因此，交易者的行为理性是有限的，即交易者行为的有限理性。赫伯特·西蒙（1957）认为，每一个决策者在做决策时都尽可能要做到理性决策，但由于决策者不可能穷尽所有的信息，而且对信息的加工处理也很难保证其有效性。只有在交易双方都是完全理性的前提下，双方才可以通过签订完备的契约来确保交易的实现。事实上，由于决策者行为的有限理性和不完全信息的存在，决策者在签订契约时，难以正确地认识现实、准确地预测未来，事实上，决策者很难作出最佳决策和签订充分完备的契约。

在交易过程中，交易双方或一方为了获取一时的利益，有时会故意隐瞒、扭曲一些信息，甚至会精心策划一些混淆视听的行为以误导、扭曲事实真相，这种行为就是机会主义行为，也称"投机"行为，其结果是直接或间接造成了信息不对称，并导致交易的一方作出违背自己意愿的决策。倘若不存在机会主义，交易双方便可以在彼此的承诺、信任及相互理解的基础上充分协商，以达到共赢的目的。有机会主义行为倾向的交易者，其行为目标往往片面追求自身利益最大化，总会力图使经济收益内部化、交易成本外部化，尽量逃避自己承担的经济责任，往往为了实现自己的利益目标而不惜损害别人的利益。因此，机会主义行为的存在容易导致交易过程中的合作关系不稳定，影响交易效率。

人们在进行经济交易时，人的行为存在追求财富和非财富最大化的双重动机，即人们不但追求经济利益的最大化，也希望实现诸多非财富收益最大化，而人的理想、意识形态等因素往往会影响人们在财富和非财富最大化中进行权衡后作出决策，因此，可以说制度的创新是人们所示财富最大化与非财富最大化的双重动机均衡的结果。

（二）交易费用的含义与类别

交易费用是指为了达成一笔交易需额外付出的费用，其内容不包括生产成本。科斯虽然最早提出了交易费用的观点，但却始终没有给出关于交易费用的明确概念，在科斯的理论论述中所称的交易费用是指市场运行的成本；肯尼思·阿罗的观点与科斯不同，他认为交易费用是经济系统运行的成本；威廉姆森将交易费用形象地比喻成经济系统运行的摩擦力；张五常认为交易费用是在一切非鲁滨孙经济中存在的成本，包括人与人之间进行的任何交往所花费的成本；诺斯认为实施合约都要耗费一定的资源，交易费用的大小取决于适用的制度和制度实施所利用的技术。在相关研究中，关于交易费用的具体划分和定义主要有以下三种：

第一，威廉姆森（1985）把交易费用划分为事前的交易费用和事后的交易费用两大类。事前的交易费用包括签约、谈判、保障契约执行等成本；事后的交易费用主要是指因交易对方违背契约所发生的费用、当事人在签约后对合约中规定的不妥事项进行调整而付出的费用、在合约履行过程中发生的争议仲裁及诉讼等所要付出的费用，以及为维护交易关系所付出的客户关系管理费用。

第二，埃里克·弗鲁博顿等（2006）认为交易费用包括市场型交易费用、管理型交易费用和政治型交易费用三种，其中的每一种类型的交易费用，都取决于建立制度安排的投资和具体业务交易所发生的费用两个变量。市场型交易费用是交易者为了获取使用某一市场的资格而支付的费用，具体包括市场搜寻费用、获取信息的费用、交易双方讨价还价以及决策、监督和执行的费用；管理型交易费用是为基于保障合约有效执行而发生的管理费用，如企业与其雇员之间的劳动合约等，包括为设计、变革或维持一个组织结构而发生的费用，组织正常运行所需的日常运营维护费用；政治型交易费用是在国家层面产生的费用，如国家为设立、变更或维持现有制度体制，往往会设立、变更或维持一些行政机关（正式政治组织和非正式政治组织）以及由国家提供公共品等所产生的费用。

第三，杨小凯（2000）认为，交易费用可分为外生交易费用和内生交易费用两大类。其中，外生交易费用主要是指交易双方在交易过程中发生的费用，包括直接费用和间接费用。直接费用是商品在运输过程中所需要支出的费用，而间接费用则主要是基于各种设施投资而发生的费用，包括生产、运输、通信以及交易过程中的各种设施（如计算机、汽车等）投资而发生的费用。内生交易费用往往是基于交易者的机会主义决策导致的交易费用，是基于机会主义决策建立的现实市场均衡与市场帕累托最优状态之间的差额。事实上，内生交易费用比外生交易费用对经济组织的绩效产生的影响更大。

（三）交易特性与组织制度相适配

1. 交易特性

威廉姆森（1985）认为，交易特性由三个基本要素构成，即资产专用性、交易的不确定性和交易的频率，根据交易费用最小化原则，针对不同交易特性的交易应当采取不同的组织管理结构（治理结构），即治理结构与交易特性相适配。

所谓资产专用性是指在不降低某项资产的生产价值的前提下，变更该项资产的使用用途或者被其他使用者重新配置使用的可能性。一般来说，通用性资产可以在不产生经济价值的重大损失的前提下，很容易地被转移到其他交易中去或者能很容易处理掉。而专用性资产的转移配置和使用则必然会遭受重大经济损失，因此，专用性资产一旦形成就很难再被转移配置使用。如果某一交易所投资不具有市场流通性或资产专用性较强，则一旦交易契约终止，就会导致投资于资产上的成本难以收回或投资的资产无法转换使用用途，因而交易人为尽快收回投资容易诱发事后机会主义行为，通过市场进行交易所要支付的交易费用较多。罗必良等（2000）研究认为，资产专用性包括地理区位的专用性、人力资产的专用性、物理资产的专用性、完全为特定协约服务的资产和名牌商标资产的专用性五个方面。

交易的不确定性是指交易过程中各种风险发生的概率，由于市场环境受多种因素影响具有多变性、交易双方逐利心理使其行为存在不稳定性以及交易双方间存在信息不对称等多种原因，导致了交易的不确定性存在。事实上，人类行为具有有限理性，使人们无法完全事先预测其所要面对的未来的情况；加上交易过程双方常发生交易信息不对称，交易双方往往通过契约来保障自身的利益。因此，随着交易不确定性的增加会增加交易成本，尤其是会增加交易双方的监督成本和议价成本。另外，由于在某项具体的交易中，交易双方间存在相互依赖的关系，是在彼此给予对方足够信任的基础上签订交易协议，所签订的交易协议不可能做到绝对完备，不能绝对防止机会主义行为，任何一方的投机行为都会导致难以预料的后果。这种不确定性使交易变得更加复杂，不仅需要加强对交易关系的协调管理，而且也会影响经济组织体制与交易特性的适配程度。

交易的频率是指交易重复进行的次数。虽然可以通过建立专门的保障机制来管理交易或协约关系，能够有效地改善协约关系的稳定性，而建立专门的保障机制必然会增加一定的组织管理费用，对某个特定的协约关系来说，如果建立这种保障机制所增加的费用能够在交易中得到充分补偿，那么建立保障机制是可行的。在资产专用性和交易不确定性一定的条件下，交易重复发生的频率决定交易费用的多少。也就是说，如果所进行的交易不是经常性、重复性交易，就无法补偿为该项交易建立专门保障机制所新增加的费用；反之，如果是经常性、重复性交易，就容易补偿建立专门保障机制增加的费用。通常情况下，交易频率越高，越容易产生规模效应，而设立专门保障机制及其运行的成本也就更容易得到补偿。同时，随着交易频率升高会增加企业的议价成本和管理成本，企业为追求成本最小化，会采取措施将该交易活动内部化来降低交易成本。可见，对高频率的交易建立专门的保障机制在经济上具有合理性。

综上所述，资产专用性、交易的不确定性和交易频率三个要素结合在一起可以确定一项交易的特性。通常情况下，一项交易的资产专用性越高，该资产也就越容易被"锁定"，该项交易受机会主义行为的影响与威胁越大，因而倾向于采用企业八进制将交易活动内部化；交易的不确定性越大，市场交易费用越高，为降低交易费用，也越倾向于采取企业体制。相反，通用性资产不具有专用性，往往通过市场进行交易；交易频率较低的交易，为了避免设立保障机制而带来的费用，往往也通过市场进行交易。可见，针对某项具体的交易，应该根据交易的特性采用特定的组织管理结构。

2. 治理结构与治理结构选择

威廉姆森（1987）将为了保障交易顺利进行所设计的一种制度安排称为治理结构，设计制度安排是以组织或者某一系统为对象，研究组织或系统内部结构，特别是内部交易主体间的关系，治理结构的选择应与特定的交易特性相匹配。威廉姆森通过分析决定交易特性的三个要素指出：在制度的谱系中，市场和企业位于两端，在它们中间存在一系列边续的、无数个市场与企业混合的制度形式。根据交易频率和资产专用性的不同，可以把与之相匹配的治理结构区分为市场规制结构、三方规制结构、双方规制结构和一体化规制结构四类，如表4-1所示。

表4-1　　　　　　　　　规制结构与商业交易的匹配

| | | 投资特点 | | |
|---|---|---|---|---|
| | | 非专用 | 混合 | 专用 |
| 交易频率 | 数次 | 市场规制 | 三方规制（新古典缔约活动） | |
| | 经常 | （古典缔约活动） | 双方规制 | 一体化规制 |

市场规制结构适用于非专用性资产的交易，不论交易频率的高低和不确定性的大小，总是与市场体制相匹配。无论是偶然性的交易还是经常性的交易，均采用标准化合同进行交易，而且一般都是在完全竞争条件下的短期交易，转换合作对象的成本低，交易对象彼此都是匿名的，交易者不受特定交易关系的限制，完全是自由交易，交易瞬间完成、即时结清，交易双方无须花费精力与费用去维持长期的交易关系。在市场规制结构下，交易的完成主要依赖合同的约束，因此在交易双方签约时要仔细斟酌合同内容及相应的条款，要对未来可能涉及的相关事项做出明确规定，以免在签订合同后遭受机会主义倾向的危害，以保护交易者的利益。而在合同履行过程中如果遇到纠纷，即可交由法院进行公正裁决。

所谓三方规制结构是指交易双方和第三方协调组织（受邀仲裁人）一起组成的交易组织结构，适用于具有一定的资产专用的非经常性交易。当投资资产具有一定的混合性及专用属性时，由于改变资产用途比较困难或成本较高，交易双方往往宁肯支付一定的费用来维持交易关系，也不会选择退出市场。但是，由于交易并非经常性交易，交易频率低，建立专门的治理结构的成本难以在交易中获得补偿，在这种情况下，为了降低交易风险，利用市场上已有的第三方作为中介是理想的选择，可以利用第三方中介的资产及管理组织体制来完成交易。

双方规制结构是介于市场规制与企业体制之间的一种治理结构，适用于投资具有一定的混合性和专用性的经常性交易。交易双方在交易保持各自独立地位的前提下，共同组成对交易进行组织管理的结构。交易双方之间是合作关系，而不是竞争关系，具有很强的依赖性。与三方治理结构不同，重复性交易可以补偿双方建立专门的治理结构的成本，建立长期、持续、重复性交易的关系对交易双方来说是最经济的选择。外部和内部因素导致的不确定性增大会促使双方治理结构朝企业体制方向发展。双方治理结构在激励机制方面弱于市场规制，在控制力方面难以达到企业体制的水平。

一体化规制结构（企业体制）适用于涉及高度专用性资产的重复性、经常性交易。由于资产具有高度专用性，所以更强调协约关系的稳定性和调适性，强调交易双方坚持某种共同的理念、统一行动，共同降低内部生产费用，在这种情形下，可以通过将市场交易完全内部化，用企业内部科层管理的方式来组织和管理交易，以实现整体交易费用最小化。因此，当交易频率高、资产专用性较强时，增加在企业内部使用频率也能实现规模经济效果，会促使外部交易关系向企业内部的交换关系转化；当交易不确定性较大时，一体化治理结构（企业体制）能够以低成本进行内部协调，对外部不确定性风险的防范更具能动性和适应性。

### 三　供应链管理理论

#### （一）供应链及其运作方式

"供应链"一词是侯里翰（Houlihan）于1985年第一次提出，他认为供应链是由供应商、制造商、分销商、零售商、最终顾客组成的系统，在这个系统内，物质从供应商流向最终顾客，而信息流则是双向的。后来，各国学者从不同的角度开展研究，对供应链的概念提出了不同的观点，至今尚未形成统一的概念。中国于2001年发布实施了《物流术语》国家标准（GB/T 18354—2001），根据这个国家标准，供应链是指在生产及流通过程中，涉及将产品或服务提供给最终用户活动的上游与下游企业所形成的网链结构。供应链是一个动态系统，它包括不同环节之间持续不断的信息流、物流、资金流。供应链的每个环节都执行不同的程序，并与其他环节相互作用与影响，信息流、物流、资金流发生在供应链的全过程。

从对市场的反应方式看，供应链运作系统可以分为供给推动模式和需求拉动模式。在供给推动模式下，供应链运作是以制造商为核心，制造商将产品生产出来后通过分销商逐级推向用户（如图4-1所示）。消费者和分销商处于被动接受的地位，供应链上相关主体之间的集成度较低，通常采取提高安全库存量的方法应付需求变动，因此，采用这种方式的供应链上的库存量较高，对需求变动的响应能力较差。需求拉动模式供应链的驱动力来自最终消费者的需求（如图4-2所示），整个供应链的集成度较高，信息交换速度较快，可以对市场环境的变化做出快速反应，及时调整生产和供给，以满足消费者的需求，可以最大限度地降低整个供应链系统库存量。

图 4 - 1   供给推动模式

图 4 - 2   需求拉动模式

（二）供应链管理的概念及特点

20 世纪 80 年代后期，由于全球制造业的大发展和社会生产极大复杂化，对生产的组织管理提出了新的挑战，在这个背景下，美国管理学会从生产实践中抽象出来并提炼而成了一种新型的生产组织管理模式，即供应链管理。美国供应链协会（SCC）将其定义为：为了响应与满足市场需求，企业针对原料、服务及信息所采取的整体管理流程。供应链管理的本质是通过供应链上相关企业间跨功能部门的整合协调运作，追求企业合作的整体效率。关于供应链管理的概念，李季芳（2011）总结了不同学派的观点，并综合各学派的观点，给供应链管理下了一个统合的概念：供应链管理是指围绕核心企业，重新构建自身的业务流程，把企业内部以及节点企业之间的各种业务看作一个整体功能过程，把供应商、制造商、经销商、消费者有效地结合成一体来生产产品，对供应链中的物流、商流、资金流、信息流进行计划、组织、协调及控制，把正确数量的产品在正确的时间配送到正确的地点，以最小的成本为用户提供最大的价值，从而提高整个供应链的运行效率、效益，使供应链上所有合作伙伴的经济效益得到最大提高的一套方法。①

供应链管理与传统管理模式相比具有以下特点：

第一，供应链管理以顾客满意度为核心。因此，供应链管理必须

_____

① 李季芳：《农产品供应链管理研究》，经济科学出版社 2011 年版，第 32—34 页。

通过改善产品质量、提高服务水平等措施来增大顾客价值，提高顾客的满意度。

第二，核心企业是整个供应链的盟主。每一条供应链都有一个发挥主导作用的核心企业，核心企业在供应链上处于绝对优势地位，其管理水平优于其他节点企业，能够协调、控制供应链的正常运作。核心企业是供应链的信息集成中心、物流中心、结算中心、协调中心和质控中心。

第三，供应链管理更注重过程管理。供应链管理是一种使供应链中的功能活动达成协调和一致的机制，是一种过程的竞争模式而不是结构的竞争模式。在供应链管理中，从产品设计开始，经过生产、销售环节，直到最终使用这一完整的过程必须环环相扣，是不断增值的过程。

第四，供应链管理强调各节点企业之间的合作竞争，在节点企业之间形成战略伙伴关系，可以保障供应链管理取得成功。供应链管理以共同的经营理念为基础，通过供应链成员共同确立并共同遵守的规则，在相互协调与配合的基础上主动进行企业间的深层次的合作而形成供应链战略伙伴关系，并在战略伙伴成员间实现信息共享、风险共担、共同获利，从而维护供应链的长期稳定，提升供应链的整体竞争优势。

第五，供应链管理中强调借助高效的信息传递替代产品库存。供应链管理的一个重要理念就是用及时、准确的信息传递代替产品库存，以"虚拟库存"替代实物库存，只有到供应链的最后一个环节才持有实物库存，以降低企业持有实物库存的风险。

第六，供应链管理的关键是对供应链网络组织的管理，供应链管理的核心内容是对供应链网络组织成员间的关系管理，在供应链管理的实践中，在供应链网络组织成员间建立信任关系是保证供应链协调运行的基础，因此，需要通过一定的组织行为建立有效的激励机制与约束机制，进而在供应链网络成员间筑起信任机制。供应链上的核心企业（通常是一个或多个拥有较多权威的企业）在供应链管理中具有重要作用，核心企业实际发挥着进行供应链管理的组织设计、规则制定、运作协调和争端的解决等作用。在不同性质的供应链中，核心企业既可以是生产性的企业也可以是流通性的企业，而核心企业通过网络成员间的契约、口头契约、行规、默认等多种方式在供应链网络中行使"话语权"。

（三）供应链管理模式

供应链管理模式是介于市场规制和一体化规制（企业体制）之间的三方治理结构。企业选择供应链管理模式的目标旨在降低交易成本，供应链企业应当合理地对资产的专用性加以利用，及时预见其他交易伙伴的机会主义行为，并尽可能减少机会主义行为，以稳定供应链合作关系。供应链管理把供应链中所有节点企业看作一个整体，有统一的经营理念，供应链中各节点企业共享这个经营理念，采用集成的思想和方法，通过管理各节点企业之间的合作关系提高服务水平，而不只是为完成一定的市场目标。供应链管理的特征表现为：以顾客的需求为导向，通过供应链上各企业的紧密合作，创造更大的顾客价值；实施对从原材料供应商、中间生产过程到销售网络的供应链全程协调管理；形成对物流、信息流及资金流双向流动的闭路管理；强调物流、信息流、资金流的速度及集成，以提高供应链整体运作效率。供应链管理实现了将一条链条上的所有环节进行整体优化，从供应商、制造商、分销商到零售商等紧密联系在一起，以最快的速度将生产资料转变成增值的产品，并送达消费者手中。这样不仅降低了交易成本，也减少了社会库存，优化社会资源配置，通过信息网络、组织网络实现了生产及销售的有效链接和物流、信息流、资金流的合理流动。

供应链管理模式主要有三种，包括以制造企业为主导的供应链管理模式、以零售企业为主导的供应链管理模式和以 3PL（集成物流供应商）为主导的供应链管理模式。供应链管理不同于企业管理的一个突出表现就是跨越了组织的边界，供应链管理模式使企业在供应链上不再是从单个企业内部进行资源配置，而是将供应链条中各企业的资源进行集中整合与协调，将单个企业的竞争力汇集成供应链的整体竞争力。而与单个企业竞争力相比较，供应链竞争力具有在结构上更为复杂、更难以模仿、更难以替代的特性，拥有供应链竞争力的企业将可能获得更加持续的竞争优势。但是，提高供应链竞争力要求供应链上的成员间建立统一的经营理念、达成一致的经营战略、形成共同的经营目标，只有在上述方面达成共识，才能通过供应链上各成员间的资源共享和资源重组，实现利益共享、风险共担，实现以低成本为最终用户（消费者）提供高水平服务。

（四）供应链管理的运营机制

供应链中存在着物流、信息流、资金流（人们通常所说的"三流"），供应链管理必须实现这"三流"的协调运转。第一，物流是"三流"之首，是供应链上最显见的从供应商到顾客的物质产品流，其流动的方向往往始于供应方，终于消费者。物流系统需要在最短的时间把规定数量、质量的产品以适当的方式送到指定的地点，物流系统是否优化、流程是否合理、物流是否平衡等决定了整个供应链的成本高低和顾客满意度。第二，信息流是商品及交易信息的流程，包括需求信息和供应信息两个不同流向的信息流，供应链的运营和协调必须建立在信息共享的基础之上。第三，资金流是保证物料流动的动力，也是供应链价值转移的最终体现，包括信用条件、支付方式以及委托与所有权契约等。物料的流动必然引发资金的流动，只有当产品销售给顾客后，资金重新流回企业，才能产生利润，供应链上各成员所期待的价值才能最终实现。

物流、信息流、资金流之间的关系如下：第一，物流与信息流之间的关系密不可分。物流活动会产生原料供应、产品消费等信息，为了提高物流的效率，要求信息必须流畅通并准确反馈物流各环节运作所需要的信息；信息的及时传递会促进物流服务范围的扩大和组织管理能力的提高。第二，物流必然伴随着资金流，物流是个增值的过程，只有通过资金流来体现；物流只有产出资金流才能保证物流的顺利进行。由此可见，物流、信息流、资金流三者密切相关，信息及时、物流畅通才能保证资金流的实现，如此循环，整个供应链才能有效运转。

供应链的成长过程是通过产品（技术、服务）的扩散机制来不断满足社会需求的过程，同时也是通过市场的竞争机制发展壮大企业实力的过程。吴清一（2003）归纳了供应链管理的运营机制，主要有四个方面：

第一,合作机制。合作机制体现了供应链战略伙伴关系,体现了企业内外部资源的集成与优化配置。基于这种企业环境的产品生产,提高了顾客导向化程度,节约了流通时间,缩短了从新产品的研发到投放市场周期,而且更加专业化的分工和标准化、简单化的生产,使企业应对市场变化的应变能力显著增强。扩展了企业集成的范围,从原来的中低层次的内部业务流程重组上升到企业间的合作。

第二,决策机制。由于供应链企业是在开放的信息网络环境下,通过信息交换和共享,达到供应链企业同步化、集成化的目的,企业的决策模式转变为基于开放性信息环境下的群体决策模式,企业决策要兼顾供应链上相关主体的经济利益,追求"帕累托最优"状态,以实现供应链整体利益最大化。

第三,激励机制。供应链管理的目的在于使企业在竞争中,在时间、质量、成本、服务、应变能力等方面上具有竞争力,因此,必须建立完善的业绩评价和激励机制,不断提高企业管理水平,也使供应链沿着正确的轨道与方向稳定发展。

第四,自律机制。自律机制要求供应链企业向最具竞争力的竞争对手看齐,向行业的领头企业看齐,不断改进产品质量和服务质量,不断提高供应链管理绩效,以使企业能保有竞争力并持续发展。通过推进自律机制,可以使企业降低成本、增加利润和销售量,更充分地认识竞争对手,提高顾客满意度、增加信誉,缩小企业内部部门之间业绩的差距,提高企业整体竞争力。

## 四 循环经济理论

循环经济是指遵循自然生态系统的物质循环和能量流动规律重构经济系统,强调的是生态、经济和社会的可持续发展,要实现这个目标,必须保证经济系统中物质、能量的闭环流动。循环经济是变传统的"资源—产品—废弃物"线性经济为先进的"资源—产品—再生资源"闭环流动经济,运用"减量化、再利用、再循环、重组化"4R原则,实现更大的经济效益、更少的资源消耗、更低的环境污染和更多的劳动就业,从根本上改变经济增长方式。区域循环经济是社会循环经济的细胞,因而发展区域循环经济是实现"可持续发展战略"的基础。

（一）区域循环经济的特点

区域是指能形成循环经济体系的一定地域，它是一个相对的概念，小到一个联合企业、工业基地，大到一个市（县）、省、国家。区域循环经济具有以下特点：

第一，具有区域特色。区域循环经济充分利用区域优势，发展自己的特色经济。矿产资源丰富的地区充分发展采矿业、资源综合利用工业等，而人力资源丰富的地区则发展手工业，总之是"靠山吃山，靠水吃水"。

第二，产业之间互相连接。一个产业的废弃物作为另一个产业的原料，首尾相接，循环使用，使整个区域系统资源投入减量化，对环境的排弃物最小化，生产的产品重复使用率最高，从而实现经济效益最大化。

第三，局部小循环整体大循环。从局部看，区域内各企业是个独立的小循环经济系统；从整体看，企业与企业联合成一个大的循环经济系统。

（二）区域循环经济理论架构

从循环经济理论和区域循环经济理论的精髓可知，区域循环经济理论架构如下：

第一，区域循环经济的发展目标是保证本区域生态、经济和社会的可持续发展并尽量带动周围区域的可持续发展。发展循环经济是实现可持续发展的手段，其最终目的是保证人类的繁衍发展并逐步提高人的生活质量。从复合系统论可知要提高人的生活质量，必须保证人类的生存环境不但不被破坏，反而越来越好，同时经济不断快速增长。而经济的增长又离不开自然资源的开发利用，但自然资本论告诉我们，自然资源是稀缺的，因此必须节约资源并尽可能采取措施促进资源的再生。另外，经济的增长又不可避免地破坏环境，而环境容量论告诉我们，生态环境的自我修复能力是有限的，因此必须按工业生态论的原理进行工业生产，以保证对环境的影响不超过环境的可承载容量，同时保证物质生产、人的生产和环境生产三种生产之间相和谐。此外，区域循环经济的发展不能局限于本区域，应考虑和周围区域的协调发展。总之，区域循环经济的发展必须以生态、经济和社会的可持续发展为目标。

第二，区域循环经济的发展思路是循序渐进、滚动发展的。循环经济是一种新型的经济发展模式，它的发展需要一个过程。一方面，循环经济的理念需要人们慢慢吸收和消化；另一方面，循环经济理论有待完善和更新，而一门新技术必须经历"技术—实践—更新技术—再实践"多次循环验证过程。因此，区域循环经济的发展必须先小范围试点，再逐渐推广，循序渐进、滚动发展。这样，既能在实践中逐渐摸索经验、改进技术、提高效率，又能充实循环经济发展理论，给技术创新和思想理念的转变留有时间。

第三，区域发展循环经济的限制条件是环境的可承载容量。环境是人类生存的根本，是经济发展的基础。环境容量论指出环境对经济发展所带来的污染破坏有一定的自我修复能力，而污染破坏不能超过其可承载容量，否则就会破坏生态系统平衡，影响经济的发展和人类的生存。因此，设计区域循环经济系统时必须考虑环境的可承载容量。这就需要解决两个问题：一是环境的可承载容量如何测算；二是采取何种措施避免经济发展对环境的影响超过环境的可承载容量。对第一个问题可用数理统计的方法测算单位 GDP 的增加所引起的环境污染指数的变化，据此预测环境的可承载容量。对第二个问题由于人类发展对资源和环境等自然资本的影响主要受到人口增长、消费增长和技术能力的制约，因此必须在这三个因素上做文章。人口增长可采取计划生育政策控制。消费增长指人均资源消耗程度或消费水平（可用人均 GDP 表示）增长，对此主要是减少消费增长所增加的排泄物，这就必须采取技术措施。技术是一把"双刃剑"，坏的技术以很大的环境代价带来经济的微弱增长，而好的技术不但能促进经济水平大幅上涨，而且能改善环境。因此，发展区域循环经济必须在各环节采用先进的技术，一方面减少污染物，如采用产品微型化、标准化，回收利用设计技术，减少资源的投入，增加产品零部件的循环使用，减少废品的排弃。另一方面提高环境消纳污染的能力，如采用生物技术植树造林、绿化环境。

第四，区域循环经济的发展途径是从核心地区的核心企业做起。由于区域内各地区的自然资本有差异，因此区域循环经济不可能一开始就在区域内全面展开。根据区位理论和累积循环理论，首先选择资源条件优越、区位优势明显的地区发展循环经济，形成核心—边缘理论中的"核心区"。其次根据增长极理论在核心区找到几个技术创新能力强的核心企业，并进行循环经济试点，形成增长极，产生支配效应、扩散效应和极化效应，带动核心地区直至整个区域循环经济的发展。这主要是因为核心区产生了空间结构理论中的集聚效应，在核心区和边缘区形成梯度差，根据梯度推移理论使循环经济技术逐渐向边缘地区推移。这也符合经济地域运动理论原理，随着生产要素在各区域间的不断流动和组合，经济地域运动推动着循环经济不断向前发展。根据威廉姆森的倒"U"形模型理论，最终各区域间循环经济发展水平差距会逐渐减小，从而实现全社会循环经济整体水平的提高。

第五，区域循环经济的发展要确定适应的规模。区域循环经济的发展必须选择合适的规模，规模太小，资源不能充分利用，技术潜力得不到充分发挥；规模太大，资源不足、技术乏力。这两种情况都会导致规模不经济。由规模经济理论可知区域发展循环经济，规模确定是关键。主要确定两个方面的规模：一是总体规模，包括整个区域的资源开采规模、产品生产规模、废物处理规模；二是各资源开发企业、产品生产企业之间的匹配规模。总体规模主要根据区域环境的可承载容量、市场需求、资源条件、经济发展水平等因素宏观规划确定。匹配规模主要确定企业之间的循环经济链，如果上游企业的废弃物是下游企业的原料，必须保证下游企业完全消化上游企业的废弃物；如果上游企业的产品是下游企业的原料，必须保证上游企业的产品足够供应下游企业。

第六，区域循环经济的发展措施是贯彻"4R"原则。区域发展循环经济必须在区域内企业内部、企业之间、行业之间以及区域之间贯彻减量化原则（Reduce）、再使用原则（Reuse）、再循环原则（Recycle）、重组化原则（Reorganize），即"4R"原则。在设计产品时尽量朝材耗少、能耗低、经久耐用、便于回收复用、废弃物少的方向发展，在生产、流通过程中要从全区域的经济发展角度出发考虑资源要素的整合，以保证资源的高效循环利用。只有将"4R"原则全面贯彻到区域经济发展的每个环节、每个步骤，再辅以一定的监督措施、激励措施，才能真正发展循环经济。

**五　本书的理论框架**

　　基于对区域循环经济理论、制度变迁理论、交易成本理论、供应链管理理论的归纳整理，构建本书的基本理论框架，如图4-3所示。

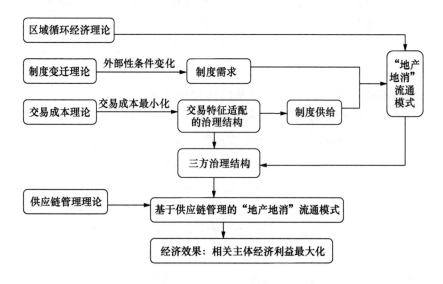

图4-3　本书的理论框架

# 第五章　日本农业与农产品流通体系

## 第一节　日本农业概况

### 一　日本农业发展的总体概况

日本是一个岛国，由北海道、本州、四国、九州四个大岛和 3900 多个小岛组成。国土面积 37.77 万平方公里，仅为世界陆地面积的 0.27%，相当于中国的 1/25。总人口约 1.28 亿，居世界第七位。日本是世界上人口密度最大的国家之一，属于典型人多地少的国家。

日本的资源贫乏，山地和丘陵约占总面积的 80%，多火山、地震。沿海地区平原狭小分散，关东平原最大。温带海洋性季风气候，夏季多台风，年平均气温在 10℃ 以上，大部分地区年降雨量为 1000—2000 毫米。日本土壤贫瘠，主要为黑土（火山灰）、泥炭土以及泛碱土，大部分冲击土已开垦为水田，形成特殊的水田土壤。根据地理位置、气候、土地条件和生产特点，日本可以划分为北海道、东北、北陆、关东、东山、东海、近畿、中国、四国、九州等农业区。

日本是一个高度工业化的国家，农业既是一个弱质产业，又是国民经济的基础产业。农业在国民经济中所占的比重并不高，但是农业在日本经济社会生活中却处于非常重要的地位。

### 二　日本农业发展的特点

#### （一）耕地面积不断减少

日本的耕地面积逐年减少，1995 年，日本的耕地面积为 503.8 万公顷，占国土面积的 13.5%，其中水田占 54.5%，旱田占 45.5%。

15 年后的 2010 年，耕地面积减少为 459.3 万公顷，占国土面积的 12.3%，减少了 44.5 万公顷，平均每年减少约 3 万公顷。日本的耕地以水田为主，水田占耕地总面积的比例为 54% 以上（见表 5 - 1）。

表 5 - 1 　　　　　　　　　　日本耕地面积统计　　　　单位：千公顷、%

| 年份 | 耕地总面积 | 耕地率 | 水田面积 | 旱田面积 | 水田率 |
|------|-----------|--------|----------|----------|--------|
| 1995 | 5038 | 13.5 | 2745 | 2293 | 54.5 |
| 2000 | 4830 | 13.0 | 2641 | 2189 | 54.7 |
| 2005 | 4692 | 12.6 | 2556 | 2136 | 54.5 |
| 2008 | 4628 | 12.4 | 2516 | 2112 | 54.4 |
| 2009 | 4609 | 12.4 | 2506 | 2103 | 54.4 |
| 2010 | 4593 | 12.3 | 2496 | 2097 | 54.3 |

另外，日本由于农业人口老龄化引起的耕地弃耕的面积也在逐年增加，而且，弃耕地的恢复很困难，所以可以推定今后日本的耕地面积还会继续减少。

（二）农业生产处于停滞或下降状态

日本农业生产的总产值处于停滞或下降状态。1984 年，日本大米大丰收，农业总产值创造了历史最高水平，达到 11.7 万亿日元，之后的农业产值连年下降，农业生产所得率也连年下降，如表 5 - 2 所示。

表 5 - 2 　　　　　　　　　　农业总产出额统计　　　　单位：亿日元、%

| 年份 | 农业生产总额 | 耕种生产总额 | 畜产生产总额 | 加工农产品总额 | 农业生产所得额 | 农业生产所得率 |
|------|-------------|-------------|-------------|---------------|---------------|---------------|
| 1980 | 102625 | 69660 | 32187 | 778 | 45839 | 44.7 |
| 1985 | 116295 | 82996 | 32531 | 768 | 43800 | 37.7 |
| 1990 | 114927 | 82952 | 31303 | 673 | 48172 | 41.9 |
| 1995 | 104498 | 78513 | 25204 | 781 | 46255 | 44.3 |
| 2000 | 91295 | 66026 | 24596 | 673 | 35562 | 39.0 |
| 2005 | 85119 | 59396 | 25057 | 666 | 32030 | 37.6 |
| 2008 | 84662 | 58204 | 25852 | 606 | 27604 | 32.6 |
| 2009 | 81902 | 55899 | 25466 | 537 | 25946 | 31.7 |

（三）农户生产规模小，而且兼业农户比重大

1. 农户生产规模小

日本都道府县每家农户平均拥有的耕地面积不足1.2公顷，北海道每家农户平均拥有的耕地面积也仅为16.2公顷，与欧美等大规模经营农业相差悬殊。

表5-3　　　　　　　　销售型农户经营耕地规模统计　　　　单位：千户

| 年份 | 都府县 | | | | | 北海道 | | | | |
|---|---|---|---|---|---|---|---|---|---|---|
| | 农户总数 | 经营不同耕地面积农户数 | | | | 农户总数 | 经营不同耕地面积农户数 | | | |
| | | <0.5公顷 | 0.5—1.0公顷 | 1.0—2.0公顷 | >2.0公顷 | | <1.0公顷 | 1.0—5.0公顷 | 5.0—10.0公顷 | >10.0公顷 |
| 1980 | 4542 | 1922 | 1304 | 981 | 335 | 120 | 23 | 39 | 30 | 29 |
| 1985 | 4267 | 1856 | 1182 | 883 | 346 | 109 | 20 | 32 | 26 | 31 |
| 1990 | 3739 | 1560 | 1049 | 782 | 348 | 95 | 17 | 24 | 22 | 32 |
| 1995 | 2578 | 633 | 925 | 682 | 339 | 74 | 7 | 18 | 17 | 32 |
| 2000 | 2274 | 545 | 813 | 592 | 324 | 63 | 6 | 14 | 13 | 30 |
| 2005 | 1911 | 436 | 673 | 498 | 304 | 52 | 4 | 10 | 9 | 28 |
| 2010 | 1587 | 343 | 553 | 413 | 278 | 44 | 4 | 8 | 7 | 26 |

2. 兼业农户比重大

根据日本农林水产省2010年进行的农业普查数据，截至2010年3月，农户总数为252.8万户，比2005年减少了32万户，减少率为11.2%。其中，销售型农户为163.1万户，比2005年减少了33.2万户，减少率为16.9%；自给型农户为89.7万户，比2005年增加了1.2万户，增加率为1.4%。另外，拥有土地的非农户为137.4万户，比2005年增加了17.3万户，增加率为14.4%。

从表5-4可以看出，日本的农户中，专业农户所占比重较小，兼业农户所占比重较大，并且在兼业农户中，第二兼业农户所占比重较大。

表 5 - 4　　　　　　　　　　销售型农户构成情况统计　　　　　　单位：千户

| 年份 | 农户总数 | 专业农户数 | 兼业农户 | | | |
|---|---|---|---|---|---|---|
| | | | 兼业农户总数 | 兼业农户所占比重（%） | 第一兼业农户数 | 第二兼业农户数 |
| 1980 | 4661 | 623 | 4038 | 86.6 | 1002 | 3086 |
| 1985 | 4376 | 626 | 3750 | 85.7 | 775 | 2975 |
| 1990 | 3835 | 592 | 3243 | 84.6 | 531 | 2712 |
| 1995 | 2651 | 428 | 2224 | 83.9 | 498 | 1725 |
| 2000 | 2337 | 426 | 1911 | 81.8 | 350 | 1561 |
| 2005 | 1963 | 443 | 1520 | 77.4 | 308 | 1212 |
| 2010 | 1631 | 451 | 1180 | 72.3 | 225 | 955 |

注：第一兼业农户是指以农业所得为主的农户；第二兼业农户是指以农业所得为辅的农户。

（四）农业劳动力不断减少并且老龄化加剧

从表 5 - 5 可以看出，日本农业人口和农业就业人口都在不断减少，1980 年，农业总人口为 2136.6 万人，占全国人口总数的 18.4%；农业就业人口为 697.3 万人，其中女性人口为 430 万人，占农业人口总数的 61.7%；男性人口为 267.3 万人，占农业人口总数的 38.3%；60 岁以上人口为 249.8 万人，占农业人口总数的 35.8%。到 2010 年，农业总人口减少到了 650.3 万人，减少率为 69.6%；农业就业人口减少到了 260.6 万人，减少率为 62.6%。其中，女性人口为 130 万人，占农业人口总数的 49.9%；男性人口为 130.6 万人，占农业人口总数的 50.1%；60 岁以上人口为 192.4 万人，占农业人口总数的 73.8%。可见，日本农业就业人口总量不断减少，并且，老龄化趋势非常明显，截至 2010 年，日本农业就业人口的平均年龄为 65.8 岁，其中主要农业从业者的平均年龄达到了 66.1 岁。

表 5 - 5　　　　　　　　　　农业劳动力情况统计　　　　　　单位：千人、%

| 年份 | 农户总人口 | | | | | | | | 占全国人口比重 |
|---|---|---|---|---|---|---|---|---|---|
| | 总数 | 农业就业人口 | 男 | | | 女 | | | |
| | | | 合计 | 15—59 岁 | ≥60 岁 | 合计 | 15—59 岁 | ≥60 岁 | |
| 1980 | 21366 | 6973 | 2673 | 1532 | 1142 | 4300 | 2943 | 1356 | 18.4 |
| 1985 | 19839 | 6363 | 2478 | 1227 | 1252 | 3885 | 2369 | 1515 | 16.5 |

续表

| 年份 | 农户总人口 | | | | | | | | 占全国人口比重 |
| | 总数 | 农业就业人口 | 男 | | | 女 | | | |
| | | | 合计 | 15—59岁 | ≥60岁 | 合计 | 15—59岁 | ≥60岁 | |
|---|---|---|---|---|---|---|---|---|---|
| 1990 | 17296 | 4819 | 1978 | 847 | 1131 | 2841 | 1534 | 1307 | 14.0 |
| 1995 | 12037 | 4140 | 1767 | 608 | 1159 | 2372 | 1053 | 1320 | 9.6 |
| 2000 | 10467 | 3891 | 1721 | 533 | 1187 | 2171 | 793 | 1378 | 8.3 |
| 2005 | 8370 | 3353 | 1564 | 465 | 1100 | 1788 | 572 | 1216 | 6.6 |
| 2010 | 6503 | 2606 | 1306 | 338 | 968 | 1300 | 343 | 956 | 5.1 |

（五）农业技术进步

日本在农业生产中不断推广新技术、新品种和新型农机具，促进了农业技术水平不断提高，利用保温育苗、品种改良、农药和化肥改良等技术，使日本的农作物亩产量大幅提高；利用塑料大棚、温室技术等，使日本的蔬菜在一年四季均可种植。目前，日本正在研究和发展阶段转基因等生物技术，开发新品种，提高农作物的产量和质量。

（六）食物自给率低

日本的食物自给率相对稳定，总体来看，食物自给率较低，可以说，日本有自给生产能力的作物只有大米。从2002年到2010年，食物综合自给率和单品自给率都相对稳定。2010年，不同品目自给率分别为：米97%、小麦9%、豆类8%、蔬菜81%、水果38%、肉类56%。按供给热量计算的食物综合自给率为39%，按产值计算的食物综合自给率为70%，饲料自给率只有25%（见表5-6）。因此，日本不断从海外进口农产品，如玉米、大豆、小麦、砂糖、牛肉等主要依靠进口供应国内需求。2011年，日本进口农产品381796千吨，进口额为55842亿日元，比2010年增长13.3%，约占世界农产品贸易额的10%。

**表5-6** 　　　　　　日本粮食自给率变化情况统计　　　　　单位:%

| 年份 | | 2002 | 2003 | 2004 | 2005 | 2006 | 2007 | 2008 | 2009 | 2010 |
|---|---|---|---|---|---|---|---|---|---|---|
| 不同品目自给率 | 米 | 96 | 95 | 95 | 95 | 94 | 94 | 95 | 95 | 97 |
| | 主食米 | 100 | 100 | 100 | 100 | 100 | 100 | 100 | 100 | 100 |
| | 小麦 | 13 | 14 | 14 | 14 | 13 | 14 | 14 | 11 | 9 |
| | 豆类 | 7 | 6 | 6 | 7 | 7 | 7 | 9 | 8 | 8 |
| | 蔬菜 | 83 | 82 | 80 | 79 | 79 | 81 | 82 | 83 | 81 |
| | 水果 | 44 | 44 | 40 | 41 | 38 | 40 | 41 | 42 | 38 |
| | 肉类 | 53 | 54 | 55 | 54 | 56 | 56 | 56 | 57 | 56 |
| 谷物自给率 | | 28 | 27 | 28 | 28 | 27 | 28 | 28 | 26 | 27 |
| 主食谷物自给率 | | 61 | 60 | 60 | 61 | 60 | 60 | 61 | 58 | 59 |
| 食物自给率1 | | 40 | 40 | 40 | 40 | 39 | 40 | 41 | 40 | 39 |
| 食物自给率2 | | 69 | 70 | 69 | 69 | 68 | 66 | 65 | 70 | 70 |
| 饲料自给率 | | 25 | 25 | 25 | 25 | 25 | 25 | 26 | 25 | 25 |

注:食物自给率1:按供给热量计算的食物综合自给率;食物自给率2:按产值计算的食物综合自给率。

# 第二节　日本农产品流通体系概述

日本农产品流通体系按照流通路径不同,可分为市场流通与市场外流通两大部分。如图5-1所示,经过批发市场的流通属于市场流通,不经过批发市场的流通属于市场外流通。市场流通是日本农产品流通的主要形式。日本于1921年颁布了《中央批发市场法》,将中央批发市场的开设、管理、交易等纳入了法制轨道,并于1923年在东京开设了第一家农产品中央批发市场,1971年将《中央批发市场法》修改为《批发市场法》,将地方批发市场也纳入了法制轨道,进一步确立了批发市场的农产品流通主渠道地位。此后每隔五年修订一次,各地方政府和有关部门依照该法制定具体的地方性法规和市场运行规则。

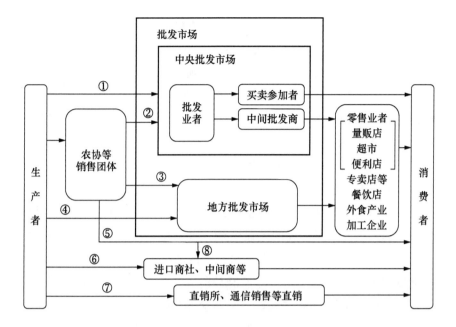

**图 5 – 1　日本生鲜产品（蔬菜、水果）流通体系**

## 一　市场流通

市场流通是指经由批发市场，通过公开竞价的方式确定成交价格的流通形式，是农产品流通的主要形式。批发市场是指为了批发蔬菜、水果、鱼类、肉类、花卉等生鲜产品而开设的市场，设有批发场所、停车场以及生鲜产品等交易的货场等设施，可以持续运营的市场。

（一）批发市场的构成

批发市场的流通主体主要包括批发商、中间批发商、买卖参加者和采购者。（1）批发商。批发商一般都是股份公司，他们主要从生产者、农业协同组合、产地商人以及外国出口商或者国内的进口商处进货，并通过公开竞价的方式将货物卖给中间批发商和买卖参加者，或者卖给其他批发市场的批发业者。根据日本《批发市场法》规定，每个批发市场的批发业者通常只有 1—2 家。（2）中间批发商。中间批发商一般是从所属的批发市场的批发业者处进货，有时也会从其他市场的批发业者、中间批发商以及生产者、农协进货，将货物转卖给前来采购的买卖参加者、采购者。中间批发商的作用主要是在流通过程中充当二次批发的作用。每个批发市场都有 10—30 家的中间批发商。

而有些大规模的批发市场的中间批发商的数量会达到 200 家左右，如东京大田批发市场等。（3）买卖参加者。买卖参加者一般是零售业、餐饮业的经营者，买卖参加者可以参加所属的批发市场的竞买交易，直接从批发业者处进货，也可以在同一个市场或不同市场的中间批发商处进货。每家批发市场拥有的买卖参加者的数量不等，在 200—2000 名的范围内。（4）采购者。在批发市场内，采购者与买卖参加者性质相同，唯一的区别就是采购者不能直接参加竞买交易，而只能从中间批发商处进货。

日本的生鲜产品市场流通主要是以中央批发市场为主，地方批发市场和其他批发市场为辅的流通体系。（1）中央批发市场。中央批发市场是指地方公共团体得到农林水产大臣的批准后，由地方政府开设的批发市场。开设条件是：都道府县的人口达到 20 万以上的市或者加入一部分事务组合的广域联合。截至 2011 年年底，日本经营生鲜农产品的中央批发市场共有 72 家，遍及 44 个城市，交易额达到了41444 亿日元。（2）地方批发市场。地方批发市场是指地方公共团体或股份公司（株式会社）、农协等得到都道府县知事批准开设的，达到一定规模的批发市场。根据日本《批发市场法》的规定，蔬果批发市场面积不小于 330 平方米，水产批发市场面积不小于 200 平方米（产地市场不小于 330 平方米），食肉批发市场面积不小于 150 平方米，花卉批发市场面积不小于 200 平方米。截至 2011 年年底，日本全国共开设地方批发市场 1169 家，交易金额达到了 30295 亿日元。

在《批发市场法》中没有具体规定其他批发市场的设立条件，其开设行为仅受都道府县一级政府相关条例管理。目前，其他批发市场的数量较少，尚没有确切的官方统计。这种批发市场里的蔬菜交易比较简单，主要是在批发业者和买卖参加者之间进行。

表 5 - 7 　　　　　2011 年日本批发市场情况统计　　单位：亿日元、个

| | 市场数 | 交易金额 | 批发业者数 | 中间批发业者数 | 买卖参加者数 |
|---|---|---|---|---|---|
| 中央批发市场 | 72（44 城市） | 41444 | 201 | 4188 | 32727 |
| 1. 蔬果 | 58（43 城市） | 20032 | 82 | 1586 | 15082 |

续表

| | 市场数 | 交易金额 | 批发业者数 | 中间批发业者数 | 买卖参加者数 |
|---|---|---|---|---|---|
| 2. 水产品 | 44（38 城市） | 17597 | 73 | 2405 | 5883 |
| 3. 食肉 | 10（10 城市） | 2198 | 10 | 78 | 1840 |
| 4. 花卉 | 21（17 城市） | 1346 | 27 | 100 | 9152 |
| 5. 其他 | 7（5 城市） | 271 | 9 | 19 | 770 |
| 地方批发市场 | 1169（公设 153） | 30295 | 1376 | 2377 | 131678 |

（二）批发市场的交易方式

批发市场的进货方式是委托和代售。批发业者主要是接受农户、农协等生产者以及中间商等的委托，代为销售其产品。根据日本《批发市场法》，批发业者不能拒绝其他流通主体的委托，也不能通过低买高卖谋取差价收益，批发业者的收益只能是按照销售价格收取8.5%的手续费。

批发市场的销售方式是拍卖和对手交易两种类型。拍卖是市场流通最主要的销售方式，中间批发商和买卖参加者在参加竞买前应事先做好交易前准备工作，如了解商品质量、估计价格等。开市后，批发业者高举出售商品的样品或者编号，在台下的中间批发商和买卖参加者可以竞相报价，最后，批发业者会将商品卖给出价最高的买者。对手交易是指由零售商与批发业者事先确认购买数量、价格和商品规格，由批发业者寻找货源，履行合同的交易方式。其交易情况和拍卖一样，每天都要由市场管理员记录，并通过电子显示屏对外公布。

批发市场交易结算方式是通过代付机构来进行的，货款结算过程为：买方在成交后3—7 天内付款给批发业者，批发业者扣除手续费后，在1—4 天内汇款给供货人。整个结算过程通过银行转账，很少进行现金结算，结算过程迅速、准确。

（三）市场流通的利弊

市场流通的优点主要有：①可以根据因地制宜、适地适作的地域分工原则，进行有效率的农业生产；②易于从质和量两个方面调节农产品的供给和需求，对质和量上的需求调整机能提高了；③交易品种多样化；④可以保证常年交易；⑤容易实行价格稳定和价格均等化；⑥促进定时、定质、定量的大宗交易发展。所谓定时、定质、定量交易的发展，是指在长时间内几乎天天同质的商品，用整体的数量进行交易，对量贩店进行跨区域经营是非常必要的。

市场流通的缺点主要有：①随着流通成本的增加，会扩大农产品的生产价格和消费价格之间差距；②由于单一品种的大规模产地化，导致农作物生产的连作障碍日益严重；③对农产品规格的标准化要求，增加了农产品品质分类、筛选、销售等环节的劳动投入；④重视农产品外观的品相，为了生产外观好看的蔬菜导致增加农药的使用量，忽视真正应该追求的食品安全和口味；⑤由于发展单一品种的大规模生产地，导致在各地以城市和山区为中心的多品种的小规模生产的产地衰退；⑥运输距离的远距离化引起能源消费量的增加，因为长距离运输不可避免地要进行捆扎、包装等。

**二 市场外流通**

市场外流通是除市场流通以外的流通形式的统称，是指国内生产的农产品和进口农产品不经由批发市场，价格由买卖双方协商确定的流通形式，对市场流通体系具有重要补充作用。市场外流通由生产者、生产者团体、进口农产品的进口商等与消费者、消费者团体、量贩店等零售业者、餐饮企业以及食品加工企业之间进行直接交易。

（一）市场外流通的类型

市场外流通有多种形式，主要包括基本流通型、物流业者介入型、零售业者主导型、中间业者主导型、大宗需求型和准市场流通型六种类型。

基本流通型是指生产者和消费者进行面对面的直接交易。这种流通形式在批发市场制度建立之前是最主要的农产品流通方式，包括在乡村早市、夜市等露天市场中销售等形式，20 世纪 90 年代以来，由于日本推进"地产地消"运动，生产者和消费者直接面对面交易的场所有了很大发展，最主要的变化就是建立各种形式的农产品直销所，而且逐渐发展成为一种固定业态，交易规模也很可观，大规模的直销所年销售额已经达到 25 亿日元之多，引起社会各界的普遍关注。

物流业者介入型是指物流业者接受生产者委托，直接参与农产品的销售，在配送商品的同时代理生产者收回货款，或者从生产者和农业协同组合等处购进农产品，再利用自己的配送网络对客户进行宣传和销售。在这种流通形式中，物流业者作为生产者的代理人，既是运输商也是中间商，其收入既有收取的运输费用也有差价。

零售业者主导型是指生产者或者农业协同组合、生产者组合等生产者团体与生协、超市、综合量贩店等零售业者之间进行直接交易。在日本，通常将这种交易称为"产直"交易。根据零售业者的不同又可分为"超市产直交易"、"生活协同组合产直交易"等方式。零售业者主导型流通与市场流通相比其流通环节少，流通成本低，因而得到生产者、经销商及政府等部门的高度重视，市场占有率逐年上升。

中间业者主导型是指进口商社、产地商人或者消费地的批发商等流通主体介入生产者和消费者之间，主导销售的流通形式。在日本，一般的产地商人只经营新鲜蔬菜，而进口商社和消费地批发商大多经营加工蔬菜，特别是进口商，即使经营新鲜蔬菜也要求是规格统一的净菜，且对商品的品质要求较高。中间业者主导型流通的方式也多种多样，较为常见的方式是：生产者—产地商人—消费地批发商—零售商—消费者。

大宗需求型是指食品加工企业、餐饮业等大宗需求业者与生产者、农业协同组合之间通过签订合同，买卖新鲜蔬菜或者加工蔬菜的流通方式。近年来，随着加工食品需求不断扩大，原料用蔬菜需求增长迅速，特别是价格较为便宜的进口蔬菜在这种流通类型中所占比例不断增加。

准市场流通型是指利用全国农业协同组合联合会（以下简称全农）经营管理的全农生鲜食品集配中心（具有类似批发市场作用的设施），将从农户处收购的新鲜蔬菜卖给零售业者的流通方式。因为在这种流通方式中，全农生鲜食品集配中心实际上发挥了类似批发市场的作用，所以将这种流通方式称为准市场流通型。全农在日本设立的全农生鲜食品集配中心共有三处，分别是设立在埼玉县户田市、神奈川县大和市、大阪府高规市的东京、大和、大阪生鲜食品集配中心，全农生鲜食品集配中心仅经营日本产蔬菜。全农生鲜食品集配中心的功能主要有：第一，集配中心可直接向生活协同组合、连锁超市、百货店、专业蔬果零售店、餐饮店等服务企业提供鲜活农产品，能大幅度减少中间费用；第二，集配中心采取预约订货、对手交易的方式，因此，有可能针对需要对集货做有计划的调整；第三，集配中心不实行拍卖，可以自行设定价格，因此，价格上下波动程度较小；第四，每一个生鲜食品集配中心都建有低温仓库、常温仓库等设施。

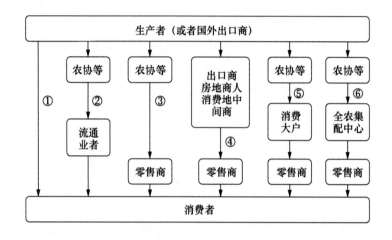

**图 5 - 2  市场外流通的路径**

注：①基本流通型；②物流业者介入型；③零售业者主导型；④中间业者主导型；⑤大宗需求型；⑥准市场流通型。

### （二）市场外流通的利弊

近年来，市场外流通备受关注。其原因是，在市场流通模式下，为了生产外观好看的蔬菜而增加了农药使用量，进口农产品的农药残留过高，消费者对农产品的安全性感到不安，因此，希望购买到安全、放心、新鲜的农产品的消费者日益增多。市场外流通的优点主要有：①节约流通时间，产品新鲜度高、自然成熟度高；②节省不必要的运输和包装材料，降低流通成本；③分散的小规模农户、老年人以及其他不适合利用农协共贩体系的生产者都可以找到销售其农产品的场所，商品化率较高；④生产者和消费者直接交流，有"温情效应"，容易在生产者和消费者之间建立相互信赖的关系；⑤运输中对商品的品质损坏少；⑥对地域外产地具有牵制作用。

市场外流通的缺点主要有：①由于限定了生产者和消费者，供求矛盾的调整较困难；②由于限定了可能交易的品种，难以做到品种齐全，在某一个季节只是相同品目的农产品比较齐全；③难以实现常年交易；④同一地域生产的农产品的淡、旺季相同，因天气变化引起农产品上市量变动较大，容易导致价格忽高忽低；⑤虽然从整体来看，期待降低流通成本，但是，生产者有时会承担在市场流通中由中间商承担的职能，会增加生产者的劳动时间。

### 三　日本农产品流通的发展趋势

以蔬果类农产品为例，日本蔬果类农产品流通总量变动幅度较小，总体稳定。1989—2009 年流通总量从 23661 千吨发展到 24757 千吨，年均流通总量为 23468 千吨；蔬菜流通量从 15113 千吨发展到 15232 千吨，年均流通总量为 14155 千吨；水果流通量从 8548 千吨发展到 9525 千吨，年均流通总量为 9161 千吨。但从流通路径来看，市场流通量逐年下降，市场外流通量逐年上升，1989—2009 年蔬果产品市场流通量从 19558 千吨下降到了 15597 千吨，而市场外流通量从 4103 千吨增长到了 9160 千吨，从蔬菜和水果两类产品具体流通量来看，其发展趋势亦同（见表 5 - 8）。

表 5 - 8　　　　　　　　　　蔬果产品流通总量统计　　　　　　　单位：千吨

| 年份 | 蔬果合计 | | | 蔬菜 | | | 水果 | | |
|---|---|---|---|---|---|---|---|---|---|
| | 流通总量 | 市场流通量 | 市场外流通量 | 流通总量 | 市场流通量 | 市场外流通量 | 流通总量 | 市场流通量 | 市场外流通量 |
| 1989 | 23661 | 19558 | 4103 | 15113 | 12888 | 2225 | 8548 | 6670 | 1878 |
| 1993 | 23313 | 18602 | 4711 | 14585 | 12322 | 2263 | 8728 | 6280 | 2448 |
| 1998 | 23248 | 17265 | 5983 | 14541 | 11897 | 2644 | 8707 | 5368 | 3339 |
| 2001 | 24667 | 16993 | 7674 | 14856 | 11688 | 3168 | 9811 | 5305 | 4506 |
| 2002 | 23626 | 16523 | 7103 | 14337 | 11370 | 2967 | 9289 | 5153 | 4136 |
| 2003 | 23094 | 15967 | 7127 | 14236 | 11185 | 3051 | 8858 | 4782 | 4076 |
| 2004 | 23294 | 15322 | 7972 | 14063 | 10796 | 3267 | 9231 | 4526 | 4705 |
| 2005 | 23791 | 15407 | 8384 | 14319 | 10803 | 3516 | 9472 | 4604 | 4868 |
| 2006 | 22867 | 14767 | 8100 | 14085 | 10674 | 3411 | 8782 | 4093 | 4689 |

续表

| 年份 | 蔬果合计 | | | 蔬菜 | | | 水果 | | |
|------|------|------|------|------|------|------|------|------|------|
| | 流通总量 | 市场流通量 | 市场外流通量 | 流通总量 | 市场流通量 | 市场外流通量 | 流通总量 | 市场流通量 | 市场外流通量 |
| 2007 | 23167 | 14300 | 8867 | 14203 | 10395 | 3808 | 8964 | 3905 | 5059 |
| 2008 | 25494 | 15730 | 9764 | 15521 | 11362 | 4159 | 10018 | 4368 | 5650 |
| 2009 | 24757 | 15597 | 9160 | 15232 | 11240 | 3992 | 9525 | 4360 | 5165 |
| 平均 | 23468 | 16336 | 7412 | 14155 | 11282 | 3205 | 9161 | 4951 | 4210 |

## (一) 市场流通的发展趋势

近年来，随着进口产品不断增加和日本国内"地产地消"推进计划的实施，批发市场的经由率①呈逐年下降的趋势，截至 2009 年，蔬果类产品的批发市场经由率下降到了 60% 左右。1989—2009 年，蔬果类农产品批发市场流通总量从 1956 万吨下降到 1560 万吨，下降了 20%，蔬果类农产品的批发市场经由率从 82.7% 下降到了 63%。其中，蔬菜的批发市场流通量从 1289 万吨下降到 1124 万吨，下降了 12.8%，蔬菜的批发市场经由率从 85.3% 下降到了 73.8%；水果的批发市场流通量从 667 万吨下降到 436 万吨，下降了 34.6%，水果的批发市场经由率从 78% 下降到了 45.8%。

**表 5 - 9**　　　　　　　　　蔬果产品市场流通量统计　　　　单位：千吨、%

| 年份 | 蔬果合计 | | | 蔬菜 | | | 水果 | | |
|------|------|------|------|------|------|------|------|------|------|
| | 流通总量 | 市场流通量 | 市场经由率 | 流通总量 | 市场流通量 | 市场经由率 | 流通总量 | 市场流通量 | 市场经由率 |
| 1989 | 23661 | 19558 | 82.7 | 15113 | 12888 | 85.3 | 8548 | 6670 | 78.0 |
| 1993 | 23313 | 18602 | 79.8 | 14585 | 12322 | 84.5 | 8728 | 6280 | 72.0 |
| 1998 | 23248 | 17265 | 74.3 | 14541 | 11897 | 81.8 | 8707 | 5368 | 61.7 |
| 2001 | 24667 | 16993 | 68.9 | 14856 | 11688 | 78.7 | 9811 | 5305 | 54.1 |
| 2002 | 23626 | 16523 | 69.9 | 14337 | 11370 | 79.3 | 9289 | 5153 | 55.5 |

---

① 批发市场经由率指经由批发市场流通的商品占该商品流通总量比率。

续表

| 年份 | 蔬果合计 | | | 蔬菜 | | | 水果 | | |
|------|------|------|------|------|------|------|------|------|------|
| | 流通总量 | 市场流通量 | 市场经由率 | 流通总量 | 市场流通量 | 市场经由率 | 流通总量 | 市场流通量 | 市场经由率 |
| 2003 | 23094 | 15967 | 69.1 | 14236 | 11185 | 78.6 | 8858 | 4782 | 54.0 |
| 2004 | 23294 | 15322 | 65.8 | 14063 | 10796 | 76.8 | 9231 | 4526 | 49.0 |
| 2005 | 23791 | 15407 | 64.8 | 14319 | 10803 | 75.4 | 9472 | 4604 | 48.6 |
| 2006 | 22867 | 14767 | 64.6 | 14085 | 10674 | 75.8 | 8782 | 4093 | 46.6 |
| 2007 | 23167 | 14300 | 61.7 | 14203 | 10395 | 73.2 | 8964 | 3905 | 43.3 |
| 2008 | 25494 | 15730 | 61.7 | 15521 | 11362 | 73.2 | 10018 | 4368 | 43.6 |
| 2009 | 24757 | 15597 | 63.0 | 15232 | 11240 | 73.8 | 9525 | 4360 | 45.8 |
| 平均 | 23468 | 16336 | | 14155 | 11282 | | 9161 | 4951 | |

　　由于批发市场流通量及经由率的大幅下降，导致了批发业者和中间批发业者的经营状况不断恶化，每个批发业者和中间批发业者的交易金额都呈下降趋势。因此，批发业市场的开设者的财产状况也在恶化。1996 年，全国拥有中央批发市场 88 家（其中，蔬果类批发市场 72 家），到 2011 年，全国中央批发市场减少为 72 家（其中，蔬果类批发市场 58 家）；1996 年，全国拥有地方批发市场 1500 家（其中，公设的有 157 家，第三方中心开设的有 37 家，民营企业开设的有 1306 家），到 2010 年，全国地方批发市场减少为 1169 家（其中，公设的有 153 家，第三方中心开设的有 37 家，民营企业开设的有 979 家），批发市场减少的部分大多是民营企业开设、规模比较小的市场。可见，批发市场正在进行结构调整。

　　（二）市场外流通的发展趋势

　　市场外流通的发展趋势与市场流通的趋势恰好相反，市场外流通日益呈现出增长的态势，市场外流通量及经由率均不断提高。1989—2009 年，蔬果类农产品市场外流通总量从 410 万吨增长到 916 万吨，增长了 123%。其中，蔬菜的市场外流通总量从 223 万吨增长到 399 万吨，增长了 78.9%，市场外流通经由率从 14.7% 增长到 26.2%；水果的市场外流通总量从 188 万吨增长到 517 万吨，增长了 175%，市场外流通经由率从 22% 增长到 54.2%（见表 5-9）。

**表5－10**  蔬果产品市场外流通量统计  单位：千吨、%

| 年份 | 蔬果合计 | | | 蔬菜 | | | 水果 | | |
|---|---|---|---|---|---|---|---|---|---|
| | 流通总量 | 市场外流通量 | 市场外经由率 | 流通总量 | 市场外流通量 | 市场外经由率 | 流通总量 | 市场外流通量 | 市场外经由率 |
| 1989 | 23661 | 4103 | 17.3 | 15113 | 2225 | 14.7 | 8548 | 1878 | 22.0 |
| 1993 | 23313 | 4711 | 20.2 | 14585 | 2263 | 15.5 | 8728 | 2448 | 28.0 |
| 1998 | 23248 | 5983 | 25.7 | 14541 | 2644 | 18.2 | 8707 | 3339 | 38.3 |
| 2001 | 24667 | 7674 | 31.1 | 14856 | 3168 | 21.3 | 9811 | 4506 | 45.9 |
| 2002 | 23626 | 7103 | 30.1 | 14337 | 2967 | 20.7 | 9289 | 4136 | 44.5 |
| 2003 | 23094 | 7127 | 30.9 | 14236 | 3051 | 21.4 | 8858 | 4076 | 46.0 |
| 2004 | 23294 | 7972 | 34.2 | 14063 | 3267 | 23.2 | 9231 | 4705 | 51.0 |
| 2005 | 23791 | 8384 | 35.2 | 14319 | 3516 | 24.6 | 9472 | 4868 | 51.4 |
| 2006 | 22867 | 8100 | 35.4 | 14085 | 3411 | 24.2 | 8782 | 4689 | 53.4 |
| 2007 | 23167 | 8867 | 38.3 | 14203 | 3808 | 26.8 | 8964 | 5059 | 56.7 |
| 2008 | 25494 | 9764 | 38.3 | 15521 | 4159 | 26.8 | 10018 | 5650 | 56.4 |
| 2009 | 24757 | 9160 | 37.0 | 15232 | 3992 | 26.2 | 9525 | 5165 | 54.2 |

# 第三节　日本农产品"地产地消"流通体系

　　基于本章第一节关于日本农产品流通体系的分析，以及本书对"地产地消"的概念界定，"地产地消"属于地域流通，日本农产品流通体系中属于市场外流通，是市场外流通的主要模式。汪旭晖（2008）认为，农产品流通体系是与农产品流通相关的各要素相互作用、相互联系而构成的一个有机整体，这些要素可以分为三类：一是渠道体系类要素；二是流通载体类要素；三是规范与支撑类要素。渠道体系类要素主要指农产品流通主体及其相互之间的关系，这里的农产品流通主体具体包括市场和农产品流通中的各类中介组织；流通载体类要素是指从事农产品交易的各类市场；规范与支撑类要素主要指确保农产品产销畅通的信息保障与政策支持。上述三个要素相互联系，交织复合在一起，构筑了农产品流通体系的基本框架。本节从渠道体系、流通载体、规范与支撑保障体系三个方面剖析日本农产品"地产地消"流通体系的发展现状。

**一　"地产地消"流通渠道体系**

（一）"地产地消"流通渠道的类型

根据开展"地产地消"动机、主导者、事业内容、主要顾客层等不同，"地产地消"流通渠道多种多样，笔者通过实地调查、资料整理，将"地产地消"的渠道类型分为以下四大类：

第一类，产地直销型。主要以老年人和农村女性个人或组织为主体，在生产地现场直接销售。这是"地产地消"的最初级形式，店铺设施极为简单，或者根本没有建筑物，只在地头摆摊设点，向过路客销售农产品。这种方式不仅能使农村的老年人和妇女获得一定的收入，同时也能使其感受到与顾客交流的乐趣。产地直销的具体渠道形式包括早市、夜市、本地直销所、网络通信销售等形式。

第二类，地域经济开发型。主要以地域农业振兴、主产地形成等为目的，是"地产地消"的主要类型。主要有五种类型，包括直销所型、农餐对接型、产品加工型、农超对接型和观光农园型。"地产地消"流通渠道体系如图5-3所示。

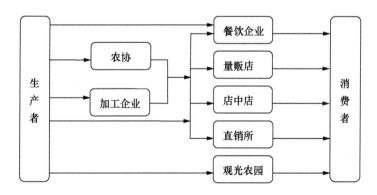

**图5-3　地域经济开发型"地产地消"流通渠道**

直销所型是日本农产品"地产地消"流通最主要的一种渠道类型，其渠道主体构成为"生产者（生产者团体）+直销所+消费者"。这种模式一般是由特定的主体(生产主体、行政主体)组织开设直销所,使生产者和消费者在直销所内直接面对面交易,并形成相互信任的关系,生产者及时掌握消费者的需求,并按照消费者的需求进行"适销"产品的生产,最终将产品直接卖给消费者。现在,直销所是一个固定的销售场所,在农产品流通中发挥着重要作用。直销所实行会员制,只有取得直销所会员资格的生产者才可以入市交易,实行入会自由、退会自愿的制度,会员入会时需缴纳一定的会费。直销所实行委托销售制,直销所与生产者之间是委托—代理关系。大型直销所通常设有"地产地消"主题餐馆、料理教室、加工体验场等活动设施。

农超对接型是指生产者、生产者团体、农协等生产组织与超市等量贩店直接通过建立契约关系,通过"产直"交易或开设"店中店"、"地产"农产品专柜的形式,销售"地产"农产品,其渠道主体构成为"生产者+农协+量贩店+消费者"。"产直"交易型是指农协与量贩店签订合作协议,根据协议规定,农协在规定的时间向量贩店供应一定数量农产品。这种形式下,生产者与农协之间是委托—代理关系,农协与量贩店之间只是买卖关系,由农协直接与量贩店成交,产品由农协负责直接运送到量贩店。"店中店"型主要是指在城市内的超市、便利店、蔬果专卖店、百货商场等量贩店内开设"店中店"或开设"地产"农产品专柜,销售"地产"的农产品。"店中店"的开设标志着"地产地消"的范围从农村向城市延伸,也是"地产地消"的一种新的发展趋势。实践中,"店中店"的做法有两种方式。一种方式是卖断方式,卖断方式是指由量贩店自行设立"地产"农产品专区,由农协负责供应"地产"农产品,生产者与农协之间是委托—代理关系,量贩店与农协之间是买卖关系,相当于量贩店直接从农协采购农产品,然后在量贩店销售,量贩店承担销售风险。另一种方式是委托销售。委托销售方式是指农协委托量贩店设置"地产"农产品专柜,销售"地产"农产品,量贩店按销售额的一定比例收取手续费,剩余产品由生产者自己取回,销售风险由生产者承担。

农餐对接型主要是在"地产地消"政策推动下,在一定地域内开展产消连携活动,由生产者、生产者团体、农协等与学校、医院、福利院、餐饮企业等大宗餐饮供应需求单位以契约方式明确供应关系，直接向其供应农产品。

产品加工型是为了增加"地产"农产品的附加值，提高农民收入，积极使用"地产"农产品加工传统食品、手工制作食品、快餐等食品加工，如咸菜、调味品、传统点心、饼类、盒饭、面包、面条、果汁、芥末、牛奶制品、肉制品等。另外，开发特色农产加工品，如传统民间工艺制品等，延长农产品的价值链，树立地域产品品牌，扩大知名度。

观光农园型是指通过开发绿色观光农园，建设餐饮、住宿、休闲活动设施，开展农村、农业、农家生活的各种体验等活动，利用游客在田园和农村短期停留的机会，体验农村各种生产活动和农村文化，同时也能够购买本地的农村土特产品，促进农产品及农产加工品的销售。这种模式销售量较少，但对消费者的教育意义较大，开展观光农园的主要目的在于加强生产者和消费者之间的交流以及加强城市与农村之间的交流，培养消费者。

第三类，"地产都消"型。通过实施农产品品牌化、地域品牌化，将地域内生产的农产品及其加工制品推广到大城市市场销售。这种类型主要利用传统的"远产远消"型农协共贩渠道模式，今后仍然是农产品销售的主要渠道，也有一部分"地产都消"采用在大城市开设专卖店、店中店、网络商店等形式。

第四类，地域准公共事业型。这是当前正在探讨的新型"地产地消"，以期实现地域共同发展。不是以追求利润为目的而成立的公司，而是在地域居民对"地产地消"具有充分的认识和理解的基础上，在地方政府、自治体的支持下（不是持续的支援），以协同理论为依据组织的运营主体，生产者、消费者、居民等自愿参加的以公益为目的的"地产地消"。地域准公共事业型"地产地消"的具体形式包括饮食教育、市民农园、营农体验、修学旅行等一体化事业以及地域资源循环、环境保全、资源保全活动等一体化事业。

（二）"地产地消"与传统流通渠道的比较分析

1. 生鲜农产品一般流通模式

前文已经阐述了日本生鲜农产品一般流通模式是经由批发市场的

市场流通，所以，批发市场具有重要意义，但也反映出一些不足之处。最主要的问题就是流通路径较长，包括生产环节、流通环节、零售环节和消费环节，每经由一个环节都会增加一定的费用，如运输费用、手续费、差价等。

第一，生产环节。日本生鲜农产品的生产环节包括两个层次：基本生产层和协调层。

基本生产层是流通链条中的生产者，直接从事生鲜农产品的生产活动，为整个流通过程提供交易对象，也是整个流通链条中的价值升值的物质基础。生产者由从事农业生产的农业劳动者构成，主要是农户，包括专业农户①、兼业农户。②

协调层的基本职能就是面向基本生产层，在从农产品生产到农产品销售的过程中，给农户提供物质、技术、资金、信息等方面的支持、指导、沟通和协调的服务。主要包括生产者团体和农业协同组合。生产者团体一般是由专业生产大户自发组成的社团组织。农业协同组合是农户以合作的理念和行动为基础，为了维护自身的利益而组织的协同事业组织体，通过农协开展的各种事业，给农户提供营农指导、农资采购、农产品销售、资金借贷等各项服务，有效地解决了农户小生产与大市场的矛盾，在保证农户经营独立性的同时，也增加了生产的计划性和规范性。

第二，流通环节。流通环节主要参与的主体为产地商人、批发市场以及中间商。流通环节的各主体不是农产品的最终销售者和消费者，其位置处于生产者和零售商之间，在农产品流通过程中提供集货和分销服务，可以有效节约零售商的采购成本，提高其经营效率。

产地商人是指活跃于农村田间地头进行农产品买卖，连接农户与市场的流通个体。产地商人作为小农户与大市场之间的中介者，具有一定的售货和分销的作用。

批发市场是农产品的集散地，汇集了日本各地生产的农产品以及

---

① 专业农户：家庭成员中没有兼职从业者从事农业生产的农户。

② 兼业农户：一年中雇用兼业者劳动时间超过 30 天或者农业收入不超过 15 万日元的农户。

进口农产品,其交易规模大,以拍卖方式形成的交易价格对农产品的市场价格具有重要的指导作用。根据交易次数最少化原理,在有批发市场存在的情况下,零售企业可以利用批发市场实现集约化一次采购,降低其采购成本,同时也节约了社会总成本。

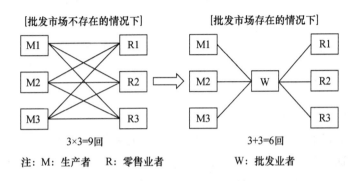

图 5-4　批发市场存在与否的效果对比

如图 5-4 所示,在批发市场 W 不存在的情况下,零售企业 R1、R2、R3 分别要向生产者 M1、M2、M3 采购农产品,总交易次数为 9回;在批发市场 W 存在的情况下,生产者 M1、M2、M3 分别与批发市场交易 1 次,零售企业 R1、R2、R3 也分别与批发市场 W 交易 1次,总交易次数为 6 回。可见,在批发市场存在的情况下,社会总交易次数减少了 3 回,可以减少相关的信息传递、交涉等成本以及运输成本。

中间商一般是从其所属的批发市场的批发业者处进货,或者从其他市场的批发业者、中间批发商进货,将货物转卖给前来采购的买卖参加者①、采购者。中间批发商的作用主要是在流通过程中充当二次批发的作用。

第三,零售环节。零售环节的销售主要有两种途径,一是通过零售企业,以农产品的形态直接向消费者销售;二是通过大宗需求者购

————————————

① 买卖参加者:取得相应资格可以参与批发市场交易的零售商、食品加工、餐饮等企业。

买后加工成最终消费品再销售给消费者。零售企业主要是超市、蔬果专卖店、便利店等。这些零售企业从批发市场或中间商处进货以后，直接卖给消费者。日本的零售业连锁企业非常发达，网点分布到每一个居民社区，给老百姓的生活带来了极大方便，超市经营生鲜农产品具有相当长的历史，一直是生鲜农产品零售的主要场所。大宗需求者主要包括食品加工企业、餐饮企业、学校及企业单位的食堂，因为其经营需要购买大量的农产品，经过加工以后将最终消费品再卖给消费者。这种途径中，大宗需求者是农产品的直接购买者，消费者是间接购买者。

第四，消费环节。消费环节是农产品流通的末端，在市场经济条件下，生产和销售都是以消费者的需求为先导的，所以，消费者在农产品流通的整个链条中发挥着极为重要的作用。为了保证农产品流通链条畅通，必须以消费者对农产品的需求为指导，组织生产和销售。实际上作为生产的协调层组织——农协、生产者团体，通过参与市场流通，及时捕捉消费者需求信息，进而指导农户制订生产计划，确定生产品目、生产标准、生产数量，在确保满足消费者需求方面发挥着重要作用。

但是，随着经济不断发展和环境的变化，绿色、环保、健康、安全等理念逐渐渗透到每个消费者，消费者对农产品的需求标准不断提高，在整个农产品供应链条中也时常会出现供求不平衡的现象，需要创造更加有利于促进生产者和消费者直接交流，准确把握消费者的需求信息和对农产品的反馈意见，真正实现以销定产，实现农产品顺利流通的流通模式。

2."地产地消"流通模式

"地产地消"流通模式与传统流通模式相比，在流通环节、流通组织形式上都发生了重大变革，可以说是农产品流通制度的创新。"地产地消"流通模式下，流通链条中省去了批发环节，优化了供应链条，创新了零售业态，是农产品流通模式的创新，实现了历史性的变革，具体变革体现在以下几个方面：

第一，结构变革。"地产地消"流通模式下，在流通链条中省去了高成本、高损耗的批发环节，不经过批发市场和中间商，实现了生产环节和零售环节的直接对接，缩短了流通路径，减少了流通时间，优化了农产品供应链；另外，生产者和消费者可以面对面交流，增强彼此间的信任，"地产地消"的生鲜农产品以当日采摘当日销售为主，可以确保产品新鲜度，提供新鲜、安全、放心的农产品，保证农产品质量安全；生产者可以根据消费者的需要调整生产计划，提高产品的适销性，提高流通效率。

第二，创新了零售业态。"地产地消"流通模式中，实现了零售业态的创新，主要表现是建立了"直销所"这种新型的零售业态。直销所有固定的场所和设施，农户按自愿原则申请加入直销所后，可以在直销所店铺内取得一定的铺位，销售自己生产的农产品。直销所经营的一大特点是以销售本地域生产的农产品为主。

直销所有别于超市和传统的早市。其一，直销所实行会员制和销售代理制，产品销售的风险由生产者承担，超市是商业经营实体，自担风险、自负盈亏；其二，直销所实行会员自主定价制度，直销所无定价权，而超市拥有定价权；其三，直销所与早市的区别在于直销所有固定的经营场所、常年营业，而早市只在规定的时间营业，不是常年营业；另外，直销所利用 POS 系统实行货款统一结算制度，早市是由生产者和消费者当面结算。

第三，协调层的作用扩大了。"地产地消"流通中，协调层组织的管理协调的作用延伸到农产品供应链的全过程。从农产品的生产到销售，建立合理的生产计划、生产技术指导、供求信息传递、产品质量检验、仓储管理、货款结算等各项制度体系，并保证供应链全过程协调、有序运转。通过协调层组织的协调指导，避免了农业生产盲目性、保证农产品质量。另外，协调层组织往往自己建立并运营直销所，实行生产和销售的一体化管理。因此，在"地产地消"模式下，协调层的作用扩大了，协调层的作用贯穿于供应链的全程，而且不仅要发挥协调作用，还要负责实体店铺的运营和管理。

第四，以需求为导向的交易特征更加突出。"地产地消"流通模式的一个重要的交易特征就是以消费者需求为导向。生产者根据消费者需求的品种、数量、质量等要求组织生产，提高了生产的计划性；同时，"地产地消"流通采用直销方式，购买者往往都是最终消费者，更加注重产品的新鲜度和安全性，而对产品的规格标准却没有太多要求，无论农产品的规格大小如何，都可以流通，提高了农产品的流通率，扩大农户收入。

**二 "地产地消"的流通载体**

"地产地消"交易的市场载体零售企业，主要包括直销所、传统的蔬果超市等量贩店。其中，直销所是基于"地产地消"的需要专门设立的新型农产品零售业态；而传统的蔬果超市等量贩店则是日本传统农产品流通的零售主渠道，但"地产地消"的流通量较少。

*（一）传统的蔬果零售业发展情况*

根据日本经济产业省2009年商业统计的蔬果零售业统计数据①，如图5-5所示，1981年以来，日本传统蔬果零售业的店铺总数、从业人数、年销售额、卖场面积四项规模指标都呈逐渐下降的趋势，截至2008年，店铺总数为2.4万家，从业人数为8.8万人，年销售额为9976亿日元，卖场面积为152万平方米。

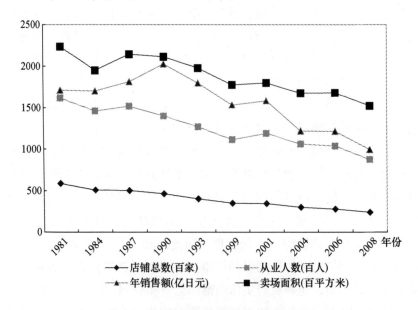

图5-5 日本蔬果零售业总体发展变动情况

---

① 数据来源：日本经济产业省网站，http://www.meti.go.jp/statistics/tyo/syougyo/dms/2009/index.html。

与总体指标变动情况相反，对单店指标进行计算分析，如图5－6
所示，平均每个店铺的从业人数、年销售额、卖场面积三项指标值都
呈上升趋势，说明蔬果零售业店铺向规模化发展的趋势。2008 年，平
均每个店铺的从业人数为 3.7 人，平均年销售额为 4170 万日元，平
均卖场面积为 63.6 平方米。

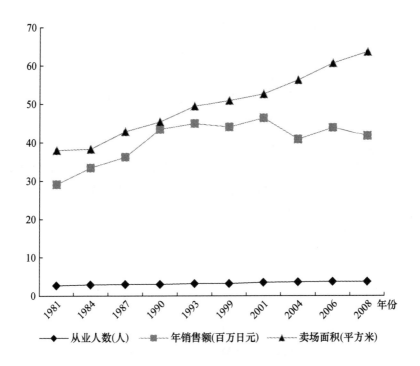

图 5－6　日本蔬果零售业单店平均发展情况

在传统的蔬果零售业销售额中，关于"地产"农产品销售额所占
的比例，虽然目前还没有正式的官方统计，但作为本书研究对象的兵
库六甲农协管区内的 9 个大型连锁超市共有 139 家店铺，根据兵库六
甲农协的调研数据和这 9 个大型连锁超市的官方网站公布的数据，设
置"店中店"的店铺有 64 家，2011 年实际运营的"店中店"有 32
家，占连锁超市店铺总数的 23%。2008 年，超市"产直"交易销售
额为 7.98 亿日元，"店中店"销售额为 2.02 亿日元，二者之和为 10
亿日元，而兵库六甲农协的农产品销售总额为 154.01 亿日元，因此，

在连锁超市的"地产"农产品销售额只占"地产"总额的 7.1% 。

（二）农产品直销所发展情况

1. 交易对象

"地产地消"的交易对象最初主要是生鲜农产品，后来，适应消费者的需求，交易对象扩展到以农产品为原料的加工品（包括手工艺品）。"地产地消"的主要交易对象是生鲜农产品，生鲜农产品是指未经过深加工的初级农产品，包括蔬菜、水果、花卉、苗木、米、肉、禽、蛋、奶、水产等生鲜初级农产品。本书在进行统计分析时将生鲜产品分为五类，即蔬菜、水果、花卉、米和其他生鲜农产品。

自然属性是生鲜农产品最基本的属性。第一，生鲜农产品是具有生命周期的植物性、动物性产品，具有鲜活、易腐、易损的本质特征，容易变质、不易贮藏；第二，生鲜农产品的质量难以通过外观来识别，只能通过消费者的实际体验来评判其优劣，特别是关于产品安全性方面，要经过消费者的累计消费或借助于特殊的检验手段才能体现出来；第三，生鲜农产品的产品规格在生产过程中很难完全控制；第四，生鲜农产品的单位价值较低，产品价值增值的空间和增值幅度不大。因此，从消费者购买的角度来看，生鲜农产品属于搜寻品、经验品、信任品。

生鲜农产品在"地产地消"中所占的比例为 85% 左右，其中，蔬菜所占比例最大，达到40%以上，其次是水果，占 15% 左右。本书中将蔬菜和水果两类产品统称为蔬果类农产品。蔬果类农产品在"地产地消"流通中的比例平均达到 55% 以上，在一些农业生产量高的地区，这个比例还会更高，例如，北海道、冲绳等地均在 60% 以上。各类生鲜农产品在"地产地消"流通中所占比例如图 5 - 7 所示。

"地产地消"流通的最初阶段，交易的对象仅限于生鲜农产品，随着城市农村交流活动的扩大，生产者和消费者之间的交流不断加强，生产者逐渐开始利用自己生产的农产品进行加工制造，并开展各种活动宣传介绍生鲜农产品及其加工方法，为使季节性强的农产品能够在全年享用，开发以当地产农产品为原料的加工食品等，使"地产地消"交易的产品范围进一步扩大，包括初加工的农产品和加工食品。所以，"地产地消"的产品范围从初级农产品延伸到农产品加工品。

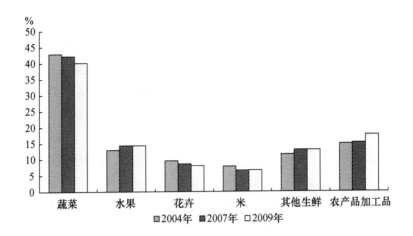

图 5 - 7　"地产地消"产品构成比例

加工产品是指以当地的农产品为材料加工成的制成品。例如，用当地产的大豆生产豆酱和酱油在当地销售，使用当地产的米和蔬菜，生产便当、点心、小食品等在当地销售。笔者认为，使用当地的农产品加工成各种食品、特产品再卖到县外也应该包含在"地产地消"之内。因为即使把加工的食品、特产品卖给县外的消费者，也是把当地产的农产品作为在当地生产产品的原材料消费了。因此，这种情况也是"地产地消"。

农产品加工品在"地产地消"流通中所占的比例在不断增长，2004 年、2007 年、2009 年农产品加工品在"地产地消"流通中所占的比例分别为 14.9%、15.2%、17.7%。

2. 农产品直销所的发展历程

农产品直销所作为一种零售业态，具有独特的运营方式，而且随着时间的推移，市场环境的变化，农产品直销所的运营方式也在不断发生变化。

20 世纪 80 年代以后，农产品直销所取代了传统的农户庭院销售和沿街叫卖的销售方式，在日本各地，以集落组织①、生活改善组

————————

① 集落组织是日本农村居民居住的自然村落组织，是按居住地域形成的民间组织，而不是行政组织。

织①、农协女性部等为主体的生产组织，开始建立直销所。最初的直销所大多规模很小，是少数人组织的，在直销所实行轮流值班的制度，加入直销所的成员彼此分工合作，全员共同管理运营直销所。具体做法是：由每个生产者自己把商品摆放到同一个店铺，收银结算、顾客接待等工作由全体成员轮流值班，生产者按销售额的一定比例支付手续费作为店铺日常运营所需的必要费用。

农产品直销所是由生产者个人进行销售，加入直销所的全体成员之间是一种合作关系，是基于共同遵守协议的前提下进行的直销方式，其与农协传统的委托销售、共同结算的共同销售方式不同，直销所是生产者为了促进销售而形成的组合，每个生产者可以发挥自己的才智进行有特色的销售活动。并且，因为生产者的负担较小，即使是销售量很小的生产者也能够参与销售，同时，因为是集体性行为，特别有利于对小规模农户和老年人、农村女性参与生产和销售，容易得到农协及地方政府的支援。

最初设立直销所主要是在城市郊区，以城市消费为主要销路，进入 20 世纪 90 年代以后，随着汽车在居民家庭的普及，直销所的设置逐渐扩展到了远郊地区和山区。1997 年，日本全国共有农产品直销所 11446 家。农产品直销所的组织、运营方式也发生了新的变化。首先，雇用专职从业人员管理代替了以往的生产者轮流值班制，生产者的销售机能发生了分离。以农协和自治体（市町村）为主体设立的直销所从设立之初就采取由专职从业人员负责直销所的运营管理事务。其次，为了实现收银结算效率化，在销售管理中普及了条形码技术，采用 POS 机进行结算，不仅可以随时将销售情况发送给每一个生产者，还可以根据销售数据进行分析，灵活调整销售策略和产品（品种）策略。

由于农产品直销所得到生产者和消费者的共同认可，进入 2000 年以后，农产品直销所的设置数量继续增加，2003 年增加到了 15000 家，2009 年增加到了 16816 家，达到了历史最高点。但同时也出现了直销所间的竞争，并且由于直销所间的竞争日益激烈，导致一些小规

---

① 生活改善组织是民间组织，有固定的设施，为社区居民提供有偿和无偿服务。

模的直销所倒闭，加之农协的广域合并，在同一农协管区内的直销所设置过多，内部竞争、效益低下，引发了直销所间的合并，出现了大型直销所。另外，以地域经济开发为目的，直销所的设立出现了新的动向，主要表现是直销所与餐馆、特产专卖店、加工设施等并设。也就是说，在一个区域内设立直销所的同时，增设配套设施。目前，40%的直销所都是与配套设施并设的。

根据以上分析，直销所的运营方式的发展经历了从农户自己运营到雇用专门职员运营再到并设配套设施综合运营的三个阶段。

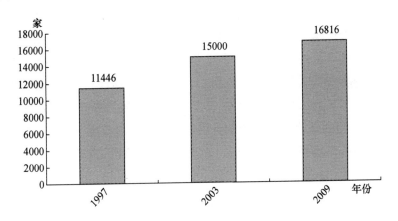

图 5-8　日本农产品直销所数量变化

3. 直销所规模

"地产地消"属于地域流通，目前尚处于发展过程中，日本农林水产省只在2009年对"地产地消"进行了一次实态普查，还没有形成历年统计的数据，且农林水产省的统计仅是对"地产地消"的核心类型——直销所进行的统计。根据农林水产省公布的数据分析，2009年，直销所销售总额为8767亿日元，占全国农产品流通总额的10.9%；直销所卖场总面积为220万平方米；就业总人数为11.9万人。

直销所的经营规模不断扩大，2003年销售总额约500亿日元，根据日本农林水产省2011年发布的调查数据显示，到2009年增加到了8767亿日元，6年间销售额年均增长1378亿日元，占农产品流通总

额的 10.9%；每个直销所的年均销售额为 5214 万日元；年销售额 1
亿日元以上的直销所有 2229 家，总销售额达到了 6949 亿日元，占直
销所总销售额的 74%，每个直销所年均销售额达到 3.12 亿日元。由
农协作为经营主体或者运营主体的直销所 1901 家，年均销售额 1.48
亿日元，居各类经营主体的首位；农协运营的直销所年销售额在 1 亿
日元以上的占 40%，可见，农产品直销所的发展已呈现出规模化的状
态，而农协运营的直销所的规模化特征更为明显。

2009 年，全国直销所从业人员总数为 11.9 万人，其中生产者和
生产者团体的从业人数达到 6.8 万人，占全国直销所从业总人数的
57.1%；全国每个直销所的平均从业人数为 7.1 人，不同经营主体经
营的直销所其平均从业人数不同，其中农协女性部和青年部经营的直
销所的平均从业人数最多，达到 11 人，其次是第三方部门经营的直
销所，平均从业人数为 10 人。每个直销所参加的农户数全国平均为
87 户，不同的经营主体运营的直销所参加的农户数也不同，参加农户
数最多的是农协经营的直销所，平均参加农户数达到了 279 户；其次
是第三方部门经营的直销所，平均参加农户数为 138 户。

在全国的直销所中利用固定设施的直销所占 92.9%，早市等不利
用固定设施的直销所占 7.1%。不利用固定设施的直销所中，生产者
和生产者团体经营的直销所占的比例最大，达到 8.6%；其次是农协
女性部和青年部经营的直销所占 7.7%。全国利用固定设施的直销所
的平均每个直销所的卖场面积为 131 平方米，其中农协经营的直销所
的平均卖场面积最大，为 272 平方米；其次是第三方部门经营的直销
所，平均卖场面积为 180 平方米。

4. 直销所发展的趋势

2009 年，全国农产品直销所的销售额中，从产品来源方面看，
"地产"① 农产品的销售比例最大，达到了 73.2%，"县产"② 农产品
销售比例为 8.4%，另外来自都道府县外的农产品、进口农产品以及
无法判别产地的农产品销售比例为 18.4%。农产品直销所在"地产"

① "地产"是指市町村内生产的农产品。
② "县产"是指都道府县内生产的农产品扣除"地产"农产品的部分。

农产品销售组织方面具有以下三个特征：

第一，产品高附加值化。"地产地消"交易产品突出"新鲜""安全"的特色。大多直销所销售的是当日清晨采摘的农产品，明确注明生产者（农户）的姓名、生产栽培方法，而且注重开发地域特产品和高附加值的有机产品。根据农林水产省 2011 年发布的调查数据，70.8% 的直销所销售当日清晨采摘的农产品，65.8% 的直销所只销售当地的农产品，56.8% 的直销所明确标明生产者的姓名和栽培方法，49.2% 的直销所销售当地特产品（包括加工品），25.8% 的直销所销售高附加值（有机、特别栽培）农产品。

第二，生产者与消费者交流活动常规化。直销所为了招徕顾客，经常会组织特卖日、开展各种促销活动，促进生产者和消费者交流，通过与同一地域内的其他直销所合作、开设以"地产"农产品为原料的加工厂和餐馆、在量贩店内设立店中店或直销专柜等形式促进"地产"农产品销售。根据农林水产省 2011 年发布的调查数据，40.7% 的直销所开展特卖日、促销活动，21.6% 的直销所组织生产者和消费者的交流、体验活动，16.8% 的直销所与同一地域内的其他直销所合作销售"地产"农产品，15.5% 的直销所开设以"地产"农产品为原料的加工厂、餐馆，7% 的直销所开始在量贩店内设立店中店或直销专柜销售"地产"农产品。

第三，地域内连携合作不断加强。"地产地消"强调地域内的连携合作，形成地域内经济循环。直销所为扩大"地消"规模，与地域内的大宗需求单位携手，例如学校、幼稚园、保育园、宾馆、旅店、医院、福利院、企事业单位食堂等，由直销所按时提供订单内的农产品，这样形成了稳定的销售渠道，既保证了"地产"农产品销售，同时也给大宗需求者的采购带来方便，而且，由直销所提供的"地产"农产品在品质、新鲜度上更有保证。根据农林水产省 2011 年发布的调查数据，全国 19.7% 的直销所向学校、幼稚园、保育园等教育机关提供"地产"农产品，7.2% 的直销所向宾馆、旅店等食宿服务设施提供"地产"农产品，5.5% 的直销所向医院、福利院等机构提供"地产"农产品，1.4% 的直销所向企业员工食堂提供"地产"农产品。

### 三 "地产地消"流通体系中的规范与支撑要素

"地产地消"流通模式是在既存的农业制度与现实之间出现分歧，矛盾日益显现化的背景下产生的。这种矛盾对农协、农户、消费者和政府来说是共同面对的矛盾，在"地产地消"运动开展过程中能够找到共同解决问题的办法。"地产地消"的制度目标可以理解为使从中央到地方的农业制度发生了重大转换，构筑地方行政主导、以地方居民为主体的地方分权型制度。即在国家层面以制定法律、政策的形式，确定大的方向和责任；在都道府县层面制定"农业、农村振兴计划"和条例，规定具体的政策；在市町村层面开展事业化的工作。在此，主要阐述国家层面的法律、政策以及农协系统关于"地产地消"的推进体制。

（一）国家关于"地产地消"的法律和政策

1.《食品、农业、农村基本法》与《食品、农业、农村基本计划》

1999 年，日本政府制定了《食品、农业、农村基本法》，该法第 8 条明确规定地方团体关于推进"地产地消"活动的政策制定与实施的责任和义务。

2005 年日本内阁决定通过《食品、农业、农村基本计划》，确立了国家在推进"地产地消"过程中的地位，该计划书围绕农业、农村面临的严峻局面，充分肯定了以女性为中心的农产品产地直销所所取得的成功，将"地产地消"作为一种"进攻型农业政策"推进实施。另外，从提高粮食自给率和饮食教育的角度出发，明确了"地产地消"的重要性，即要改善饮食生活，实施保证健康、营养均衡的餐饮供应制度，在食材购买、消费的零售店、餐饮企业等对消费者进行饮食引导，并将其作为一项国民运动组织实施，推进"地产地消"运动。因此，要求地方自治体、农业团体、食品产业的从业者、消费者团体等设立协议会，特别要求地方自治体制定"地产地消"组织活动的目标。并且，作为地域的主要组织活动，对农业团体、食品产业相关从业者实行奖励制度。通过开展农产品直销、加工等活动，培养人才，确保"地产地消"顺利进行。在此基础上，收集、介绍成功事例，进行地域间经验交流。

2. 《食育基本法》与《食育推进基本计划》

2005 年，日本政府制定了《食育基本法》，2005 年 3 月开始实施《食育推进基本计划》，共同推进"地产地消"，提高学校餐饮供应中"地产"农产品的使用比例。对中小学生进行饮食教育，通过对每日餐饮中所用"地产"食材的介绍，使学生加深对地域的自然、文化、产业的理解，对生产者的理解。另外，给学校提供开展农业生产体验活动的机会，加强饮食教育。以上两个基本计划，《食品、农业、农村基本计划》是推进"地产地消"的核心，《食育推进基本计划》对于确保"地消"的销路，并且，通过食育教育，确保将来的消费者的消费方面具有重要意义。

为了进一步推进"地产地消"，日本内阁府《食品、农业、农村基本计划》本部制定了《21 世纪新农政 2006》，强化"地产地消"的组织开展，为了推进食育教育，开展学校餐饮供应和旅游观光业的合作；根据《21 世纪新农政 2007》，在全国范围推进"地产地消"；根据《21 世纪新农政 2008》，不仅在学校餐饮供应中推广"地产"农产品，也力图在企业食堂推进利用"地产"农产品，构建全年供应、品种齐全、运行高效的集货体制，通过与其他行业的合作，实现以直销所为中心的规模化经营，推进"地产地消"。

3. 《六次产业化法》

2010 年，日本内阁通过了《六次产业化法》，再次明确了推进"地产地消"的基本方针，即在国内生产的农产品首先在其生产地积极消费，当生产地供给不能满足消费的情况下，应该消费国内其他产地生产的农产品。根据这个基本方针，各都道府县及市町村应制订促进利用本地域农产品的计划，并保证其实施。另外，国家及地方公共团体对于"地产地消"给予支持，主要支持项目包括：促进利用直销所销售"地产"农产品、在学校餐饮供应中扩大"地产"农产品利用率、确保农产品的稳定供给、促进利用"地产"农产品开展食育教育、培养"地产地消"专门人才等。

4. 产业连携政策

与前述两个基本计划相关联，日本农林水产省和经济产业省为了发展地域经济，实行农林水产业和商业、工业等的产业间连携，即

"农商工连携"。经济产业省的"农商工连携"事业，其目的在于通过在"地产"方面加强组织，在"地消"方面也着眼于向域外（县内）销售。为此，2008 年 5 月，修改了《企业立地促进法》，该法是关于促进中小企业和农林渔业者连携的基本法律，也是关于以核心企业为基础，形成地域产业集群、促进地域经济发展的基本法律。

5. 资金支持政策

农林水产省增加关于"地产地消"的资金预算，对"地产地消"活动进行支援。重点措施包括：一是灵活运用农业发展补助金关于"地产地消"特别支援的规定，对新设立的直销所提供补助金；二是对与学校餐饮供应、观光、商工业等连携的地域全体组织联动的"地产地消典型城镇"提供支援；三是对全国民间团体开展"地产地消"活动的先进个人、优良事例进行表彰奖励和扩大宣传；四是对构建以直销所等为中心、基于老年人、小规模农户等的少量多品目生产的生产和流通体制提供支援。

6. "地产地消"推进体制

农林水产省关于"地产地消"的推进体制，主要是设置了三个会议。一是 2005 年设立的推进"地产地消"省内联络会议，其职责是制定并执行推进"地产地消"的政策，并在省内进行联络协调；二是"地产地消"推进研讨委员会，其职责是听取有识之士的合理化建议，讨论"地产地消"推进行动计划；三是于 2008 年设立的全国"地产地消"推进协议会，拥有会员 363 人，其职责是为"地产地消"相关者和团体提供信息和进行信息交流，促进彼此间的交流合作，力图实现一体化推进，使"地产地消"在全国展开。以上三个会议中，推进"地产地消"省内联络会议主要是通过文书形式在农林水产省内进行协调；"地产地消"推进研讨委员会主要是进行现状分析，对今后发展指明方向；全国"地产地消"推进协议会主要是进行现场组织和支援，担负着普及和推广"地产地消"的重任。

（二）农协系统关于"地产地消"的推进体制

1. 农协关于"地产地消"的基本理念

1985 年 10 月召开的第 17 次农协全国大会决议中有一段文字，"通过地域内销售，加强消费者对地域农业的关心和理解"，这是

"地域内销售"的观点首次写入农协全国大会决议。1994 年召开了农协第 20 次全体大会，通过决议"开展地域产直、早市、无人店等，促进农产品在地域内销售，加强地域内农产品生产、流通、销售的组织"。这是农协全国大会决议再次重申要加强"地域内销售"。此后，连续 4 次农协全国大会决议中都明确了农协关于"地产地消"的基本方针。

2000 年 10 月召开了农协第 22 次全体大会，正式提出加强以直销所为中心的"地产地消"组织，地域内推进重视构建生产者和消费者相互关系的"地产地消"流通组织形式发展。因此，在建立直销所的基础上，明确普及使用"地产"农产品的学校餐饮供应菜单。这标志着"地产地消"作为农协全体的一项运动正式开始实施。

2003 年 10 月召开的农协第 23 次全体大会，决议实施以"地产地消"为核心的地域经济开发。第一，明确"地产地消"中直销所的核心地位，并促进在农协全体设置直销所。第二，"地产"特产品加工业与直销所联动，确保稳定的销路的特产加工业发展，以充分体现地域传统和文化为目标，突出商品特色。第三，开展学校餐饮供应等食农教育、绿色观光、学童农园、暑期儿童村等多样化的农业、农村体验、传统饮食文化传承等活动。同时，农协中央会和农协地域特产加工、直销所全国联络协议会共同制定并公布了《直销所宪章》，确立了农协关于"地产地消"的基本理念和运营方针。

农协关于"地产地消"的基本理念是：以直销所为"地产地消"的基点，提供新鲜、安全、放心的农产品，促进地域经济发展、提高粮食自给率，同时，为地域内关于"食"和"农"的文化传承与发展做贡献，提高消费者对农业振兴和农协的社会作用的支持，倡导"农协与消费者共存"的理念。

农协关于直销所的运营方针：满足消费者需求，提供丰富的多品种农产品；建立全年耕作、常年销售体制，提高"地产"率；生产者自己决定生产、销售及价格；实行严格的品质管理制度，确保提供新鲜、安全、放心的农产品；积极提供关于地域农业和农产品方面的信息；对食品安全负责，确保消费者放心；不得经营进口农产品。

2. "地产地消"推进战略

2009 年召开的农协第 25 次全体大会，确定了进一步扩大生产，加强食农教育,构建农协安全、安心农产品网络,提高农产品附加价值,推进"地产地消"、农商工连携,发展地域品牌农产品,促进农协"地产地消"事业持续发展,替代加工、业务用农产品的进口。大会确定了农协直销所推进战略,以实现农协直销所事业发展为目标,在组织管理方面采取加强生产者组织化、扩大生产量、确保农产品品质、确保店铺运营等措施,确立直销所作为销售事业的地位;农协中央会、联合会等对直销所提供各方面的支持,如培养直销所运营管理人才、提供信息服务、推进店铺体系的建立、农协之间进行协调实现直销所网络化等。具体的直销所推进战略如图5-9所示。

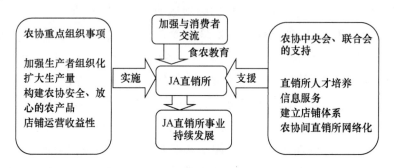

**图5-9 农协直销所推进战略框架**

总结农协关于"地产地消"的基本方针,其事业发展规划是渐进式地推进"地产地消",从"地产地消"观点的提出到试行,再到基本纲领(直销所宪章)的制定实施,最后发展到实现直销所事业持续发展,制定了明确的直销所推进战略。可见,农协已经将"地产地消"事业上升到战略高度,其演进的过程如图5-10所示。

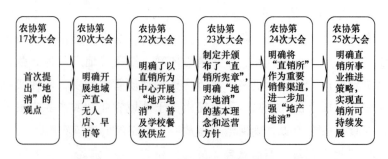

**图5-10 农协"地产地消"基本方针的演进**

3. 农协"地产地消"事业组织格局

农协关于"地产地消"事业可归纳为三个部分：首先是营农事业，其次是直销事业，最后是培育消费者事业。营农事业以营农协调员为核心，直销事业是以直销所为核心，直销所与地域特产加工业联动，农户生产的农产品通过直销所销售给农产品加工企业，农产品加工企业生产的农产加工品再通过直销所销售给消费者，不断扩大生产和销售。培育消费者事业主要是通过开展饮食教育、农业体验活动、地方传统饮食文化传承等活动，提高消费者对地域农产品、农产加工品及地域传统饮食文化的认识和理解，培养消费者。以上两方面的事业是相互促进的，前者为后者提供消费产品，后者为前者培养消费者，形成彼此间的密切关系，力图实现农产品的稳定供给和消费，最终促进整个地域经济发展。

农协关于"地产地消"事业的组织格局如图 5 - 11 所示。

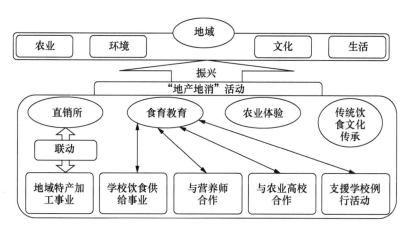

**图 5 - 11　农协"地产地消"事业格局**

注：根据农协第 23 次全国大会决议内容整理。

# 第四节　本章小结

本章从农产品流通体系的构成视角入手，分析总结日本农产品流通体系及其发展趋势，重点分析了"地产地消"流通体系的现状及发展特征。"地产地消"流通渠道体系主要有直销所型、农餐供应型、产品加工型、农超对接型和观光农园型，其中，直销所是"地产地消"流通的主渠道。作为"地产地消"流通交易的载体主要是直销所和传统的蔬果超市等量贩店。传统蔬果零售业发展呈现出总量减少，单店规模逐渐扩大的趋势。直销所于 20 世纪 80 年代开始迅速发展，单店从业人员、销售额、卖场面积三项规模指标值均明显高于传统的蔬果零售业店铺水平。"地产地消"流通体系中的规范与支撑要素形成了由国家层面制定法律、政策，都道府县层面制定"农业、农村振兴计划"和条例，在市町村层面开展事业化工作的政策支撑体系。总之，"地产地消"流通体系正在日益发展和完善。

# 第六章 "地产地消"产生机制

"地产地消"的产生源自于制度环境（外部性因素）的变化，有消费者的需求拉动、生产者的积极自立创新的自发性因素，同时也有国家法律、政策的强制性因素，自发性因素和强制性因素共同作用的结果实现了农产品流通的制度创新，建立了"地产地消"流通模式。本章以制度变迁理论、交易费用理论为基础，分析日本农产品流通模式的创新变革，揭示出"地产地消"产生的本质缘由和基本动因。

## 第一节 "地产地消"：流通制度的创新

日本生鲜农产品一般流通模式是经由批发市场的市场流通，流通路径较长、环节多，各环节存在多种主体，既相互独立又彼此相连，共同完成农产品从生产者到消费者的流通全过程。迄今为止，日本生鲜产品最主要的流通模式是以批发市场为核心的传统模式，"地产地消"流通模式与市场流通模式相比，在流通环节、流通组织形式、治理模式上都发生了重大变革，可以说是农产品流通制度的创新。

### 一 "地产地消"产生的背景

日本在第二次世界大战后的经济复兴时期，由于交通条件和物流技术尚不发达，农产品的供需结构的基本形态就是"地产地消"。从20世纪50年代中期开始，在经济高速增长的过程中，农业人口大量流向城市，使得城市地区对农产品的需求量急剧扩大，因此，日本政府制定了以《农业基本法》（1961年）、《蔬菜生产销售稳定法》（1966年）、《批发市场法》（1971年）为代表的农业及农产品流通政策，形成了单一品种、远距离的大规模生产基地，农产品流通也向广域、大规模流通发展。但是，一方面，日本为了扩大工业品的出口，实施了农产品进口自由化，价格低廉的农产品进口开始急速增长。并且，在20世纪70年代以后，随着食品加工业和餐饮业的发展，加工食品消费和家庭外就餐消费在家庭消费中所占的比例不断增大，在零售阶段，超市等量贩店的市场占有率提高。在这一时期，食品加工企业为了使用价格便宜的进口原料，力图向沿海地区转移和向海外扩展。另一方面，量贩店和餐饮企业为了降低成本、实施低价竞争策略，增加了对进口原料的使用率。因此，与地域农业、传统饮食文化、中小型分散的批发市场等关系密切的地方产业和专门零售店一度陷入了衰退。

进入经济高速增长阶段以后由于社会环境的变化，带来了诸多问题：第一，由于人口过度向大城市聚集，不但导致城市居民生活环境的恶化，也使农村人口日益减少，并且，由于商业、工业等与农业经营所得差别扩大和商工业地价高涨，农户从专业农户向兼业农户转化，农业劳动者朝老龄化、女性化方向发展。第二，由于单一品种、远距离的大规模产地的形成，使与地域传统饮食文化相关的一些农产品的生产和以城市近郊区农业为代表的多品种、小规模产地开始衰退。并且，由于向大消费地的远距离运输和集中销售导致市场间转运增加，不可避免地进行重复挑选、捆绑、包装等，因而造成能源消耗增长，流通经费增加。其结果是不仅加重了生产者挑选、包装等方面的劳动投入，而且农业生产者所得较低，单一品种的连年生产，使土壤生产力下降，生产者为了追求收益和生产效率，大量使用农药和化肥，因此引发了生产者农药中毒和环境污染，农业生产陷入恶性循环。对农产品的安全性感到担忧，看上去外形、新鲜度较好的农产品，实际的鲜度却较低，但消费者却不得不食用这样的农产品。第三，由于进口农产品增加，不仅使农产品自给率下降，而且也使消费者对食品安全的担忧进一步加重。以上问题的存在，引起各界关注，因此逐渐开始探索、创新农产品流通模式。

二 "地产地消"制度创新的诱因

由于外部性因素的变化，使粮食管理制度、农协制度难以维系，特别是自1986年GATT乌拉圭回合谈判开始以后，农产品贸易自由化给日本农业、农村经济带来巨大冲击,日本于1994年结束了"入世"谈判,1995年正式加入世界贸易组织,随着"入世"后贸易自由化大潮的到来,日本农业从产量上比不过美国,在价格上无法与以中国为代表的亚洲国家竞争,最终导致日本传统农业制度的崩溃,产生了对农产品流通新制度的需求。

(一)粮食管理制度的崩溃

日本受自然资源禀赋的制约和居民消费习惯等因素所决定,粮食生产一直是以稻米为主的单一化生产,稻米的自给率甚至超过100%。1938年以前,日本政府内部一直对粮食问题持自信和乐观的态度,1939年朝鲜和日本的严重旱灾使大米的供需关系急剧恶化,不得不大量进口大米。在这个背景下,日本政府于1940—1941年相继制定了强化粮食管制的法规和制度,成立了供应和配给下的大米国家管理制度,即生产者除了自家保有量以外,其余的全部作为政府管理米上缴,消费者接受配给。1942年,政府将原有粮食管理相关法规进行整合,颁布了《粮食管理法》。根据该法规定,大米以外的其他主要粮食作物也以国家管理为主,以农协作为粮食集中收购机构,粮食营团作为配给机构,形成了一元化的粮食收购和配给体制。自此,粮食管理制度和农协制度成为日本农业的两项基本制度。

20世纪70年代开始,美国在围绕工业品的日美贸易摩擦中,强烈要求日本实行农产品的自由化。日本农业团体反对米的自由化,不得不停止对畜产的自由化的反对。在这里有一个很大漏洞,米和肉类同样不仅是粮食的基础,实际上也包含着关于维持农业制度自身的问题。结果,因为畜产自由化而使畜产品价格急剧下降,人们开始大量消费肉类,在日本普遍出现了米的产量过剩,因此,不得不实行减少耕种面积的政策,从减少两成、三成到减少四成,最终,粮食管理制度不能维持。在自由竞争中,米价呈现下降的趋势,1993—2004年,米的自主流通价格下降了34.3%,农产品自由化使日本农业、农村出现了衰退。以畜产自由化为导火线,开始了农业制度的崩溃,1981年,日本政府修改《粮食管理法》,允许稻米自由买卖,同时取消了关于稻米的严格配给制度。1995年,日本政府制定了新的《粮食法》,彻底废止了1942年制定的《粮食管理法》,建立了以自由流通米为主的流通体制。即限制政府配给米数量，增加自由流通米的市场份额；放宽政策、拓宽流通渠道，现在实行由农协经联社、私人粮食批发商、农户直接销售等多渠道流通。

在自由化过程中，农协制度的经济基础弱化了，事实上，畜产自由化引起了米价下降和粮食管理制度的废止，促进了农协合并。农业的低迷和衰退不仅使日本的农村、农业的雇佣机会丧失，因为农业收入减少，町村经济不得不依靠公共事业、财政和再分配来维持，农业、农村问题要求根本转换政策。

（二）小规模生产者自发寻找自立之路："地产地消"

从米的产量过剩、政府实施减少耕作面积的政策时期开始，根据政策规定，只有具备一定生产规模的生产者才可以从事米的生产，小规模生产者被迫退出米的生产，导致很多地区都出现了耕地闲置甚至荒弃，农户生活日益艰难，为了改变农业生产面临的危机局面，振兴农业、农村经济，小规模生产者开始自发地探索自立之路：一是开发"地产"，根据地域的实际情况，在农产品生产、加工方面挖掘潜力，开发具有地域特色的农产品及农产加工品，进而创造出地域品牌；二是促进"地消"，促进在地域内生产的农产品在地域内进行消费，需要建立小规模农户能够直接参与的销售市场，因此，逐渐出现了开设直销所，生产安全、放心的农产品，开展城市和农村的交流，开放农村绿色园区等新的发展趋势，也出现了在道路服务区设直销点、开办早市、网络销售等新的销售形式。由农户自己给自己生产的农产品定价，自己销售，在直接掌握消费者需求的基础上，在栽培农产品的种类、耕作面积、销售时间、销售地点和销售渠道等各方面进行新的探索，努力在农产品销售中体现出地域特性、产品特性，并在发挥个性的同时树立信心，开拓了一条"地产地消"的自立之路。

（三）消费者对食品安全的诉求

20世纪90年代开始贸易自由化导致进口农产品，日本的农产品生产技术有了明显的提高，进入了高附加值的阶段。消费者的意识也从一味苛求商品的价格，转变为重视自身的饮食健康，强调农产品的安全和农产品的新鲜度，甚至于强调恢复传统的饮食文化等。进入21世纪，由于日本的食品行业发生了多起恶性事件，如修改保质期、库存过期食品返工再生产等,使消费者对食品尤其是对农产品的信任度变得非常脆弱,因而就更加追求食品的安全性。

1994 年,美国利用转基因技术研发出了能够长时间保存的西红柿,并开始在日本销售。1995 年,美国利用基因组合法制成对特定种类的昆虫具有杀害作用的蛋白质(BT 遗传基因),培养出了对害虫具有抵抗性的作物,开始在玉米和魔芋上普及。1996 年年末,日本厚生省确认四个种类七个品目的转基因食品,到 2001 年,厚生省确认的转基因食品达到了 35 种。消费者对转基因食品增加了不安全感。此后,从大规模厂商生产的快餐、糕点中陆续被检查出在日本国内没有被允许使用的转基因马铃薯,从由美国供应商提供的非转基因大豆加工品中检测出存在转基因等问题陆续被发现。

2001 年 9 月,在日本发生了 BES(牛海绵状脑病),为了减缓由此给生产者带来的打击,从 10 月到 11 月,对购买未检查的牛肉的消费者实行隔离。2002 年 1 月,雪印食品公司关西预售中心将澳大利亚产牛肉装入国产牛肉的箱子进行伪造,不正当获取补助金的事件被查出。继雪印公司事件之后,日本的几家大型食品企业也陆续被查出存在同样的问题。不仅是 BES,包括农产加工品在内的伪造标志事件相继被发现,受到社会的严厉谴责。2002 年 3 月,农协全农鹿儿岛组合将其加工的来自泰国和中国产的鸡肉产品伪造成国产标志,向埼玉县内的生协销售,之后紧接着发现茨城玉川农协与东都生协签订的产直合同,在交货时使用了与合同规定不符的猪肉。此后,又发现多个农协存在伪造标志的问题,农林水产省向全农发出了停止业务的命令。2002 年 7 月,在山形县的两个经销商因销售未经国家许可的农药被逮捕。农林水产省对各都道府县指示,依据农药取缔法对销售者进行大检查,最后确认在全国约 7 万个农药销售业者中,过去 3 年内销售过未经国家许可的农药的销售业者有 254 人。其中包括有 20 个农协的50 个营业所,都曾销售过未经国家许可的农药。

以上事件的发生,使消费者对生产者的信用感到不安,同时也唤醒了消费者对身体健康的重视和对食品安全问题的高度关注,消费者开始关心自己购买的农产品是由谁生产的,生产过程如何?生产中使用了哪些肥料、农药,甚至希望知道自己购买的农产品是什么时间采摘的等,消费者需求方面的诉求概括起来就是一句话——购买新鲜、安全、放心的农产品。

综上所述,由于贸易自由化引发的农业制度的崩溃、小规模生产者自发寻找自立之路以及消费者对食品安全的诉求等外部性的变化,要求建立一种新的制度以使生产者收益提高、使消费者增强安全感,因而,客观上产生了对新的农产品流通制度的需求,成为"地产地消"制度创新的诱因。根据诺斯的制度变迁理论,在向"地产地消"流通制度变迁的过程中,基于制度环境的变化,生产者和消费者成为制度创新的首倡者,即"初级行为团体",提出创新方案——建立直销所,国家成为促进创新的"次级行动团体",按照净利润最大化原则对创新方案进行抉择,两种团体共同努力,实现创新。1999 年,日本政府制定了《食品、农业、农村基本法》,明确规定地方团体关于推进"地产地消"活动的政策制定与实施的责任和义务;2005 年内阁决定通过《食品、农业、农村基本计划》,确立了国家在推进"地产地消"过程中的地位;2005 年,日本政府制定了《食育基本法》,2005 年 3 月开始实施《食育推进基本计划》,共同推进"地产地消";2010 年,日本内阁通过了《六次产业化法》,再次明确了推进"地产地消"的基本方针。可见,"地产地消"已经成为农产品流通领域的一项法律制度。因此,"地产地消"流通制度的变迁是由生产者和消费者的自发诱致性和国家法律政策的强制性共同作用的结果。

三 "地产地消":流通模式的创新

"地产地消"流通不经由批发市场,是市场外流通的主要模式。在"地产地消"流通模式下,生鲜产品的供应链是以直销所、餐饮企业、加工企业等为零售终点和核心组织,以农协等中间层组织为重要参与主体,实现生产和销售环节直接对接,减少了中间流通环节,优化了农产品供应链,创新了零售业态,是农产品流通模式的创新。

第一,实现了供应链结构的变革。在"地产地消"流通模式下,在流通链条中省去了高成本、高损耗的批发环节,不经过批发市场和中间商,实现了生产环节和零售环节的直接对接,缩短了流通路径,减少了流通时间,简化了农产品供应链。

第二,创新了零售业态。"零售业态"一词源于日本,它以现实零售店铺的形式,通过商品组合、店铺环境、价格策略等可以让人直接感知的要素展现在消费者面前。[①] 一直以来,日本生鲜产品的零售市场以超市等量贩店为核心,"地产地消"流通模式实现了零售业态的创新,主要表现是建立了"直销所"这种新型的生鲜产品零售业态,直销所经营的一大特点是以销售"地产"农产品为主。直销所有别于超市和传统的早市:直销所实行会员制和销售代理制,产品销售的风险由生产者承担,而超市是商业经营实体,自担风险、自负盈亏;直销所实行会员自主定价制度,直销所无定价权,而超市拥有定价权;直销所与早市的区别在于直销所有固定的经营场所、常年营业,而早市只在规定的时间营业,不是常年营业;另外,直销所利用POS系统实行货款统一结算制度,早市是由生产者和消费者当面结算等。因此,直销所是不同于超市和传统早市的一种以生鲜产品经营为主的新型零售业态。

第三,协调层的作用扩大了。在"地产地消"流通中,协调层组织的管理协调的作用延伸到农产品供应链的全过程。从农产品的生产到销售,建立了合理的生产计划、生产技术指导、供求信息传递、产品质量检验、货款结算等各项制度体系,保证供应链全过程协调、有序运转。通过协调层组织的协调指导,可以避免农业生产的盲目性、保证农产品质量。另外,协调层组织往往自己建立并运营直销所,实行从生产和销售的供应链一体化管理。因此,在"地产地消"模式下,协调层的作用扩大了,协调层的作用贯穿于供应链的全过程,而且不仅发挥协调作用,还要负责实体店铺的运营和管理,协调层组织在"地产地消"流通模式运行中发挥重要作用。

第四,以需求为导向的交易特征更加突出。"地产地消"流通模式的一个重要的交易特征就是以消费者需求为导向。生产者根据消费者需求的品种、数量、质量等要求组织生产,提高了生产的计划性和生产产品的适销性;此外,"地产地消"流通采用直销方式,生产者和消费者可以面对面交流,增强彼此间的信任,购买者往往都是最终消费者,更加注重产品的新鲜度和安全性,而对产品的规格标准却没

---

[①] 汪旭辉:《零售企业竞争优势》,中国财政经济出版社2009年版,第60页。

有太多要求。"地产地消"交易的生鲜农产品以当日采摘当日销售为主，可以确保产品新鲜度，提供新鲜、安全、放心的农产品，可以更好地满足消费者的需求。

## 第二节　日本农产品"地产地消"产生的本质缘由

农产品"地产地消"能够在短时间内在日本全国范围内开展，有其内在的必然性，是与农产品交易特征相适配的治理模式的选择，也是"地产"与"地消"相互促进的必然结果。

### 一　交易特征适配下的治理模式选择

威廉姆森（1987）认为，人们会理性地追求交易费用最小化，不同的交易特征需要选择与其相匹配的交易模式。"地产地消"流通制度的实施，是应对生鲜农产品交易特征变化而进行的合理变革。传统的经由批发市场、中间商、超市等零售企业的流通路径，难以满足消费者日益增长的对生鲜农产品品种、质量以及安全性的需求。以直销所为核心的"地产地消"流通模式，形成了以消费者需求为导向的新型的交易特征。

#### （一）生鲜农产品的供求特征

生鲜农产品的供给特征主要有：第一，生产风险大。农业生产过程中的气候条件变化对产品的产量和品质产生的影响较大，如果遇到重大自然灾害，其生产风险也很大。第二，供给具有时效性。生鲜农产品的鲜活、易腐的自然属性决定了生鲜产品的生产者需要迅速实现销售，而且，随着时间的延长，生产者的谈判能力也在下降。第三，生产的相对刚性。农业生产的周期性和季节性，决定了生鲜农产品的供给难以在短期内根据需求进行快速调整，容易发生供给和需求的相对不均衡，导致价格波动。第四，生产的地域性和产品供给的季节性。由于生鲜农产品生产的特殊性，许多生鲜农产品只适合在特定的地区生产，而且每年会在固定的时期上市。

消费者对生鲜农产品的需求特征表现为：第一，对新鲜度的要求较高。生鲜农产品的新鲜程度直接影响消费者的购买决策,消费者往往会根据产品的外观、颜色、气味等特征来判断生鲜农产品的新鲜度,这也直接影响了生鲜农产品的价值实现。第二,对安全性的要求较高。保证消费者饮食安全、身体健康、食物无污染也是对生鲜农产品的最为本质的产品要求。消费者对安全性的认识和需求程度影响消费者的消费场所,追求安全购物的消费者更倾向于从品质安全保障机制可以信赖的场所购买生鲜农产品。第三,需求具有持续性和相对稳定性。从营养均衡的角度来看,消费者每天的饮食中都缺少不了生鲜农产品,虽然在某一单品的消费上会有差异,但在总量上每个消费者的需求相对持久,需求量相对稳定。第四,需求具有多样性。随着物质生活水平的提高,消费者对生鲜农产品的需求层次也在发生变化,由于产品功能多样性影响消费者需求品种多样化,从家庭消费来看,呈现出少量多品目的需求特征。

(二)生鲜农产品的交易特征及适配的治理模式

根据威廉姆森(1985)提出的决定交易特性的三个要素,以及罗必良等(2000)提出的与之相匹配的四种治理结构,结合生鲜农产品的供给特征和需求特征,笔者认为以农产品直销所为核心的"地产地消"流通体制是一种适宜的制度安排,由此形成的是一种"三方治理结构":市场上买卖交易的双方是协约双方,而直销所的投资主体是受邀仲裁人,这种治理结构与农产品直销所的交易特性相适应。

从资产专用性来看,直销所的投资者具有一定的资产专用性,主要体现为:第一,地理区位专用性。由于直销所有固定的经营场所,经营者的位置也相应地固定下来,如果搬迁必将面临毁约风险(与投资主体有租约合同),而且还会失去许多商机。第二,人力资本的专用性。直销所的投资者由于长期经营已经形成了有关农产品直销所经营的专门知识,而这种知识并不能完全用于其他商品的经营上或者从事其他生产活动上去,一旦他离开农产品经营行业,经营者的自身价值将会下降。第三,物理资产专用性。生鲜农产品经营需要购置一些专用性资产,如保鲜、储藏设备等。第四,在经营过程中,可能会形成良好的商誉和品牌,如果离开了农产品经营,将会造成已经形成的商誉和品牌损失。

从交易频率来看，农产品直销所总体的交易频率较高，但直销所的交易是面向分散的小规模生产者和大量的最终消费者的交易，分解到每一个生产者和消费者头上，不但交易量小、交易频率也不高，因此不可能形成双方治理结构或一体化企业，只能是在生产者和消费者之间建立彼此信任的关系，形成忠实消费者，建立比较稳定的产消关系。

从交易的不确定性来看，农产品直销所实行生产者自主交易的制度，对生产者的供货时间、供货数量等都没有强制性约定，完全由生产者根据自己的实际生产情况确定，而农产品生产本身受自然条件等客观条件的影响很大，生产的不确定性大、生产的风险性较大，生产者的出店时间也不确定，因此，直销所交易的不确定性大。

综上所述，在农产品直销所交易中涉及了非通用性资产，但其交易频率相对不高，适宜采用"三方治理结构"。另外，直销所交易的不确定性大，采用"三方治理结构"可以将交易的不确定性降到最低程度，这是因为：第一，直销所经营者由于其资产的专用性，已经在一定程度上被"锁定"，迫使其进行多次交易；直销所经营者的经营目标是永续经营；在直销所交易的生产者与消费者之间的反复交易，使与每一个生产者的信誉有关的信息易于被消费者掌握；市场是买方市场，对生产者构成"选择威胁"。这是以市场力量来约束生产者的机会主义行为，减少不确定性。第二，农产品直销所的投资者作为受邀仲裁人，会以类似企业内的直接监督的形式来约束生产者的行为，由于直销所的投资者的资产被"锁定"，促使它有足够的动力去提供优质的市场管理和服务，保证公平、公正、有序的交易环境，并由此获取利益。因此，直销所的投资者会监督在直销所的交易中是否存在欺诈行为，把违规生产者清理出场，从而降低了交易的不确定性。

（三）交易成本的比较优势

交易成本节约与否是采用各种流通模式的基本标准。交易成本是指交易行为发生时，所随同产生的信息搜寻、条件谈判与交易实施等各项成本。在"地产地消"流通模式下，通过生产者和消费者的直接交流收集消费者需求信息，制订合理的生产计划和销售计划，直销所也可以发挥管理和协调的职能，在不同生产者之间进行生产计划和销售计划的协调,还可以通过不同直销所之间的合作来进行产品调剂和余货分销,可以大大降低交易成本中的搜索成本;由于"地产地消"流通中生产者可以直接面对消费者,省去了传统的市场流通模式中的多层次的经销环节,农户自己生产、自己销售,实际上是将一部分交易活动内部化了,因此,交易过程中的协商成本、契约成本和管理成本也可以大幅降低;以需求为导向的生产安排可以大大减少交易的不确定性,加之在"地产地消"流通中生产者享有单独定价权,可以降低监督成本和议价成本。因此,"地产地消"流通模式与传统的农产品流通模式相比,具有交易成本的比较优势,可以实现交易费用的节约。

## 二 "地产"与"地消"相互促进

"地产"与"地消"作为"地产地消"流通模式运行的两个前提条件,缺一不可。"地产"强调在地域内有生产的存在,"地消"强调在地域内有消费的存在,只有在"地产"和"地消"两个条件同时具备的条件下,"地产地消"流通模式才能正常运行。

首先,"地消"决定"地产"。"地产地消"的持续发展要满足连续性的消费,因此,生产必须保证一定的数量和品质。"地产地消"流通模式好不好,实际上要由消费者做出评判,消费者接受与否是这种模式能否运行的关键,消费决定生产。如果地域内的消费者对地域内的某种农产品评价很好,认为该农产品是最好的,就会使生产者树立自信心,扩大生产和销售,最终,以地域内消费为基础生产的产品成为有价值的商品。但是,通过消费促进生产的前提是必须明确表示出商品的内容、形状和知名度,消费者在购买商品时,因为之前就对产品有一定的印象,所以看到商品实物时,会在已经形成印象的基础上做出决策。所以,必须从消费方面出发来安排生产,不是要把生产的产品卖出去,而是要生产能够卖出去的产品。如果生产的产品在地域内得到消费者的好评,会促进生产者生产更多、更好、更便宜的产品回馈给消费者。因此,生产者会主动倾听消费者的意见,按照消费者需要的规格和质量改进生产,提供更适合消费者需要的产品。"地产地消"能够让地域内经验丰富的老年人、生产者以及作为消费者的家庭主妇等多元化主体以各种形式参与生产和销售,增加关联业务,提高生产积极性。

其次，"地产"扩大"地消"。农业生产是以一定地域的自然条件为基础的，利用人类的智慧和技术生产出产品，给消费者提供消费材料和对象。在"地产地消"流通中，生产者往往同时提供利用自己生产的农产品烹制菜肴的方法和材料使用方法等信息，增加产品的附加价值。地域农产品用于学校、旅馆等的饮食供应，或者用于本地域居民消费，其消费的方法由生产决定，生产培养了消费方法和消费能力，生产某种产品时应考虑到产品消费的合适用途。基于技术进步、品种改良、开发新的加工方法，生产者可以生产出优质新产品，对于一些季节性强的蔬果产品的生产，除满足消费者对新鲜产品的需求外，更多生产适合于食品加工所需的原料，通过加工食品的开发，可以销售到更广的地域。高质量的美味加工食品的生产，会扩大消费者的购买欲望，增加消费量，并进一步扩大消费市场。

总之，"地产"与"地消"之间是相互作用、相互促进的关系，"地产地消"流通模式的持续发展，客观上要求实现"地产"与"地消"一体化发展。生产者要考虑按消费者的需求进行生产，同时也要考虑如何培养、创造消费（消费者、消费方法）。

## 第三节　本章小结

本章利用制度变迁理论、交易费用理论，具体分析了"地产地消"制度创新的诱因，指出"地产地消"是农产品流通制度的一种创新，主要体现为供应链结构的变革、创新了农产品零售业态、协调层组织的作用扩大了、以需求为导向的交易特征更加突出等方面，"地产地消"是与生鲜农产品交易特征适配下的治理模式的必然选择，具有交易成本的比较优势；而"地产"与"地消"相互促进的机制，决定了"地产"与"地消"必须同步发展，因而确立了"地产地消"流通制度。

# 第七章　"地产地消"的
# 组织管理模式

　　一般来说，按照日本人的思想观念，组织中的成员在一个水平线上，追求彼此间在地位上的平等。另外，没有在领导者的领导下，上位下达的传达系统和组织活动机能，每个组织成员只是默默地做好自己的本职工作。"参与意识弱、不做主张，希望有归属感、放心感"的集团化意识，这就是日本人的组织伦理观念，特别在农村社会更是如此。可是，单纯的集团不过就是集群，有目的、有机能，各自分担活动，如果不对自己分担的活动负责就不是组织。如果带着这样的问题意识来考察"地产地消"的直销所活动，在直销所运行中，生产者自己有参与意识、有各自的主张和行动，在直销所组织管理过程中，不存在上下级的层级关系，而是基于生产者的自律进行自我管理的模式。

　　因此，笔者认为"地产地消"的活动组织模式属于松散型组织，而且，这种松散型组织绝不是"硬组织"（既存的日本型组织，虽然等级制度明确，可是却看不出组织成员各自的主张）的初级阶段，而是一种完全不同于企业组织的新的组织类型。当然，这种新型组织是所有组织成员共有的组织，具有共有组织的优点，在组织中也有协调的作用，但不同的是组织成员的个性和思想意识充分表现出来，具有对每一个组织成员的激励作用，充分调动每一个组织成员的积极性。全体组织成员都能够适应外部市场需求的变化开展组织活动。

　　近年来，日本的市民团体、NPO等支持社会活动的组织备受关注，"地产地消"活动与上述社会组织的活动有共同内容和目的，"地产地消"的组织管理与过去基于远距离的大规模产地的计划生产、计划销售、没有严格的品质管理的农协共贩体制下的组织管理完全不同，是使每个组织成员都能以自己为主体、充分发挥自己的优势并按自己的意愿指导自己行为的组织运营模式。

# 第一节 "地产地消"组织运营模式

## 一 直销所型

直销所型是日本农产品"地产地消"最基本的组织运营模式。所谓直销所，日本农林水产省统计部将其定义为"产地直销所"，是指为将生产者自己生产的农产品（包括农产品加工）定期地与地域内外的消费者直接见面销售而开设的场所和设施，包括市町村、农协等开设的设施和利用路边站点设施、为销售季节性强的产品在产品成熟的季节开设的场所，不包括无人设施和利用汽车移动销售的情况。直销所的由来主要有三种情况，一是由农户把不能在市场上销售的规格以外的产品在当地进行销售而形成的直销所；二是由开展农山村与都市交流活动而设立的交流设施形成的直销所；三是由全国各地传统的早市发展形成的直销所。

### （一）直销所的市场形式

按照组织方式不同，可将直销所划分为八种类型：①无人值守直销所：在农户庭院、路边，只在收获季节设置。因其规模过小，销售金额往往不在统计范围之内。②产业节：各地每年按惯例举办的活动，由农协、商工会议所等组织。③露天市场：不定期举办，一年中按惯例举办，主办者多种多样。④早市：定期的或者是常年举办，从传统早市延续下来的情况较多。⑤路边站点：由市町村管理，农协或农户联盟经营。⑥常设直销所：由农协担当事务处理工作的比较多，大规模化经营的事例较多，开设的数量不断增加。⑦消费合作社：由农协管理运营或者由农协的会员农户运营。⑧超市内开设的直销专柜：农协把超市和农户联系在一起，在超市内开设直销专柜。其中，后四种主要由农协经营。

直销所的选址很重要，一般设立在交通便利、人口密集的地区，如城市近郊区、公路服务区、旅游景点周边等地。从地理位置上区别，有三种类型：第一种类型是郊外型，主要设在交通便利、邻近观光旅游景点的郊外地区，例如，兵库六甲农协将其规模最大的直销所店铺——六甲 megumi 就设在神户市立农业公园的入门口；第二种类型是市街型，主要设在城市街区的人口密集地区，例如，在东京、大阪、神户等大城市附近的经营者，所设直销所的店铺大多属于市街型；第三种类型是道路服务区型，主要利用高速公路服务区内的设施开设的店铺，日本全国拥有 1040 个道路服务区，其中有近 80% 的道路服务区都开设了当地农产品、特色产品的直销所。

直销所实行会员制和委托销售制。生产者个人和团体可自愿加入，实行入会自愿、退会自由的制度。农协规定的会员资格有两种：一种是个人会员，另一种是团体会员。个人会员需满足的条件是：①必须是农协的正式组合员；②必须是以农业经营为职业；③能够确认生产地块。团体会员需满足的条件是：①团体成员中至少 3 个成员是农协的正式组合员；②农协的加工组织；③非营利团体；④其他经过农协和生产者认可的团体。另外，会员资格每年审核一次，不符合条件的会员经过农协协议会讨论后会被取消会员资格。会员资格确认以后，兵库六甲农协市场馆发给统一的专用帽子和胸卡（印有会员姓名）；会员入会的申请费为 1500 日元，申请费只交纳一次，退会时不予退还。会员每年交纳年费 2000 日元，年费在每年 3 月末交纳。直销所实行委托销售制，按照销售金额的一定比例收取手续费，手续费率为：农产品为 15%，农产加工品为 17%。

（二）直销所的运营管理模式

直销所运营管理主体主要有六种：①农协：以农协为主导，农协提供设施，负责农协运营和管理。这种类型的直销所规模最大，销售额最高，平均每个直销所参加的农户数也最多，且大多数直销所都能实现常年运营。②生产者及生产者团体：以生产者为主导，由生产者及生产者团体自发组织成立的直销所，主要是销售生产者自己生产的农产品。这种类型的直销所数量最多，但平均每个直销所参加的农户数最少，平均每个销售总额也最低。③农协女性部和青年部：农协提供设施，由农协女性部和青年部运营和管理。这种类型的直销所数量较少，规模也比较小，主要是为了发挥农村女性的作用。④第三方部门：由自治体建设设施，由第三方部门运营。随着日本农产品"地产地消"运动的推进，地方政府、自治体越来越重视本地农产品在地域内的销售，采取多种形式支持地域内开展"地产地消"活动，由自治体建设设施就是其中的一种方式。这种类型的直销所往往规模较大，参加的农户也较多。⑤地方公共团体：属于地域主导型，主要设在路边站点、道路服务区等地，一般店铺规模较小，以过路人为对象，主要销售当地特色农产品。⑥民间企业：主要是法人单位，与其他主体运营的直销所的非营利性不同，其经营是以营利为目的的商业经营。

表 7 - 1                     2009 年产地直销所运营情况统计

| 运营主体 | 直销所数（个） | 销售额（亿日元）（%） | 平均销售额（万日元） | 从业人数（千人）（%） | 平均从业人数（人） | 平均参加农户数（户） | 平均卖场面积（平方米） |
|---|---|---|---|---|---|---|---|
| 农协 | 1901 | 2811(32.1) | 14787 | 16(13.1) | 8.6 | 279 | 272 |
| 生产者及生产者团体 | 10686 | 2452(28) | 2294 | 68(57.1) | 6.4 | 44 | 94 |
| 第三方部门 | 450 | 518(5.9) | 11502 | 4(3.4) | 10 | 138 | 180 |
| 农协女性部和青年部 | 427 | 124(1.4) | 2914 | 5(4.2) | 11 | 59 | 91 |
| 地方公共团体 | 203 | 139(1.6) | 6845 | 2(1.7) | 7.7 | 135 | 153 |
| 民间企业 | 3149 | 2723(31.1) | 8656 | 24(20.2) | 7.6 | 110 | — |
| 全国合计 | 16816 | 8767(100) | 5214 | 119(100) | 7.1 | 87 | 131 |

以农协为主导的直销所，其店铺运营方式可分为三种类型：第一种是分支机构运营型，由农协下属分支机构直接经营店铺，这种情况下的直销所往往与农协分支机构的工作区并设在一个区域，由农协分支机构的工作人员直接负责直销所店铺的运营管理工作。第二种是营农中心运营型。由农协下属的综合营农中心直接经营店铺。农协设立营农中心的主要职责是为农民服务，解决农户生产、经营中遇到的困难，包括农业技术服务、经营管理咨询等。由营农中心运营的直销所

主要吸收其服务区域内的农协会员生产者加入，协调解决其生产销售问题。第三种是独立运营型。由农协派专门的管理者经营店铺，这种类型的直销所一般规模较大，其销售额在农协设立的直销所销售总额中所占的比例较高。如前面提到的兵库六甲农协开设的六甲 megumi 就采用独立运营模式，其年销售额可高达 40 亿日元，占兵库六甲农协开设的直销所全部销售额的近 70%。

因为直销所对销售商品的品种、数量、规格、外观等方面没有统一的规定，所以，直销所销售商品的价格由生产者自由定价，这也是直销所的魅力所在。制定价格时，参照批发市场价格和量贩店零售价格，价格一般比批发市场价格高 20% 左右、比零售市场价格低 20% 左右。为了促进直销所的会员生产者持续生产、提高产品品质，直销所实行最低限价制度，以控制生产者随意降价。

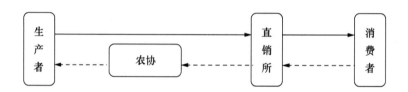

**图 7-1　直销所流通路径**

注：——表示商品流；----►表示资金流。

案例：甘乐富冈农协以前每周举办早市，1997 年，在早市的基础上设立了直销所——食彩馆（总部），其初衷是为提高地域食品原料自给率。1998 年和 2009 年，分别开设了红叶店、下仁田店，现在共有 3 个直销所。生产者通过加盟各店铺组合即可确认在直销所进行销售，基本原则是生产者自己承担责任进行交易，因此，销售价格由生产者自己确定。凡是在直销所销售的商品都要事先经过包装、贴条码、生产者标签。当日销售的产品由生产者自己摆放在柜台，当日销售剩余的产品由生产者自己取回。对会员生产者，定时将销售额情况通过电子邮件或传真的方式进行通报以及缺货商品的联络。商品经过包装、贴上生产者名称、生产者条码和价格标签后，在早上 8 点开始可以进入直销所。商品在店内摆放的位置由生产者决定，先到者有优先权。为尽可能避免竞争,生产者自己决定按照消费者的偏好去生产产品,直销所一般每月或在一定期间内召开一次生产者会议,协调制订生产计划,并对生产的技术进行培训,召开生产者研修会,制作并提供生产操作流程分发给生产者。售出商品统一用 POS 数据系统结算。关于农药等生产条件的管理,由生产者自己记入栽培履历卡片后提出,农协不定期地对履历卡片的内容进行检查确认。为了确保在直销所内销售的农产品质量安全,甘乐富冈农协设立了生产基金账户并保有 1 亿日元的基金,以应对突发质量事件。同时,为保证销售产品质量安全,维护直销所品牌形象,直销所对农户生产的农产品实行质量检验制度,主要检验农药残留量指标,对于质量检验有问题的产品检验费用由生产者自己负担,且不允许销售,同时在店内进行公示,严重者会被取消在店内销售的资格。建立生产基金账户,一方面对生产者的树立质量意识有约束,另一方面也可以应对连带责任的赔偿,保证直销所正常有序运营。这样,经营的主体始终是生产者自身,农协只是作为销售方面的顾问,对售完商品再订货、商品条码等进行管理。考虑到消费者对食品安全方面的顾虑,甘乐富冈农协设立生产基金账户,对所有商品按销售额的 0.5% 的比例进行储蓄(有期间限定),使账户余额保持在 1 亿日元左右。商品回收、强制检查、生产者全体承担连带责任时,用生产基金账户支付。此外,生产者在直销所销售农产品,要向直销所交纳销售额的 14.5% 的手续费和 0.5% 的促销费,合计为 15.0%。

对生产者来说,入会自由、自愿,销售方式灵活、自由,生产者有定价权;对生产者来说,即使是少量生产的产品也能在直销所销售,提高其产品的商品化比率;便于生产者进行多品目生产,降低单品生产的市场销售风险;采用委托销售的方式,可以节约销售时间等。但是,直销所由生产者自由定价,容易出现互相压价,降低销售价格;生产者要自己负责包装、贴标签、货物运送、上架、取回等附加工作,增加劳动时间;人手不足时还需要雇用小时工,增加其生产性支出;实行委托销售方式,生产者自己要承担全部销售风险;直销所采用地域内零售方式销售农产品,其销售量有限,不适合专业生产大户的大量单品种生产。

对农协来说,直销所模式下收取的手续费较高,传统的经由批发市场的流通模式中,农协的手续费只有3%左右,直销所模式中的手续费通常为15%—17%,扣除雇佣人员的工资以外,农协的收入仍会很高;直销所模式要求生产者自己负责货物运送和余货取回,减少农协关于货物运输等事务性工作。不利之处主要是建立直销所需要投入大量的资金,包括建筑物、设备等投资;直销所日常运营也需要雇用专门职员,增加人员开支。

（三）直销所的功能

在日本农产品流通体系中,直销所属于非市场流通,虽然不是流通主渠道,但随着近年来直销所的迅速发展,其功能也在不断拓展,正在日益得到消费者、生产者以及政府的认可和关注。

第一,只有少数农户以确保、补充农户收入的功能。以冈山县路边站点直销所为例,虽然只有少数农户以直销所的销售收入为家庭收入的主要来源,但是,在直销所年销售收入超过100万日元的农户已占15%,直销所销售额占家庭收入的比例达到90%以上的农户达到8%。这意味着直销所不仅具有收入补充的作用,对于农户来说作为确保主要收入来源的作用也在提高。

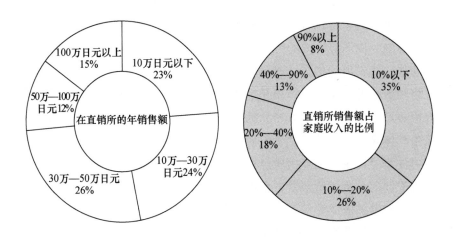

图7-2 直销所销售者的年销售额和在家庭收入中所占的比例

直销所销售与市场销售相比,由于节约了流通费用,使农户可以低于市场销售的价格进行销售，而实际所得的收入却明显高于市场销售所得的收入，市场竞争力增强，对生产者和消费者都有利。如图7-3所示。

| 市场销售 | 生产费用 30日元 | 农户所得 30日元 | 手续费 10日元 | 流通费用 30日元 | 零售差额 40日元 |
|---|---|---|---|---|---|

产地价格：　　　　　　　60日元　70日元　　　　100日元　120日元　　140日元 →

| 直销所销售 | 生产费用 30日元 | 农户所得 30日元 | 手续费 10日元 | 直销得利 50日元 | 消费者得利20日元 |
|---|---|---|---|---|---|

**图7-3　市场销售收入与直销所销售收入比较**

从图7-3可知，农产品的产地价格为60日元，直销所销售和市场销售同样支付10日元的手续费，通过市场销售要支付流通费用30日元，零售价格140日元，零售商获得收益40日元，农户的实际所得为30日元；直销所销售节约了流通费用30日元，零售价格降低为120日元时，可以获得直销得利50日元，农户的实际所得为30日元，消费者节约支出20日元。可见，通过直销所销售农产品可以增加农户收入，同时也可以减少消费者支出。

第二，使弱势群体的劳动者实现自身价值，创造更有意义的生活的功能。直销所的加入和退出自由度高，与市场流通相比较对产品的规格和数量的要求小，即使是老年人和分散的小规模的农户，只要努力用心经营也可以扩大农产品的销售。在以批发市场销售为中心的果蔬生产体系中，女性劳动者被看作是辅助的、从属的劳动力，普遍认为男性是经营主。在直销所经营活动中，即使是农家妇女也可以远远摆脱配偶而从直销所经营中获得现金收入，女性劳动者发挥自己的能力，从辅助的农业劳动者成长为农业经营者。

第三，信息交流和学习的功能。直销所作为都市农村交流的开端，在直销所汇集了各种信息，可以灵活利用这些信息组织开展以后的事业。直销所是生产者和消费者、消费者之间、生产者之间直接面对面进行信息交换的场所，在相互交流中可以加深彼此的理解，强化都市与农村之间以及农村内部的连带感。通过直销所开展的特卖日等宣传活动使消费者对当地产品更加关心，生产者也会真实地体会到"什么样的产品是消费者最喜欢的"，指导以后的生产活动。并且，生产者还可以了解到消费者除直销产品以外还有哪些需求、对哪些活动感兴趣，以把握新的事业发展的机会。也就是说，直销所不仅是生产者学习的场所，对消费者来说也是一个学习的场所。

第四，促进地域经济振兴、强化地域社会连带关系的功能。直销所是地域资源活用型事业开展的核心，直销所活动与其他个别开展各种事业保持相对独立性，同时又形成了地域资源活用的网络。来参加都市农村交流的体验者和地域内生活的普通百姓共同推进了地域资源活用型事业，直销所在与体验农业、住宿设施利用等其他事业相结合的形式中发挥积极的作用，因此，开展体验农园、举办观光集会，设立直销店、早市、露天市场等活动迅速增加。

综上所述，通过对直销所的市场形式、运营管理模式以及直销所的功能等方面进行分析，可以得出以下结论：①直销所实现了生产者和消费者面对面的交流，增进生产者和消费者之间的相互信任，在销售过程中能够给消费者提供生产者特定化的、详细的商品信息，保证消费者能够放心食用新鲜、安全的农产品。同时，通过开展各种活动，还可以传承地域传统文化。②直销所销售的成本效率比较高，容易提高价格吸引力，即使以低于一般零售市场的价格销售，其收入也高于一般零售的实际收入。因此，可以说直销所是实现地域产品的流通费用收益化和高附加值化的场所。③直销所运营主体多样化，实行多种经营，同时与地域内的企业、学校等集中消费部门连携合作，是地域经济发展的重要引擎。④直销所也是零售店铺的一种形式，但直销所和一般零售店有明显区别：不仅实现收益极大化，而且极大化回归农户、回归地域本色，主要开发和传承具有地域特色的品种及加工食用方法。因此，不能简单地把直销所零售店化、超市化。

**二　农超对接型**

（一）"产直"交易型

日本"产直"交易型的农超对接的做法与中国开展的农超对接的做法基本相同，其运营模式包括"农户＋农协＋量贩店"模式、"农户+量贩店"模式、"农户+加工企业+量贩店"模式。其中，以农协与其管区内的量贩店签订合作协议为主要模式，根据协议规定，农协在规定的时间向量贩店供应一定数量农产品。这种形式下，产品质量、规格等要求与批发市场的品级标准一致，只是减少了经由批发市场的交易环节，由农协直接与量贩店成交，并负责将农产品直接运送到量贩店或者委托第三方物流进行运输。对农协来说，集货、运送、品质监管等运营组织和日常管理工作都与经由批发市场销售相同，价格与批发市场价格相同。在管理上，一些农协往往将"产直"交易型农超对接纳入农协共贩体系管理，不单独进行核算，向生产者收取的手续费也与经由批发市场销售的手续费相同，通常为销售额的12%。

对量贩店来说，"产直"交易型适用的价格与批发市场采购的价格相同，虽然没有价格优惠，但是可以节约运费开支和节约采购人员，只要与农协签订了购销协议，集货、运输等环节的责任都由农协承担，量贩店只要每天按时接货就可以了。另外，由于产品包装上统一标注了农协的名称，也便于实现产品质量追溯，一旦出现产品质量问题，可以直接追溯到兵库六甲农协。不利之处在于受季节影响，陆地蔬菜很难常年供应，所以只能在生产旺季时保证运行，在生产淡季和品种不全时还要依靠批发市场采购，其经营存在不稳定性。

对农协来说，组织"产直"交易型农超对接，只是将量贩店视为一个长期合作的大宗需求者，而在集货、分拣、包装、运输等方面都与向批发市场销售的流程相同，只是在运输时将货物直接运到量贩店而不是批发市场。但是，农协获得的手续费却与经由批发市场销售的手续费相同，实际上是增加了农协的收入。

（二）"店中店"型

农协实施的"店中店"型有两种方式：一种方式是卖断方式，由量贩店自行设立"地产"农产品专区，由农协指定的生产者负责供应"地产"农产品。在这种情况下，量贩店与农协之间是买卖关系，相当于量贩店直接从农协采购农产品，然后在量贩店销售，量贩店承担销售风险。另一种方式是委托销售，农协委托量贩店设置"地产"农产品专柜，量贩店按销售额的一定比例收取手续费，剩余产品由生产者自己取回，销售风险由生产者承担。

实行预约销售制是店中店的重要特征，量贩店在与农协建立合作关系后，在"地产"农产品上市之际，由量贩店向农协发出供货邀请，然后由农协负责联络农户、量贩店，农协收到量贩店的供货邀请后，召集具有供货能力的生产者组成若干个生产者小组，一般10—20名生产者组成一个小组，一个生产小组供应一个店铺，事先确定好每个生产者的产品供应哪个店铺。在供货前一周的周五通过协商的方式，把下一周要销售的全部农产品的品种、数量都确定下来，而农产品的品质、规格由量贩店确定。在卖断方式下，价格条款也要事先经农协、农户、量贩店三方协商确定下来。而在委托销售方式下，为了使店中店稳定运营，农协建立了销售协调例会制度，销售协调例会的目的是使生产者、农协、量贩店三方能够准确把握销售数量，在相互协调的基础上，由生产者最终决定销售价格。

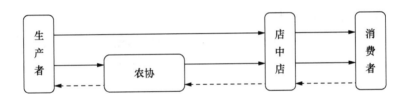

**图7-4 店中店流通路径**

注：——表示商品流；----▶表示资金流。

案例：仍以甘乐富冈农协为例，甘乐富冈农协开设店中店是以1993年3月上信汽车公路开设为契机，在东京都中心区消费集中地的大型超市中开始设立，当初的目的是推广群马县农产品的品牌。2001年与西友光丘店合作，开设第一个店中店，之后，店铺数不断增加。生产者把早上采摘的蔬菜按照与直销所同样的方法运到直接农协，上午11点送到各店中店，每天运送，全年不间断。运输环节委托第三方物流公司承担，一辆货车运送供应两三个店的农产品。如果当天运送的农产品到傍晚就售完，可以再继续增加订货。对生产者来说，与直销所的少量、多品种生产不同，实行少品种、大量生产的方式。交易实行预约，与量贩店签订全部购买的契约，这是店中店的重要特征之一。具体做法是由生产者、农协职员、量贩店职员三方在前一周的周五就把下一周从周一到周日要销售的全部农产品的品种、数量、价格确定下来。在定价时，因为不能不与店铺的销售价格相适应，有时也会有意见分歧，甚至出现过由于意见分歧而从多个店铺退出的情况。为了充分听取生产者的意见，并且分散风险，交易时常是与多个公司进行。现在，与东京都市内的 3 个公司 31 个店铺，东京近郊住宅区的 1 个公司 1 个店铺，群马县内的超市的 1 个店铺建立契约关系。在店中店经营方式中，农协收取的手续费和基金账户的储蓄金与直销所相同，此外，量贩店再收取 27%—30% 的手续费，二者合计手续费相当于生产者收入的 55% 左右。店中店的销售价格不比市场价格低，也曾经努力降低过销售费用。一般在市场销售时，生产者的收益不到零售价格的 40%，从生产者的实际收入来看，店中店更有利些。对量贩店来说，即使不经过市场，也能收取较多的手续费。在店中店也设有当地的点心店和商品，不只限于生产者生产的商品，其他的食品公司也同样可以得到农协的支持，促进地域经济振兴是农协的宗旨。

对量贩店来说，在"地产地消"的热潮中，通过设置店中店，销售"地产"农产品，可以实现其蔬果卖场与其他量贩店的差别化战略，提高企业竞争力；销售当日清晨采摘的新鲜的"地产"农产品可以稳定并扩大忠实顾客群体，形成固定顾客，提高量贩店的客流量；在店中店销售的农产品都明确标注了生产者的姓名、有完整的生产履历备查，彻底实现了农产品质量可追溯，提高企业信誉度；不利之处主要是采用委托销售方式时，生产者实际出店率低，销售量小，难以保证全年经营。

对农协来说，设置店中店，可以扩大向不利用直销所购物的新的消费者进行销售；另外，如果再建立新的直销所，即使是利用既有的设施改建也要进行装修、购置设备等，需要投入大量资金，并且投资风险也较大。可是，设置店中店时，不需要投入店铺建设费用，经营风险也由量贩店方面分担，所以开设新店比较容易；并且，店铺的日常运营管理工作也由量贩店方面负责，可以减少农协的人员雇佣、节省人员开支。但是，在卖断方式下，与"产直"交易型农超对接相

比，农协要安排专人负责集货和货品协调工作，因此，会增加一定的
人员开支。

对生产者来说，利用店中店销售农产品能够获得较高的价格，体
现优质优价，增加收入；另外，拓宽销售渠道，扩大销售量。不利之
处在于量贩店对产品的规格要求较高，不是所有农产品都能在店中店
销售，不符合规格要求的产品还需要另外寻找销售渠道；销售量小，
由于每个营业日只能在营业前布货，货品摆放多了剩余还要取回，增
加运送成本；摆放少了还会出现断货，难以充分满足消费者需求。

**三  农餐对接型**

农餐对接型"地产地消"是指生产者或农协等组织直接将其生产
的农产品销售给餐饮企业或有饮食供应业务的机关、团体（如学校、
福利院、医院等机构）的餐饮部门。其中，与学校餐饮对接是日本农
餐对接型"地产地消"的最主要形式，具有体系完善、供应数量较大
且需求稳定，同时与学校开展的食农教育相结合，综合效果较好。

（一）学校餐饮供应制度

日本的学校餐饮供应制度由来已久，其起源可以追溯到 1889 年，
当时山形鹤冈町的私立小学开始给贫困家庭的学生免费提供午餐，但
是，学校餐饮供应制度真正在全国普遍实施是在第二次世界大战结束
以后开始的。1946 年 12 月，文部、厚生、农林三省联合下发"对学
校餐饮供应实施的普遍奖励办法"，并制订了战后新的学校餐饮供应
方针，同时开始在东京、神奈川、千叶的小学校实行牛奶供给试点。
1947 年开始对全国城市儿童（约 300 万）实行每周 2 次辅食供给，
1951 年 2 月开始在全国市制地域实行完全供给制度。随着日本经济环
境的变化，学校餐饮供给制度经过多次修改完善，最终于 2005 年 4
月开始在幼儿园、小学、中学等学校实行营养教师制度，并于 2005
年 6 月正式公布实施《食育基本法》，将饮食教育制度以法律的形式
确定下来。

现在，日本对 99.3% 的小学生，80.4% 的中学生实行学校餐饮供
应。学校餐饮供应的内容分为三大类，一是完全供给，内容包括面
包、米饭等主食、牛奶、点心等副食；二是辅食供给，内容包括牛奶
及点心等副食；三是牛奶供给。从全国的学校餐饮供应实施情况来

看，超过一半的学校实行的是"完全供给"。学生向学校交纳饮食供给费（只收取食品原料费）。2008 年，小学生平均每月供给费为 3976日元，中学生平均每月供给费为 4522 日元。

日本农产品"地产地消"的理念以及"食"与"农"的教育，已经在全国中小学校得到普及，在餐饮供应中坚持以"地产地消"优先为原则采购食品原料。

（二）学校餐饮供应运营体系

日本学校餐饮供应运营体系中有一个重要的"中间层组织"——学校餐饮供应会，各都道府县、市町村都设有学校餐饮供应会，发挥对内和对外连携合作的作用。研究表明，所有的县内学校都希望增加地域内生产的农产品的供应，学校餐饮供应的使命就是以便宜的价格提供安全、优质的学校餐饮供应物资，为了确保稳定供应地域内生产的农产品，学校餐饮供应会加强对外连携，主要连携组织与机构包括：①农协组织；②食品制造企业；③生产者和生产者集团；④县农政部局；⑤县教育委员会；⑥流通业者；⑦其他县学校餐饮供应会等。通过对内对外连携合作、协调，保证食品原料稳定供给。

在日本，每个市町村和学校都有自己特有的学校餐饮供应运营体系、实施方式以及食品原料供给方式。本地域农产品利用程度不仅与学校餐饮供应规模、地域农渔业的状况有关，而且与学校餐饮供应的运营模式和食品原料供给方式有很大关系。学校餐饮供应所需的食品原料的流通路径有四种：①从供给商开始经由财团法人学校餐饮供应研究改善协会，然后经由都道府县学校餐饮供应会和市町村学校餐饮供应会，最后交付给学校或共同烹饪场。②从供给商开始经由都道府县学校餐饮供应会，然后经由市町村学校餐饮供应会，最后交付给学校或共同烹饪场。③从供给商开始经由市町村学校餐饮供应会，然后交付给学校或共同烹饪场。④学校或共同烹饪场直接从供给商处购买食品原料。食品原料流通路径中在供应商和消费者（学校、烹饪场）之间发挥中介桥梁作用的是学校餐饮供应会，学校餐饮供应会是按行政层级由自治体分别设立的，其职能以提供沟通协调、食品原料调剂等服务为主。

学校餐饮供应作为学校教育的一个环节，公立学校由所属市町村

组织实施，私立学校由学校的举办方负责组织实施。学校餐饮供应的
流程为：制定菜单——选定食品原料供给商——购买食品原料（物
资）——烹饪。菜单方式有单独菜单和统一菜单两种方式。学校餐饮
供应的菜单是以文部科学省制定的每个学生每餐所需的平均营养量和
标准食品构成表为基础，由学校营养教师和营养职员制定基础菜单，
如果采用统一菜单方式，要再通过由校长、饮食供给主任和烹饪员的
代表组成的菜单制作委员会审议确认后，由教育委员会做出决定才能
实施；采用单独菜单方式的自治体也要按照统一菜单制定的程序制定
基础菜单，以基础菜单为基础，各学校可以独自进行安排。

**表 7 - 2** 　　　　　　　　　　**学校餐饮供应运营方式概要**

| 运营方式 | | 概要 |
|---|---|---|
| 菜单 | 单独菜单 | 每个烹饪场使用单独菜单的方式 |
| | 统一菜单（共同菜单） | 市町村内和地域内的学校餐饮供应使用相同菜单的方式 |
| 食品原料购买 | 单独购买 | 每个学校或烹饪场单独购买 |
| | 共同购买（统一购买） | 市町村或市町村学校餐饮供应会统一购买 |
| 契约 | 投标 | 根据投标决定食品原料的购买地 |
| | 随意契约 | 从登记的供给业者中选定任意一个特定业者决定购买地 |
| 烹饪 | 单独烹饪（自校方式） | 在学校设置的烹饪场进行烹饪 |
| | 共同烹饪（中心方式） | 在共同烹饪场（学校餐饮供应中心）统一烹饪，向各学校配送 |

　　农协开展农餐对接型"地产地消"的做法有多种方式，以北海道
带广地区十胜农协提供学校餐饮供应所需农产品为例，其做法是：十
胜农协与十胜教育协会（公益财团法人）签订供货协议，集中销售农
户生产的农产品。十胜农协是带广市学校餐饮供应所需农产品的主要
供货商之一，供应的农产品包括主食用米和生鲜蔬菜。

　　十胜农协在会员中建立学校餐饮供应部会，招募有供应意向的农
户按生产品种分别登记备案。农协接到教育协会（公益财团法人）的

订单后，就通知相应的农户按订单数量采摘蔬菜。价格与向批发市场销售的价格相同，销售手续费也与利用直销所销售的手续费相同，货款每月结算两次。首先由教育协会（公益财团法人）根据实际供货数量将货款打入农协账户，农协扣除手续费后将货款打入农户的储蓄账户。

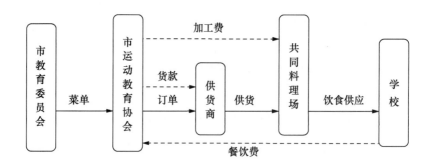

**图 7 - 5　带广市学校餐饮集中供应运作流程**
注：——→表示商品流；- - - →表示资金流。

由于受农产品生产季节性影响，农餐对接型"地产地消"的流通稳定性较差，需求方不得不依赖批发市场采购来保证其经营的稳定性。对生产者来说，向餐饮部门供应农产品，因为对产品的规格没有特殊要求，所以，与通过批发市场销售相比，可以提高农产品的商品化率，增加收入。另外，农产品不需要分小袋包装、贴标签、价格条码等，可以减少劳动时间，与利用直销所、店中店销售相比，可以减少雇工支出。对生产者的不利之处就是按照批发市场价格销售，价格较低，生产者的收入相对较少。对农协来说，向学校餐饮部门供应农产品的运营管理与通过批发市场销售农产品的运营管理程序基本相同，但是农协获得的手续费不同，向学校餐饮供应农产品的收入较高。

（三）农餐对接型"地产地消"的推进策略

近年来，日本各都道府县为推进地域农业的振兴，以农政部门为中心采取措施推进"地产地消"运动，支持农产品直销所的设立和运营，在学校餐饮供应中充分利用当地产农产品被列为重要课题。并且，饮食教育也备受关注，教育委员会也在积极探索在学校餐饮供应中如何更多地利用当地产农产品。在 2005 年 6 月颁布的《饮食教育法》中明确规定了各都道府县及市町村应制订饮食教育推进计划，并积极促进以饮食教育推进计划为基础开展各种交流活动和普及推广利用当地农产品的活动。在 2006 年 3 月颁布的《饮食教育推进基本计划》中，具体规定了在学校餐饮供应中使用以都道府县为单位的地域内农产品的比例目标，到 2010 年，在学校餐饮供应中使用当地产农产品的比例要达到 30％。此后，相继制定并实施了在学校餐饮供应中充分利用当地产农产品的促进措施。到 2007 年 3 月，全国 47 个都道府县中有 44 个都道府县制订的地域农业振兴计划中都规定了"地产地消"推进计划的内容。都道府县采取各种行政支持措施促进在学校餐饮供应中使用当地农产品。

第一，实施普及与开发事业。都道府县为推进利用本地农产品，开展各项普及与开发事业，具体事业包括：制作散发农产品宣传小册子；举办使用本地产农产品的烹饪讲习会、研修会；编辑发行实践活动事例集；编辑推广使用当地农产品的学校餐饮供应用的烹饪方法大全；主办使用本地农产品的烹饪比赛；组织到产地及生产企业参观；开发使用本地农产品的烹饪菜单；设立故乡饮食供给日、供给周、供给月，推广使用当地农产品；建立相关的宣传网站等。

第二，开展"地产地消"实态与意向调研。文部科学省组织进行全国范围的"学校餐饮供应中当地农产品使用情况调查"，各都道府县组织进行自治体范围内的当地农产品使用情况调查，此外，还有关于利用当地农产品遇到的重点问题的专项调查，以市町村教育委员会和饮食供给烹饪场为对象，进行今后利用当地农产品的意向的调查，以把握当地农产品利用的实际情况。

第三，研究推进策略。都道府县为推进在学校餐饮供应中充分利用当地农产品，组织召开会议研究推进策略，既有在全县范围内召开的研讨会也有在一定区域范围内召开的研讨会，对市町村召开研讨会提供经费赞助。另外，设置饮食教育推进协议会和"地产地消"推进协议会，定期组织研讨和参观活动等。

第四，菜单与加工、冷冻食品开发支援。都道府县举办由营养教师、学校营养职员、饮食供给烹饪员参加的使用当地农产品的烹饪大赛,对市町村举办的比赛提供经费支持。对都道府县学校餐饮供应会、食品加工企业和学校开发利用当地农产品的菜单和开发加工、冷冻食品提供经费支持。

第五,学校餐饮供应参与者与生产者相互配合。都道府县举办营养教师、学校营养职员等学校餐饮供应参与者与生产者、生产者组织、食品加工企业等的意见交换会和交流会,组织学校营养职员、营养教师到农产品产地和食品加工企业参观体验。对市町村和都道府县学校餐饮供应会、生产者组织等举办的以上活动提供经费支持。

第六,构建供给体制。培育对学校餐饮供应提供当地农产品的生产者和生产者组织,构建从产地到学校餐饮供应烹饪场的食品原料流通体系和信息传递体系,由自治体提供支援。对利用当地农产品的典型地域,提供从生产者到学校餐饮供应烹饪场的一部分流通经费支持。

第七,购买经费补贴。对购买当地产米给予一部分购买经费的补贴,在使用当地特产品为主的情况下,按年给予一定的补贴,对于举办故乡饮食供给日、供给周活动,在特定时间内充分利用当地农产品,补贴当地农产品与县外产地农产品的价格差。

## 四 产品加工型

### (一) 加工企业合作型

兵库六甲农协于 2008 年以日本《地域水田农业开发紧急对策事业》① 为契机,导入了米粉加工事业,其运行流程如图 7-6 所示,首先由兵库六甲农协向管区内农户收购米粉加工用米,然后委托"全农兵库"销售,"全农兵库"在有明确实际需求的前提下,制作补助金申请书并向近畿农政局提出,经近畿农政局确认后(近畿农政局按申请书上的销售量向兵库六甲农协支付补助金,兵库六甲农协再将补助金打入农户的账户),"全农兵库"将米粉用米销售给兵库县谷类加

---

① 《地域水田农业开发紧急对策事业》是日本政府为了减少小麦进口,提高农产品自给率,实行米粉用米生产补助金制度,规定对确实是对应米粉加工企业实际需要的米粉用米的生产者给予补助金,补助标准为每亩地补助 8000 日元。

工业协同组合，再分配给栗林食品产业集团进行第一次加工，栗林食品产业集团将加工后的米粉销售给第二次加工企业（北海股份公司和高本股份公司），北海股份公司用米粉加工成米粉饺子后销售给兵库六甲农协市场馆，高本股份公司用米粉加工成米粉面条销售给兵库六甲农协市场馆，最后通过兵库六甲农协市场馆向消费者销售米粉加工制品。

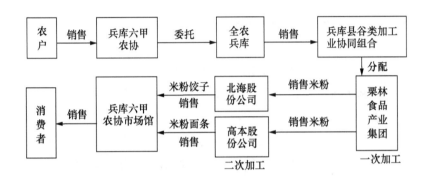

**图7-6　兵库六甲农协米粉加工销售流程**

（二）自主加工型

兵库六甲农协开发自主加工型"地产地消"的目的旨在通过自主建立加工企业，使生产者实现由销售初级农产品向销售深加工制成品的转变，以增加产品附加价值，提高农民收入；另外，加工产品易于保存，可以在更广的范围内扩大销售，打造地域产品的品牌，扩大地域农产品的知名度。

2000年，兵库六甲农协三田营农中心导入母子茶加工事业，其事业流程如图7-7所示，兵库六甲农协给母子茶生产组合提供补助金，支持茶农学习茶叶加工技术，建设茶叶加工厂，然后将管区内农户生产的茶的生叶统一在加工厂进行加工，将加工后的茶委托兵库六甲农协市场馆销售。母子茶的生产、加工完全执行有机食品标准，而且产品质量通过了JAS认证，确立了母子茶的品牌。目前，在兵库六甲农协管区内，实现了母子茶的生产、加工、销售的一体化，平均每年完成146吨茶的生叶生产、加工和销售。

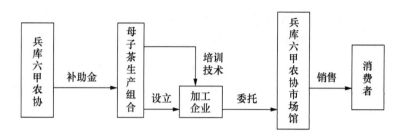

图 7 - 7　兵库六甲农协母子茶生产销售流程

2004 年，兵库六甲农协投资在阪神地区建立了主食加工销售一体店——"米工房—稻穗园"，配备精米机、面包机等生产设备，吸收组合员成立"米加工组合"，"米加工组合"用自己生产的水稻和以高于批发市场价格 10% 左右的价格向兵库六甲农协组合员收购水稻，然后加工成精米、米粉和米粉面包三种产品，产品销售有两种方式：一是在"米工房—稻穗园"本店直销；二是采用委托方式，在兵库六甲农协市场馆各店铺销售。兵库六甲农协市场馆按销售额的一定比例收取手续费。

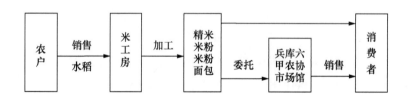

图 7 - 8　兵库六甲农协"米工房—稻穗园"生产销售流程

发展产品加工型"地产地消"，符合地域经济发展方向，也是日本《六次产业化法》的基本要旨，生产、加工、销售三个环节形成地域内循环，对地域经济发展具有重要意义。对生产者来说，由于农产品产业链的延长，给生产者带来了价值增值，可以提高农民收入，也给生产者创造了新的就业机会。对农协来说，导入农产品加工事业的有利之处有：第一，在直销所内导入农产加工品，丰富了直销所的产品种类，可以吸引更多的顾客；第二，导入农产品加工事业，有利于开发地域特色产品，提高农协的知名度；第三，导入农产品加工事业，农协可以获得更高的手续费收入，可以分享农产品加工产业链的价值增值。不利之处主要是增加农协的投资，包括加工设备、冷藏设备等的投资；另外，对农协直销所的店铺卫生安全的管理也提出了更高的要求。

# 第二节 "地产地消"流通模式

农产品流通模式是指在农产品流通过程中，由流通主体、流通客体（交易对象）、交易方式等以特定的运作方式组合来完成物流、信息流、资金流的传递，实现产品价值，完成农产品生产价值补偿的抽象形式。因此，本节从流通主体、流通客体（交易对象）、交易方式、营销策略四个方面分析农产品"地产地消"流通模式构成。

## 一 "地产地消"流通主体

"地产地消"流通主体是在"地产地消"流通领域从事交易活动的组织和个人，流通主体具有能动性、逐利性和自主性三个基本特征：能动性是流通主体自主决策的结果，也是实现自身利益最大化的保证；逐利性是流通主体自主决策和发挥能动作用的基本动力；自主性是流通主体追求自身利益最大化和主动适应市场变化的前提。农协的"地产地消"是以直销所为核心的，直销所流通中涉及的主体包括生产者（农户）、直销所、农协和消费者。

生产者（农户）直接从事农产品生产活动，为整个流通过程提供交易对象，是整个生鲜农产品供应链的起点与基础。生产者由从事农业生产的农业劳动者构成，主要是农户。农户是农业生产的独立经营者，是农业最基本的生产单位，农户享有土地所有权、农业劳作与经济控制权、剩余索取权。农户作为经济主体从事生产经营，独立进行投入产出核算，独立进行市场交易、参与收益分配。因此，在"地产地消"流通中，生产者所得增加可以有效地激励农户扩大农业生产。

直销所是以销售生鲜农产品为主的自选式零售组织，是"地产地消"流通的市场载体,直销所在"地产地消"流通体系中不仅是交易的场所,也是生产者与消费者之间交流的场所。直销所在"地产地消"供应链中发挥主导作用,是整个链条的核心企业,有效地将生产者和消费者连接在一起完成交易。没有核心企业对供应链进行整合,供应链的合作将无法高效运行。另外,直销所的经营效果直接影响"地产地消"流通模式的发展,直销所的综合实力水平决定了供应链的整体运行水平。如果直销所的经营难以持续,将会导致"地产地消"供应链的中断;相反,直销所经营效益提高会对生产者形成生产激励,同时也会惠及消费者,带动整个供应链进入良性循环轨道。

农协是农户以合作的理念和行动为基础,为了维护自身的利益而组织的协同事业组织体,农协是"地产地消"流通中的中间协调层组织,发挥桥梁作用:第一,在从农产品生产到农产品销售的过程中,给农户提供农资采购、营农指导、农产品销售、资金融通等各项服务,在物质、技术、资金、信息等方面提供支持、指导、沟通和协调,有效地解决了农户小生产与大市场的矛盾;第二,参与农产品供应链管理,将分散的小规模农户联合起来,形成一个大的团体,农协代表农户团体在经营活动中获得有利的谈判地位,在农产品流通中获得经济利益。

消费者是购买农产品、以满足自身和家庭消费需要的个人。消费者处于供应链的末端,其最终消费决定整个农产品供应链的价值实现,是"地产地消"农产品流通供应链的拉动者。消费者偏好既有利益的衡量又有情感的选择,消费者的需求偏好影响生鲜产品供应链的发展方向。"地产地消"流通中的购买者主要是居住在特定地域内的、具有独立决策权的自然人。消费者以效用最大化、支出最小化为其行为准则,希望能够购买到新鲜、安全、放心的农产品。由于消费者是相对独立的个体,而且消费者群体的数量巨大,单独的个体无法与相关的企业主体进行有效抗争,只能用货币投票的方式来表达自己的意愿或选择,却难以形成能够代表其利益的组织。

## 二 交易对象

"地产地消"的交易对象是在"地产地消"流通中,作为买卖对象的农产品,是"地产地消"流通存在的物质基础。2011 年,兵库六甲农协"地产地消"的产品包括蔬果、米麦、花卉、畜产品等，从销售额来看，以上四种类别的农产品在"地产地消"销售额中所占比例依次为：62%、25%、7%和6%。从兵库六甲农协市场馆的实际销售情况来看，2011年，兵库六甲农协市场馆销售的产品包括蔬菜、水果、花卉、加工品、畜产品和手工艺品六大类，每一类产品在市场馆的销售额中所占的比例分别为：58.5%、10.4%、13.5%、15.5%、1.3%和0.8%。因此，可以说"地产地消"的主要交易对象是生鲜农产品（生鲜农产品是指未经过深加工的初级农产品，包括蔬菜、水果、花卉、苗木、米、肉、禽、蛋、奶、水产等生鲜初级农产品[①]），具有以下特征：第一，生鲜农产品是具有生命周期的植物性、动物性产品，具有鲜活、易腐、易损的本质特征，容易变质、不易贮藏；第二，生鲜农产品的质量难以通过外观来识别，只能通过消费者的实际体验来评判其优劣，特别是关于产品安全性方面，要经过消费者的累计消费或借助于特殊的检验手段才能体现出来；第三，生鲜农产品的产品规格在生产过程中很难完全控制；第四，生鲜农产品的单位价值较低，产品价值增值的空间和增值幅度不大。

受生鲜产品自然属性的限制，其生产和销售具有明显的季节性。而随着城市农村交流活动的扩大，生产者和消费者之间的交流不断加强，生产者逐渐开始利用自己生产的农产品进行加工制造，并开展各种活动宣传介绍生鲜农产品及其加工方法，为使季节性强的农产品能够在全年享用，开发以当地产农产品为原料的加工食品等，使"地产地消"交易的产品范围进一步扩大，从初级农产品延伸到农产品加工品。因此，到目前为止，"地产地消"的交易对象是以生鲜农产品为主，适应消费者的需求，交易对象扩展到以农产品为原料的加工品（包括手工艺品）。

### 三 交易方式

日本农产品生产者销售农产品的交易方式一直以实行委托—代理制为主。传统农协共贩模式下实行的是层层委托销售方式，农户委托

---

① 本书在进行统计分析时将生鲜产品分为五类，即蔬菜、水果、花卉、米和其他生鲜农产品。

农协销售，农协再委托批发市场以拍卖的方式进行销售等，每一次委托都要按照成交金额的一定比例收取手续费；"地产地消"流通模式下只有一次委托，即农户委托直销所或者直接委托农协以直销的方式进行销售。传统农协共贩模式下的委托—代理与"地产地消"流通模式下的委托—代理的区别在于决策权属不同，根据委托—代理理论，应建立合理的风险分担机制和有效的激励监督机制，促进代理人采取适当行为，最大限度地增进委托人的利益。农协共贩模式下的委托—代理是基于代理人（农协）享有决策权的代理，由于代理人（农协）和委托人（农户）之间的信息不对称，容易造成代理的非效率现象；"地产地消"流通模式下的委托—代理是基于委托人（农户）享有决策权的代理，可以防止代理人（农协）的机会主义行为，实现委托人（农户）的效用目标最大化。

（一）传统农协共贩模式下的委托—代理

在传统的农协共贩模式下，生产者与农协之间是一种无条件的全权委托—代理关系，即生产者只负责生产，生产的农产品由农协全权负责销售，货款通常是一个月结算一次，农协按照当月销售总额收取一定比例的手续费。在传统的农协共贩模式下，销售价格由农协决定，农户没有定价权，农户生产的产品不论质量好坏，都按相同的平均价格获得销售货款。这种传统的农协共贩模式无法保障农户的利益，其弊端主要有：

第一，农户和农协的目标不一致，农户收益无保障。在传统的农协共贩模式下，由于农户和农协都是独立的经济人，都追求自身利益最大化。农户作为农产品的所有者，其生产的时效性很强，作为一个生产个体，每年的收获量是有限的，所以，农户希望农协能以最高的价格销售自己的农产品，来实现农户的收入最大化。而农协作为一个经济实体，其代理行为是长期的，每年在不同的季节代理不同的农户生产的农产品，追求的是在一定时期（一个月、一个季度或一年）内的收益最大化，而不会考虑每笔销售的收益多少。因此，农户与农协之间存在着目标不一致的问题。由于农协是全权代理，最终的销售行为由农协决定，其结果对农户来说，无法实现优质优价，难以保证农户的收入最大化。

第二，农户和农协之间存在信息不对称，容易造成代理的非效率现象。在传统的农协共贩模式下，农户不能直接观察到农协的操作行为，如农协的努力程度的大小和机会主义的有无等；农户不能清楚地认识到农协的条件禀赋，如农协的能力强弱、对风险的态度等；在农户与农协之间，农户是弱势群体，农户对农协的监督存在很大困难，几乎是无法监督。因此，农户和农协之间存在着信息不对称，农户很难通过对农协的代理行为的观察结果来判断代理人的绩效。因为存在信息不对称，容易造成代理关系中的非效率现象。

非效率现象的第一种表现是道德风险，道德风险的产生主要是由于信息的不对称性，一方面，农户无法全面了解农协能力等方面的信息，从而无法采取相应的激励和监督措施，引导和限制农协的行为，使之按照农户的意愿办事，实现农户利益的最大化。另一方面，农协可以利用这种信息的不对称性，采取减少要素投入或其他机会主义的方法，以农户的损失为代价，追求农协利益的最大化。如农协为了获得批发市场的销售奖励，可能会不管价格对农户的不利，也向批发商大量出货。

非效率现象的第二种表现是逆向选择，逆向选择的产生同样是由于信息的不对称性，农户无法准确地衡量农协的工作成果与其所付出的努力之间的联系，从而无法准确地了解农协的能力，造成某种劣势驱逐优秀者。例如，在农产品价格波动较大时，农户的生产风险也较大，农户收入的不确定性也较大，负责任的农协会给农户做出全面的市场分析和价格预警，帮助农户合理地规避一些市场风险，而不负责的农协只会考虑自己的利益，逆市而行，在农户认为不该卖的时候也出售农户的农产品，造成农户收入的损失。

（二）"地产地消"流通模式下的委托—代理

在"地产地消"流通模式中，生产者享有定价权，农协只能按照生产者规定的价格代理销售，因此，在"地产地消"流通模式中，农协是在农户规定的价格条件下实施代理行为，从而限制了农协的代理权限，因而是一种有条件的委托—代理。货款通常是半个月结算一次，农协按照当月销售总额收取一定比例的手续费。在"地产地消"流通模式中，农户享有定价权，农户可以根据生产产品的质量好坏，制定不同的价格，实现优质优价、低质低价。农协是按销售额的一定比例收取手续费，如果销售额大，则农协的收入就高，农户的收入会更高；"地产地消"流通模式将农户与农协的利益紧密地联系在一起，加之直销所的投资具有资产专用性，"锁定"了投资者—农协，从而形成了有效的激励—约束机制，抑制农协的不良动机和行为，减少道德风险，提高代理绩效，可以实现农户与农协双方的"帕累托改进"。

第一，农户与农协的目标趋于一致，避免机会主义行为。在"地产地消"流通模式中，直销所实行会员制，有统一的章程和统一的经营理念，农户和农协之间就经营理念达成了共识。产品销售的价格、上市出售的时间等都由农户自己决定，农协只是通过设立并运营直销所，提供一个场所来销售农户生产的农产品，产品销售的风险也由农户自己承担。但是，直销所能够运营下去的前提是农产品销售情况良好，农户愿意加入到这种销售方式中来，如何实现良好的销售业绩，需要农协设计出一套完整、科学、高效的组织制度和管理制度，农协要在农户之间进行充分的协调，包括生产的品种、数量、上市的时间等，以避免农户间为销售产品而产生随意降价的行为，维持直销所价格稳定、秩序稳定，实现良性循环。农协为了实现利益最大化目标，首先必须实现农户的利益最大化，只有实现了农户的利益最大化，才能实现农协的利益最大化，所以，农协会主动与农户的期望保持一致，以最大限度地实现农协的利益最大化，以使农协与农户的目标趋于一致。

第二，可以消除农户与农协之间的信息不对称，提高代理效率，实现农户与农协双方的"帕累托改进"。在"地产地消"流通模式中，农户能够直接观察到农协的操作行为，如直销所提供的信息是否准确、及时，直销所的店员服务态度的好坏，直销所组织生产者和消费者交流活动的频数多少、效果好坏等；农户能清楚地认识到农协的条件禀赋，如农协的组织、管理能力强弱、对突发事件的应对能力等；易于实现农户对农协的监督，农户每天都在和直销所、农协打交道，可以随时发现问题，及时协调解决，以维护农户利益。因此，"地产地消"流通模式可以消除农户和农协之间的信息不对称，农户可以通过对农协的代理行为的观察结果来判断代理人的绩效，避免由于信息不对称而造成道德风险和逆向选择，提高代理效率，可以实现农户与农协双方的"帕累托改进"。

在"地产地消"流通模式中，一方面，农户可以全面了解农协的能力等方面的信息，从而选择出售的时间、决定出售的价格，引导和限制农协的行为，使之按照农户的意图办事，实现农户利益的最大化。另一方面，"地产地消"流通模式可以避免农协的机会主义行为，防止农协以农户的损失为代价，片面追求农协利益的最大化。因为在"地产地消"流通模式中，即使是面对大宗需求者的事先订货，其销售价格也是由农户决定的，农协只是在中间发挥一个联系的桥梁作用，而卖与不卖，价格高与低，都是由农户做出决定，只要农户不同意、不接受，无论多大宗的订单也不能成交，从而可以避免在传统农协共贩模式下农协为实现自己的利益最大化而实施的机会主义行为。

在"地产地消"流通模式中，农户可以准确地衡量农协的工作成果与其所付出的努力之间的联系，从而准确地了解农协的能力。根据直销所的价格管理制度，农协会提前一个月给农户做出全面的市场分析和价格预警，农户可以根据价格预报适当调整生产和销售计划，包括对生产的品种、数量、上市的时间等方面进行协调，在农产品价格波动较大时，避免农户作出逆向选择，农户不会逆市而行，直销所销售的价格也不会因为市场价格变动而大起大落，可以降低农户收入不确定性的风险。

### 四 营销策略

日本农产品"地产地消"的营销策略主要体现在产品策略、价格策略、渠道策略和促销策略四个方面。以直销所为例，其营销策略如下：

第一，产品策略。直销所经营的产品主要是当地生产的新鲜农产品、以当地产农产品为原料的加工品、当地特产品，为满足不同消费者的差异性需求，也会引进一部分都道府县以外生产的农产品和进口农产品。2009 年，全国直销所年销售额中当地农产品销售额占73.2%，农协女性部和青年部经营的直销所销售额中当地农产品销售额所占比例最大为 84.7%，其次是生产者和生产者联盟经营的直销所，当地农产品销售额所占比例为 80.1%。另外，直销所经营的产品

组合突出"新鲜"、"安全"的特色和开发当地特产品。直销所主要
销售当地产农产品，大多直销所销售的是当日清晨采摘的农产品，明
确注明生产者（农户）的姓名、生产栽培方法，而且注重开发地域特
产品和高附加值的有机产品。根据农林水产省 2011 年发布的调查数
据，70.8% 的直销所销售当日清晨采摘的农产品，65.8% 的直销所只
销售当地农产品，25.8% 的直销所销售高附加值（有机、特别栽培）
农产品。

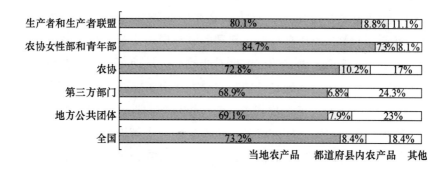

**图 7 – 9　直销所销售农产品的来源结构**

注：其他是指都道府县外的农产品和进口农产品，以及不能判断产地的农产品当地农
产品。

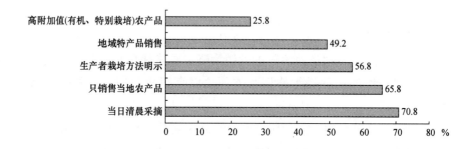

**图 7 – 10　直销所销售产品安排**

　　第二，价格策略。在直销所销售的农产品定价时采用高于批发市
场价格，低于一般零售店的价格。直销所的定价策略使其与一般零售
店相比具有一定的价格竞争优势，使消费者支付较低的价格就可以购

买到新鲜、安全、放心的农产品。

第三，渠道策略——地域连携策略。直销所与地域内企事业单位合作，为地域内消费需求集中的企事业单位提供当地产农产品，主要合作单位包括学校、幼儿园、保育园等教育机构；宾馆、旅店；医院、福利院；企业员工食堂等。根据日本农林水产省 2009 年统计数字，19.7% 的直销所给学校、幼儿园、保育园等教育机关提供当地农产品，所占比例最高；1.4% 的直销所给企业员工食堂提供农产品，所占比例最低。

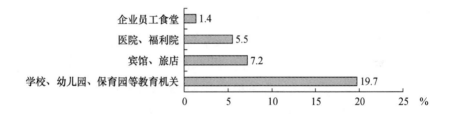

图 7-11　直销所与地域连携情况

第四，促销策略。直销所采取多种促销措施招徕顾客，以扩大销售，主要措施包括：①举办特卖日、开展各种主题活动；②开展生产者与消费者交流体验活动；③与地域内其他直销所合作，互通有无；④开设加工厂和餐馆；⑤在量贩店开设直销专柜。2009 年，40.7% 的直销所采取各种主题活动和举办特卖日，所占比例最高；7% 的直销店采取在量贩店开设专柜的方式进行销售，所占比例最低。

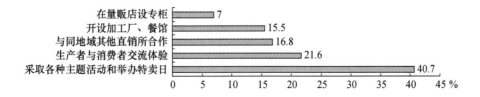

图 7-12　直销所促销措施组合

## 第三节　“地产地消”供应链管理模式

农产品供应链管理是为实现农产品流通高效率、低成本，提高农产品流通速度，而对流通供应链上的所有相关环节进行整合。[①] 农产品流通供应链的核心企业是流通企业，农产品供应链管理的目的是围绕农产品流通企业协调农产品流通供应链上成员企业局部利益与整体利益之间的关系，实现利益共享、风险共担，达到降低流通成本、提高顾客满意度的目的。构建基于供应链管理的农产品流通模式，是农产品流通主体强化流通能力、提升效率与效益的重要途径，是实现农产品从生产、采购、加工、交易、配送等高效运营的基础。[②] 笔者认为，“地产地消”流通模式即一种基于供应链管理的农产品流通模式。本节具体分析“地产地消”流通的供应链管理模式。

### 一　“地产地消”供应链的类型

“地产地消”是由生产者、流通业者、消费者等基于对“地产地消”的理解与共识，共同合作而建立起来的，但在“地产地消”流通供应链中，总是要有一个推进主体来发挥主导作用，进行全面的组织、协调。按照推进主体不同，可以将“地产地消”分为生产者（组织）主导型；消费者组织连携型；加工企业主导型；流通企业主导型；零售企业主导型；行政主导型。

生产者（组织）主导型是以生产者个人或生产者组织（农协、生产者组合、农事法人等）为中心，以确保农产品销路、降低流通成本、提高生产者所得、加强与消费者的交流、促进消费者对地域农业的理解等为目的而开发的“地产地消”流通渠道。

消费者组织连携型是为了使消费者能够买到安全、放心的农产品，保护地域环境、加强与生产者之间的交流，由生协、消费者协会

---

[①] 魏国辰、肖为群：《基于供应链管理的农产品流通模式研究》，中国物资出版社2009年版，第16页。

[②] 同上书，第86页。

及 NPO 组织等与生产者及生产者组织等联合起来，共同建立的"地产地消"流通渠道。

加工企业主导型是指食品加工企业、餐饮企业与地域内的生产者之间通过开展契约交易等形式，购买代表地域传统饮食的"地产"加工原料和食品原料，经过加工、烹饪以后再提供给消费者。由此，形成了在地域内"生产——加工——消费"的流通渠道。

流通企业主导型是指由专门的流通企业发挥中间作用而建立的流通渠道。流通企业是专门的流通部门，随着生产者和消费者之间交易的大量化、复杂化，流通业者居中为生产者和消费者办理各种手续，可以减轻生产者和消费者的负担，提高交易的效率。典型的渠道模式是"生产者——产地中间商——零售业者——消费者"。

零售企业主导型是指随着消费者对地域农产品的需求偏好不断加强，为了招徕顾客、提高销售额，超市、百货店等量贩店开始设置"地产"农产品专柜，与地域内的生产者、生产者组织（农协）等合作，通过"店中店"、"店头早市"等形式销售地域内生产的农产品。

行政主导型是指都道府县以及市町村等地方自治体为了促进地域农业发展、扩大本行政区域内农产品销售、促进消费者对地域农业的理解，通过行政干预措施向本地域内居民提供地域内生产的农产品，如向直销所发放补助金、制定学校餐饮用食品原料采购政策、实施地域农产品认证制度等，建立并完善"地产地消"组织管理体系。

表7-3　　　　　　　按主导主体划分"地产地消"的特征

| 类型 | 推进主体 | 典型组织模式 | 主要目的 |
|------|----------|--------------|----------|
| 生产者<br>（组织）<br>主导型 | 生产者个人<br>生产者任意组织<br>农协<br>农事法人 | 直销所<br>庭院销售<br>观光农园<br>农家餐馆 | 确保销路稳定<br>降低流通成本<br>加强与消费者的交流<br>促进消费者对地域农业的理解 |
| 消费者组织<br>连携型 | 生协<br>消费者协会<br>NPO | 生协产直<br>农产品合同订购<br>地域内协同组合间合作 | 买到安全、放心的农产品<br>保护地域环境<br>加强与生产者的交流 |

续表

| 类型 | 推进主体 | 典型组织模式 | 主要目的 |
|------|---------|-------------|---------|
| 加工企业主导型 | 食品加工企业 餐饮企业 | 地域特产专卖店 乡土料理店 | 提高销售额 保证原料供给 传承地域传统饮食文化 |
| 流通企业主导型 | 专门流通业者 | 有机农产品等 地域内流通 批发市场邻近的零售卖场 | 提高销售额 确保生产稳定 促进商店街等地域经济发展 |
| 零售企业主导型 | 零售业者 零售业组织（商工会、商店会等） | 量贩店"地产"专柜 量贩店内"店中店" 店头早市 利用商店街空店铺直卖 | 提高销售额 提高集客能力 促进商店街等地域经济发展 |
| 行政主导型 | 地方自治体 | 促进"地产地消"运动 促进"地产"农产品 在学校餐饮供应中的利用 实施地域食品认证制度 | 振兴地域农业、食品产业 向居民提供"地产"农产品 提高居民对地域农业、食品产业的理解和认识 |

## 二 "地产地消"供应链管理运营机制

"地产地消"供应链管理的运作模式既不是单纯的需求拉动式供应链，也不属于单纯的供给推动式供应链，而是一种由生产者推动与消费者拉动相结合的双驱动式的供应链。以农协主导的"地产地消"供应链为例：一方面，农协通过加强营农指导，推广新技术、新品种，开发地域特色农产品及加工品，并通过直销所的卖场销售、组织各种生产者与消费者之间的交流、促销活动等，推动消费者消费；另一方面，农协通过自身开设的直销所进行终端销售，直接与消费者接触，在第一时间获得消费者的需求变化信息，并根据这些信息指导生产者及时调整生产计划、与外部合作部门协调，对货源的组织进行有效的调整，以响应市场需求的变化。因此，"地产地消"供应链管理的运作模式属于需求拉动与供给推动相结合的双驱动供应链，"地产地消"供应链管理的运营机制主要有合作机制、交流机制、自律机制、决策机制和激励机制。

第一，合作机制。合作是农协"地产地消"供应链运营的前提，在供应链各环节主体之间存在横向合作与纵向合作的关系。横向合作发生在供应链的同一环节的不同主体之间，例如：在生产环节，农协将从事相同品种农产品生产的农户组织在一起，成立生产小组，生产小组的成员间是合作关系，通过生产者之间的分工与合作，合理安排生产量及收获量，既要保证在直销所内有充足的货源供应，又要避免生产者之间产生恶意竞争。纵向合作发生在供应链的不同环节的主体之间，例如：生产者与直销所之间是基于委托—代理而形成的合作关系。要保证"地产地消"供应链稳定运行，要求供应链各环节主体之间的横向合作与纵向合作关系保持一定的稳定性，农协通过实行会员制来保证供应链合作关系的稳定。

第二，交流机制。交流是农协"地产地消"稳定运营的保障。农协通过多种形式开展生产者与消费者之间的交流活动，增进彼此之间的了解与信任，有利于生产者及时把握消费者需求偏好的变化，也有利于消费者增加对生产者及地域农特产品的理解；利用信息平台实现了生产者与直销所之间即时交流，使生产者在第一时间获得卖场货品余缺的调剂、市场供求及价格变动等信息，及时调整生产、销售安排，将信息不完全的风险降到最低；召开生产小组内部定期交流会，使生产者之间互相交流生产技术，不断提高农产品质量和数量。

第三，自律机制。自律是提高农协"地产地消"流通经济效益的保证，通过推行自律机制，降低成本、增加销售量和经营利润。自律包括农协内部的自律、对比同行业企业的自律和对比竞争对手的自律。农协内部的自律主要体现在直销所网络内部，一般一个农协的管区范围较大，往往会设立由多个店铺构成的直销所网络，虽然每个店铺独立运营，但其经营的最终损益由农协承担，为提高直销所整体的经济效益，要求各店铺向核心店看齐，学习核心店的经营管理模式，提高经济效益；对比同行业企业的自律要求直销所要向全国知名的农产品直销所看齐，吸取其成功经验、学习其有效的经营管理模式，提高经济效益；对比竞争对手的自律要求直销所向超市等量贩店看齐，日本超市等量贩店经营生鲜农产品的历史较长，其经营管理模式更加完善、成熟，学习超市等量贩店的经验、改善直销所经营管理，提高经济效益。

第四,决策机制。在农协"地产地消"供应链管理中,决策权掌握在生产者手中,生产者有生产与不生产、生产什么、生产多少、销售价格等方面的最终决定权,但生产者的决策是以获得公开、透明、共享的信息为前提的。农协为生产者的决策提供充分的信息做参考,例如,确定在"店中店"销售的价格时,由农协召集的由生产者、超市负责人、农协负责人三方参加的价格协调会,向生产者提供历史同期销售价格信息、批发市场价格信息、农产品供求信息等,并在生产者需要时提供一个可以参考的价格范围,但是,最终价格由生产者决定。这种决策模式是在开放的信息环境下的群体决策模式,避免了由于信息不对称而导致的逆向选择,可以有效地保护生产者的利益,同时也使供应链稳定运营,使供应链上的相关主体获得稳定的收益。

第五,激励机制。由于供应链各相关主体都是独立的经济利益主体,各自追求自身利益最大化,相互间不可避免地会产生冲突和矛盾,事实上也很难保证供应链上各相关主体的利益目标与供应链整体利益目标是完全一致的,不同利益主体之间的冲突会导致供应链效率低下。为化解供应链各相关主体之间的冲突和矛盾,农协在"地产地消"供应链运营中形成了一套激励机制,使整个供应链优化所产生的收益在供应链上各相关主体间进行合理分配,使每个主体都受益,使各相关主体都能自觉维护供应链整体利益,基于生产者享有决策权的委托—代理制交易方式本身使生产者和直销所的利益紧密联系在一起,增加销售会使生产者和直销所的收益同比增长,实现"双赢",使整个供应链充满活力。

### 三 "地产地消"供应链管理的业务流程

供应链管理的业务流程是为专门顾客或市场生产特定产品的一种结构和可预测的活动集合,它是一种动态的结构,用来集成终端顾客和涉及产品、信息、资金、知识以及观念的动态管理流程。在"地产地消"流通供应链中,贯穿整个供应链的信息流、资金流、物流的业务流程形成了闭路循环,以直销所流通为例,其供应链管理的业务流程如图7-13所示。

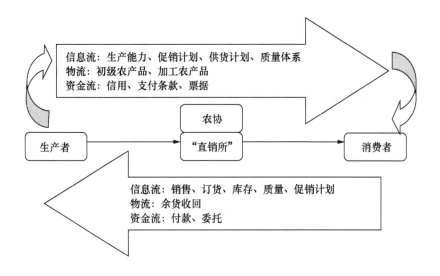

**图 7 – 13　"直销所"供应链管理的业务流程**

（一）物流管理

农协农产品"地产地消"供应链的物流管理目标就是要实现物流成本最小化和物流系统快速响应能力。第一，在直销所型流通模式下，与生产者少量多品种的生产特点相适应，实行由生产者自行配送的原则，一方面，生产者可以选择加入距离生产地运输最近的直销所进行销售。在销售量较少的情况下，生产者可以自行组合起来单车配送，以实现物流成本最小化。另一方面，通过直销所信息系统和信息反馈机制以及加强生产者之间的合作性和协调性，从而提高物流系统快速响应能力，及时调配货物。第二，在农餐对接型、农超对接型、产品加工型等流通模式下，单次配送货物量较大、运输距离较远的情况下，实行委托第三方物流集中统一配送的方式或者由农协统一配送，由农协统一进行物流配送方面的协调与管理。通过加强与相关企业的合作性和协调性来达到物流系统的无缝链接，从而提高物流系统的快速响应能力。

农协在"地产地消"供应链管理中的物流管理主要涉及两个环节，一是生产资料采购环节，二是销售环节。生产资料采购由农协买卖事业局负责，实行集中采购制度，农户生产所需的种子、肥料、农药、塑料膜、农用机械等全部由农协向生产厂家集中采购，农户就近到各营农中心的销售店购买。其物流配送路径为：生产资料的生产厂家——农协营农中心销售店——农户。生产资料从生产厂家直接配送到农协营农中心销售店，可以使物流成本降到最低。并且，农协规模较大，信誉度较高，拥有的农户数量较大，通过集中采购、化零为整，可以获得价格谈判的竞争力，使生产资料的价格也降到最低，进而降低生产成本。

在销售环节，农协设立的各直销所店铺之间形成了直销网络，实行集中管理、分店经营、连锁销售的方式。农户只要就近加入一个直销所，其产品就可以通过直销所连锁销售的方式送达各店铺销售。农协在管区内的不同地区分别选定一个规模较大的直销所作为核心店，农协"地产地消"事务局统一协调各核心店之间的货物调配和物流运输，运输车在核心店之间运行，完全实行双向物流，完成农协各直销店铺间的货物配送。各核心店分别集中所属区域内的直销所店铺的产品信息、需求信息，每天将信息通过内部信息系统传递给农协事务局，事务局汇集所有店铺的供求信息后做出物流配送方案，调度运输车辆。每天运输车从总部出发，绕各个核心店一圈，在每个店铺卸载需求的货物，装运交由其他店铺销售的货物，整个物流过程完全是双向物流，每天配送一次，全年无休。这种集中统一的双向物流配送模式明显降低了物流成本。

（二）信息流管理

基于供应链管理的"地产地消"流通模式下，供应链管理的重点是信息整合。由于农产品供应链管理中的生产主体、消费主体数量众多，加之农业生产受自然条件、地域性影响较大，所以农产品供应链上的信息流具有复杂性、不确定性和不完全性等特点，农产品供应链信息流管理的目标是实现信息公开和信息共享，确保信息有效性，以降低搜寻成本，提高流通效率。目前，随着信息技术的进步，供应链和合作企业间可以处理和传递的数据量明显增加，农协在"地产地消"供应链管理中建立了开放式的共享数据库系统，业务数据不仅对顾客和供应商透明，而且对顾客的顾客、供应商的供应商也是透明的。信息的管理者是农协，共享信息包括生产信息、供应信息、生产者信息、需求信息、价格信息以及各种交流活动信息等。

农协"地产地消"供应链的信息系统目前还是以传统的信息传递技术为主，主要由四部分组成：第一，FAX – OCR 生产履历登记系统，用于随时监控农产品生产过程；第二，网络信息平台，利用农协官方网站发布产品信息、生产者信息、交流活动信息、观光活动信息等；第三，短信平台，利用短信发送机向生产者发送货品调配方面的信息、各种技术培训、讲习会等信息；第四，电子传真机系统，对于一些要式文件一般通过传真方式送达。以上信息技术中，第一项技术在日本国内较先进，其他都属于已经普及的通用信息技术，农户都能熟练操作。笔者在实地调研中，通过与农协职员交谈了解到，目前的信息技术水平已经能够完全满足"地产地消"流通发展的需要，因为地域流通范围界定在了较为固定的区域，生产者、消费者对地域内的产品品种、收获季节、例行活动等信息都比较了解，交易量也相对稳定，加之农协的信息发布具有一定的超前性和计划性，一般会提前一个月发布下一个月的例行活动信息和农产品收获信息，没有特殊变动的情况下不需要另行通知，所以没有必要启用更加高技术、高容量的信息系统。

（三）资金流管理

基于"地产地消"供应链的资金流管理依托于农协的金融信用事业基础，生产者都是农协的组合员，在农协开立专门的资金账户，所有的资金往来都要通过该账户结算。主要包括货款结算、补助金发放、生产性资金借贷三个方面。

货款结算：农产品"地产地消"流通的货款一般每月结算两次，统一通过农协结算。直销所店铺利用 POS 系统结算货款，直销所销售货款扣除农协应收的手续费等杂费后将余款打入生产者在农协的资金账户；农超对接等其他采用合同销售的方式销售的货款结算，因为对外的交易主体是农协，所以结算时也通过农协账户结算，农协同样是在扣除应收的手续费等杂费后将余款打入生产者在农协的资金账户。因此，可以说基于"地产地消"流通的货款结算周期短[①]、货款结算

---

① 传统的经由批发市场流通的货款结算周期通常为一个月。

准确及时，因而有利于资金回收。

补助金发放：政府发放农业补贴也是通过农协账户转账到生产者账户。日本政府为提高粮食自给率，实行补助金政策，对于一些特定的农作物生产者发放政府补助金，如米粉加工用米等。补助金的获取以通过农协统一申报审核为前提，经过所属地方农政局核准后直接打入农协账户，由农协账户转入生产者在农协的资金账户。

生产性资金借贷：农协信用事业的生产性资金借贷利率低于市场利率0.5个百分点，农户生产所需资金不足时，可以向农协借贷，贷款从农协账户直接打入生产者账户。农协信用事业的生产性资金借贷无须抵押、利率较低，申请贷款的手续简单、方便、快捷。

**四　供应链治理结构**

"地产地消"供应链管理属于三方治理结构，协调层组织是"地产地消"供应链管理的一个重要模式特征。"地产地消"流通的生产者以分散的小规模农户为主，消费者是以家庭消费为主，[①] 生产者和消费者数量都很大，必须借助于一个协调层组织居中进行协调才能使交易顺利进行。在直销所主导的农产品流通供应链中，这个协调层组织就是农协。

农协在"地产地消"流通供应链管理中更注重过程管理，"地产地消"供应链管理把供应链上的初级产品生产者、加工产品生产者、直销所等各相关主体视为一个整体，将各分散的生产者进行集成、协调与合作，实现了"生产资料采购——生产——销售——消费"的供应链全程管理。

农协"地产地消"供应链管理的突出特征是强化关系管理，由于"地产地消"流通是地域流通，供应链上各相关主体均在同一个地域范围内，其经济利益也密切相连，而"地产地消"的生产者主要是小规模的兼业农户，生产的不确定性较大，"地产地消"流通供应链非常脆弱，因此，必须在各相关主体之间建立稳定的合作关系，避免任何一个主体出现为了自身利益而损害他人利益的情况，所以，关系管

---

① 根据日本农林水产省2009年关于"地产地消"的现状调查结果，"地产地消"的消费者中70%以上属于家庭消费。

理尤为重要，通过协调供应链各相关主体之间的关系，同时增加供应链各方的利益。农协通过成立生产者部会将生产者联系在一起，加强生产者之间的关系协调；通过实行会员制将生产者与直销所联系在一起，建立相对稳定的委托—代理关系；通过组织例行交流活动将生产者与消费者联系在一起，形成相互信赖的产消关系，消费者也成了忠实的消费者。

在"地产地消"供应链管理中，如图 7－14 所示，农协系统依托"农协中央会—县经济联—单位农协"的强大管理体系和单位农协营农经济事业基础，通过实施农协集中统一采购制度、营农协调员制度、设立并经营直销所、开展各种产消交流活动等供应链管理活动，在"生产资料供应—生产—零售—消费"各环节运营上的内部分工与协调，各环节环环相扣，有效降低外部性造成的风险，提高"地产地消"供应链的整体运行效果。

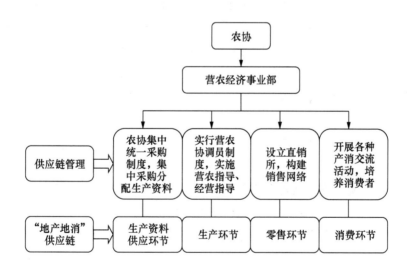

图 7－14 农协"地产地消"供应链治理结构

## 五 "地产地消"供应链管理的意义

### （一）农产品市场流通供应链的弊端

传统的以批发市场为核心的农产品供应链具有一定的特殊性：第一，结构复杂性。农产品供应链上的消费主体、生产主体众多，在生产者与消费者之间的中间环节众多。大量运销商的存在不仅造成较高的搜寻成本和无效物流，而且使供应链对市场响应缓慢、增加风险。第二，连接随机性。农产品供应链在节点连接上随机性强，建立稳定的供应链结构的难度较大。由于农产品供应链系统要素众多，且产品具有季节性、地域性等特点，供应链组成节点企业多变，进而改变供应链的层级和宽度。产业结构调整、农户行为方式变化、价格信号作用、自然灾害等因素经常会使农产品供应链结构重组。农产品供应链的结构复杂性和连接随机性，对供应链整体运行产生了一定的消极作用。一方面，影响信息传递的效率和质量。供应链的结构复杂性导致市场上的交易信息在传递中很难在恰当的时机送达恰当的环节，而且信息在冗长的传输路径中还会被扭曲和失真，市场对生产的引导作用难以发挥，不利于核心企业与其他成员科学决策、协同工作。另一方面，增加了价值创造过程的成本。农产品供应链是将所有涉农企业的价值链连贯起来，协调合作来创造农产品价值、满足消费者需求。供应链结构的复杂程度和连接关系在一定程度上能够反映农产品从需求预测、生产加工过程到完成销售时各环节的成本开支和利润增值过程。由于结构复杂和连接随机导致农产品沉淀价值主要表现为无效物流成本，并持续成为农产品供应链整体经济效益的缺损。

（二）"地产地消"供应链管理的意义

与传统的以批发市场为核心的农产品供应链相比，以直销所为核心的"地产地消"流通模式下，由于减少了生产者和消费者之间的中间环节，使供应链结构简单化了，通过农协作为供应链管理的中间协调层组织的协调管理，使直销所获得竞争优势，同时可以提高流通效率和效益，保证供应链的稳定、可持续发展。

第一，减少农产品流通时间。传统的蔬果超市等量贩店经由批发市场采购，农产品流通要经由生产者、单位农协、经济联，再到批发商、中间批发商、零售商，最后由零售商销售给消费者，整个流通过程中间环节多、流通时间长。直销所销售的农产品通常实行当日晨采的制度，尤其是对绿叶类蔬菜，消费者对产品新鲜度要求较高，所以都实行当日晨采的制度，并由生产者直接将包装好的产品摆上柜台，从生产者采摘到达消费者手中，不需要经过任何中间环节，实现了供应、生产、运送、加工和销售的无缝对接，可以明显减少流通时间，从而达到"以时间换空间"的效果。

第二，降低流通成本，提高经济效益。以直销所为核心的供应链管理与传统的以批发市场为核心的供应链的最大区别是实现了商流、物流、信息流、资金流等的内部化，把农户、零售终端、消费者整合起来形成完整的供应链，从而实现农产品流通各环节的有效控制和全程管理。使农产品流通渠道缩短为从农户直接到零售终端卖场，省去了传统市场流通的所有中间环节，最大限度地降低流通成本，从而实现潜在利润内部化，供应链上各环节相关主体都能获得更大收益，实现"帕累托改进"。另外，基于供应链上各环节相关主体收益的增加，会产生消费的增加，进而对相关产业产生生产诱发效果。

第三，确保农产品质量安全。农产品质量安全问题集中体现在终端销售企业，但其根源却在于农产品供应链管理。一个管理无序、效率低下的农产品供应链容易导致农产品质量安全问题，农产品质量安全的风险是在农产品供应链各环节中产生和传播的，对农产品供应链的安全管理成为监控农产品质量安全的最佳选择。农产品供应链管理对确保农产品质量安全的作用在于：能够根据农产品供应链定位质量安全问题的根源、具体环节和主要责任人；能够对农产品安全进行有效监控，降低农产品质量安全问题发生率，提高风险反应速度，将损失控制在最低限度。农协关于"地产地消"的基本理念中首先强调的就是农产品质量安全问题，为对消费者负责、与消费者共存，向消费者提供放心、安全的农产品。基于供应链管理的农产品"地产地消"流通模式下，实行供应链全程质量监管，形成了自农业生产资料采购的源头到终端直销所销售的全过程质量监管体系，彻底实现了农产品质量可追溯，降低了农户的道德风险和机会主义行为的发生概率，有效地保障了农产品的质量安全。

第四，使核心企业获得独特的竞争优势。竞争优势表现在企业为顾客提供的价值，或是提供同等效用时价格低廉，或是提供独特效用使顾客愿意支付高价。是企业与竞争对手相比在价格、质量、品牌、渠道等方面所具有的一个或一个以上的优越条件或地位①。"地产地消"流通供应链上的核心企业是位于零售终端的直销所，核心企业的竞争力直接影响供应链的稳定性。直销所的直接竞争对手就是传统的蔬果超市等量贩店，直销所与传统的蔬果超市等量贩店的竞争来自农产品供应链的竞争，直销所在竞争中能否立于不败之地，关键取决于"地产地消"流通供应链管理使直销所获得的竞争优势。笔者认为，基于"地产地消"流通供应链管理，可以使流通成本降到最低水平，从而使直销所获得价格竞争力；减少流通时间，可以确保农产品的新鲜度；由生产者直接负责将货物摆上柜台，可以减少直销所的人员雇佣，提高直销所人员效率；有效的物流管理、信息管理，可以增强直销所响应消费者需求的能力，满足消费者个性化需求；有效的资金流管理，可以加快货款回流等，从而使直销所在顾客价值、销售效率、盈利能力、成长能力等方面获得竞争优势，提高直销所市场竞争力。

## 第四节　本章小结

本章首先分析了"地产地消"流通模式构成，具体阐述了"地产地消"流通的交易对象、相关主体和交易方式，并从交易方式变化的角度，分析基于有条件的"委托—代理"关系而建立起来的"激励—约束"机制，有效地避免了由于农户与农协之间的信息不对称而引发的道德风险和逆向选择，实现"帕累托改进"。其次，分析了"地产地消"供应链的运营模式，包括直销所型、农超对接型、饮食供应型和产品加工型，每一种模式的运营管理方式各异，且各有利弊。最后，从供应链管理角度对"地产地消"供应链的运营管理模式进行分析，指出"地产地消"是基于供应链管理的农产品流通模式。供应链管理的运营机制包括合作机制、自律机制、交流机制、决策机制和激励机制，以成本最小化为原则的物流管理、信息流管理、资金流管理形成了完整的闭路循环；"地产地消"供应链管理采用三方治理结构，

---

① 王核成、孟艳芬：《基于能力的企业竞争力研究》，《科研管理》2004 年第 6 期。

农协在"地产地消"供应链体系中作为协调层组织，具有对内组织、协调、管理、服务的职能和对外进行信息宣传、沟通、交流与合作的重要作用；基于供应链管理的"地产地消"流通模式减少了农产品流通时间，降低了流通成本，也使供应链上的核心企业获得了较好的经济效益，增加供应链各环节相关主体的经济所得，同时产生较大的社会溢出效果，促进地域经济发展。

# 第八章 "地产地消"的运营效果

日本学者从不同角度对"地产地消"流通效果进行了研究，桥本卓尔、大西敏夫等（2006）总结了学者们关于"地产地消"流通效果的研究观点，主要包括以下几个方面：①促进地域农业和食品产业发展；②确保消费者食用新鲜、放心的农产品；③在生产者和消费者之间建立了信赖关系；④传承和发展地域传统饮食文化；⑤保护环境、创造循环型地域社会；⑥提高农产品自给率。日本学者通过对生产者和消费者进行问卷调查，从生产者和消费者对"地产地消"的主观认识进行归纳分析，已经达成共识。李凤荣（2012）总结了"地产地消"流通对消费者和生产者的有利之处。①

本章以"地产地消"供应链上的核心企业（直销所）为对象，基于一定的假设前提，采用比较分析方法，对直销所运营的直接经济效果以及对地域经济的波及效果进行理论分析。

## 第一节 "地产地消"的温情效应

日本传统的蔬果超市经营的农产品，其流通路径主要是经由批发市场采购，而农产品直销所的流通路径是直接由生产者田间地头到直销所卖场，因此，直销所与传统蔬果超市的流通环节不同、交易方式也不同，农产品通过农产品直销所销售会产生不同于传统蔬果超市销售的温情效应。

国际农产品贸易自由化导致了农产品的生产地和消费地在空间上

---

① 李凤荣：《日本农产品地产地消流通模式分析》，《商场现代化》2012 年第 1 期。

的分离，加之食品产业化的发展，生产者与消费者之间的距离越来越远，消费者不知道自己食用的农产品、食品是谁生产的，也不清楚该食品的生产过程，如采用什么技术、什么加工方法，更无法了解用这种生产方法生产的农产品、食品质量如何等。在这种情况下，一旦发生食品质量安全事件，消费者就会感到非常困惑，对生产者不信任，而更多的产品质量优良的生产者也会遭到消费者的质疑，使其生产经营陷入困境。

## 一 产消交流常态化

在"地产地消"活动推广过程中，建立了生产者与消费者的交流机制，实现了产消交流常态化。"地产地消"重新将生产者和消费者联系在一起，实现生产者和消费者面对面的交易，在交易过程中，生产者和消费者可以针对相应的农产品的品质、上市时间、食用方法、保存方法等进行直接沟通，也可以对农产品及其加工产品的生产过程、生产方法进行详细咨询和了解，尤其是关于消费者非常敏感的农药、化肥等的使用问题，也可以在购买前得到明确的信息，使消费者可以更加安心、放心地购买。同时，通过生产者和消费者面对面的直接交流，可以在生产者和消费者之间产生温情效应，建立更加稳定的产消关系，使农业生产和消费更具可持续性。另外，为了推进"地产地消"，以农协、直销所、地方自治体、生产者团体等为主体，经常组织多种形式的交流活动，如试食大会、料理教室、农业感恩会、营农体验等活动。通过开展交流活动，不仅增加了消费者对生产者的认识和理解，也向消费者介绍了农产品生产、加工的相关知识，同时也能使地域内传统的农耕文化、饮食文化等得到传承，增加消费者对地域内农产品的偏好，加强消费者对"食"与"农"关系的理解。

日本中央农业综合研究中心曾经在全国范围内对直销所的交流活动及其效果进行了调研[1]，调研数据显示：

第一，如何吃出健康是消费者交流的主题。半数以上的消费者在直销所购买农产品时都会与生产者或店员进行一些交流，交流最多的

---

[1] 土田志郎等：《農産物直売所におけるコミュニケーション活動とマーケティング効果》，《農林業問題研究》2006年第162号。

是关于农产品的保存方法和烹饪方法，其次是关于农产品的品质和栽培方法，最后是关于农产品的价格等问题，可见，消费者在交流中更加关心的问题是食品安全。

第二，直销所的各种交流活动组织化、常态化。44%的消费者在不知道有无交流活动的情况下不会来参加交流活动，可以推测如果直销所在组织交流活动前能够事先通知，则参加交流活动的人数会大大增加。43%的消费者有参加直销所组织的交流活动的经验，所以会经常参加直销所组织的交流活动。另外，还有13%的消费者对直销所组织的交流活动漠不关心，所以不参加直销所组织的交流活动。

第三，参加直销所组织的交流活动的形式。22%的消费者参加了解购买蔬菜的附加信息，21%的消费者参加季节性的例行活动，其他依次为登录直销所官方网站、阅读直销所简报、利用直销所的告示牌和交谈室等，参加者的数量较少，分别占参加交流活动的消费者总数的9%、5%、4%。

第四，直销所组织的交流活动对消费者的影响较大。半数以上的消费者认为，通过参加交流活动，认为直销所销售的农产品安全可靠，因而增加了在直销所购买农产品的数量，对参加直销所以后举办的各种交流活动充满期待，而且也加深了消费者对农业、农户和农村的理解和认识，增强了消费者对农户的信任，缩短了城市和农村的距离。

第五，多数消费者愿意协助、支持直销所经营活动。约48%的消费者愿意对直销所的经营活动提供协助，82%的生产者和直销所从业人员愿意对直销所的经营活动提供协助，91%的被调查者（包括生产者、消费者、直销所从业人员）认为直销所运营以后，在直销所购买蔬菜的数量增加了，对农业、农村问题更加关注。

## 二 "地产地消"的温情效应

"地产地消"能够在短时间内在日本全面推广，其根本原因是受到了生产者的支持和消费者的青睐，"地产地消"的温情效应是基于"地产地消"活动中建立的产消关系而产生的。通过生产者和消费者面对面的交流建立起彼此的信任和理解，形成相对稳定、持久的产消关系，进而产生温情效应，主要体现在两个方面，一是有利于农业生产的良性发展；二是增加消费者的顾客总价值。

（一）对农业生产的效应

第一，促进农业生产稳定、持续发展。通过生产者和消费者的交流，能够使生产者准确获得消费者的需求信息进行有效率的生产，可以实现订单生产，真正实现按需生产，缓解因盲目生产造成的农产品流通压力、减少农产品价格波动等，促进农业生产稳定、持续发展。

第二，提高农产品商品率，增加生产者收入。因为由生产者直接销售，对销售产品在数量、品种、规格等方面都没有约束，即使是少量的产品、品种不齐全以及规格以外的产品都能销售，提高了农产品的商品率，一方面可以减少不必要的浪费，另一方面也可以增加农户收入，尤其对小规模农户增加收入意义较大。

第三，有利于优化农业生产结构。通过生产者和消费者直接面对面的交流，生产者能直接了解消费者对农产品的需求偏好和对现有产品的直接评价，可以根据消费者的需求变化及时调整不同品种农产品的生产规模，改进生产作业方式，进一步改善农产品品质和提高服务水平。

第四，有利于开发地域农特产品，传承地域文化。生产者可根据消费者的需求，不断开发地域农特产品等，挖掘传统的地域农产品生产加工技术，开发地域特色饮食产品、地理标识产品和名优产品，打造地域农产品、饮食产品品牌，传承地域传统的饮食文化，传承地域传统农耕技术和文明。

第五，确保农产品质量安全。基于生产者和消费者的交流，彼此信赖，用人际情感来约束生产者的诚信，避免出现假冒伪劣产品。"地产地消"大大缩短了农产品供应链，最大限度地降低了流通环节出现质量安全问题的可能性。并且，直销所有严格的质量控制体系，建立了明确的质量不诚信惩罚机制，因而可以确保农产品质量安全。

（二）对消费者的效应

第一，确保消费者买到新鲜农产品。吃得新鲜是消费者对农产品的基本要求，由于"地产地消"的农产品实行"当日晨采"的制度，在柜台上农产品都是当日清晨采摘、每天上午10点开始销售的，隔日销售的农产品必须明确标明生产日期并实行半价销售，因而可以保证消费者买到新鲜的农产品。

第二，有效保护了消费者的知情权。在"地产地消"流通过程中实行生产者产品标签制度，在产品标签上必须注明生产者姓名、地址、生产日期、生产方法等信息，加之生产者与消费者面对面交易，可以使消费者自己能够清楚地知道所购买的农产品的生产者、生产方法、生产过程，有效地保护了消费者的知情权，有放心感。

第三，有利于增进消费者对传统饮食文化的理解。通过参加各种形式的产消交流活动，使消费者在增强对"食"与"农"的亲近感的同时，也加深了消费者对于农产品生产和消费关系的理解，加强消费者对传统饮食文化的认识、理解和传承，促进"食农教育"持续开展，加强消费者对"地产地消"基本理念的再认识。

第四，有利于减少消费者支出。因为"地产地消"采用产地直销模式，缩短了流通供应链条，降低了运输成本和仓储成本，节约了流通费用，使消费者可以以比较便宜的价格购买到新鲜、安全的农产品，减少消费者支出，实现顾客总价值最大化。

# 第二节 "地产地消"的经济效果

笔者认为，基于农产品直销所运营产生的直接经济效果，主要表现为农产品生产者收益、消费者收益、雇佣者收益以及农协收益的增加，收益的增加必然会增加相关主体的消费额，而社会消费的增加会拉动社会生产的增加和雇佣劳动的增加，由此产生了对社会生产各领域、各部门的生产诱发效果和劳动诱发效果，即间接经济效果。而随着整个社会生产的扩大，生产者、劳动者的收入会进一步增长，进而再增加消费，如此循环往复，使社会经济发展步入良性循环的轨道。由此可见，在"地产地消"的经济效果产生机制中，直接经济效果是基础也是前提，只有直接经济效果的存在才会产生间接经济效果，而直接经济效果产生的根本原因来自农产品流通成本的节约。因此，直销所运营所产生的经济效果包括直接经济效果和间接经济效果两部分。

## 一 直接经济效果

直销所的运营所产生的直接经济效果源自其最大限度地降低了流通成本，假设农产品流通供应链上的利润内化为供应链相关主体的实际所得，从而使供应链上相关主体的经济收益增加，据此，构建直销所直接经济效果的理论框架如图8-1所示。在传统市场流通条件下，流通成本为F，生产者收益为D。利用直销所销售时，流通成本为E，生产者收益为C。直销所销售额为A，直销所销售额的市价换算额为B。生产者收益增加额等于（C-D），消费者收益的增加额等于（B-A），雇佣者收益是E的一部分，直销所经营利润也是E的一部分。直销所的直接经济效果的形成源于F大于E，（F-E）的差额产生了增加生产者收益和消费者收益的直接效果，其中一部分是（C-D）增加了生产者收益，另一部分是（B-A）使消费者收益增加。而E的一部分支付给了雇佣劳动者，增加了雇佣者收益，E中还有一部分形成了直销所的经营利润。

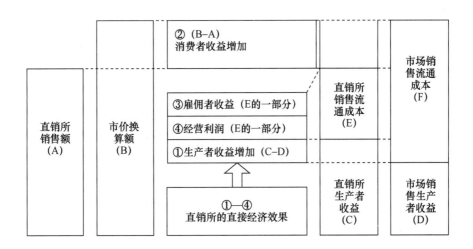

图8-1 直接经济效果产生机制

因此，直销所运营的直接经济效果包括生产者收益、消费者收益、雇佣者收益和经营收益四部分：①生产者收益。生产者收益是指生产者扣除所有费用支出后实际获得的收入。利用直销所销售农产品,与传统市场销售方式相比,由于对产品规格没有特殊要求,只要产品质量达到规定的标准,无论数量多少都可以在直销所销售,提高了商品化率,而且由于缩短了流通路径,减少了流通环节、降低了流通成本,因此,可以增加生产者收益。②消费者收益。消费者收益是指由于消费者实际支出的减少而使消费者收益增加。在数值上等于传统超市的零售价格与直销所销售价格的差额。根据直销所的定价规则,直销所的销售价格一般都低于蔬果超市的销售价格,对消费者来说,能以低于超市的价格购买到新鲜的农产品,减少其消费支出。③雇佣者收益。雇佣者收益是指因雇佣劳动者提供劳动而获得的劳动收入。促进地域经济发展是直销所运营的目的之一,因此,直销所卖场日常工作人员都来自直销所所属农协管区范围之内,其中,直销所运营管理人员一般都由农协的职员或其所属营农中心的营农协调员担当,直销所卖场的具体工作人员都是在管区内以招聘方式雇用的钟点工,由于直销所的运营,在管区内创造了雇佣机会,也可以增加雇佣者收益。④经营收益。经营收益是指直销所的经营利润。农协设立、运营的直销所作为一个独立的经济实体,实行单独核算,其经营利润必须大于零。因为,如果直销所经营出现赤字,则直销所无法持续运营,以直销所为核心的"地产地消"战略也将无法实施。

## 二 间接经济效果

间接经济效果是指直销所运营对地域经济的波及效果。直销所的设立和运行引发的生产者收益、消费者收益、雇佣者收益的增加额,同时,直销所经营利润的一部分也会增加在地域内的消费,根据产业关联理论,消费的增加会产生对各种相关产业生产的诱发效果,构成对地域经济的波及效果,这种波及效果可以通过地域产业关联表计算得出。如图8-2所示,假设生产者、消费者、雇佣者的收益增加额仍然用于在本地区进行消费和储蓄,其中用于消费的部分即为消费增加额,消费增加额又产生生产诱发额,生产增加必然会引起雇佣增加,形成了雇佣者收益诱发额。

因此,直销所的间接经济效果包括生产诱发额和雇佣收益诱发额两部分:①生产诱发额。生产诱发额是指社会最终需求增加所诱发的各部门生产额,可以通过生产诱发系数和最终需求增加额计算得出。

最终需求各项的生产诱发系数，表示某一单位最终需求所诱发的各部门的生产额，说明各产业部门的生产受各需求项目影响程度的相对数，反映某一个需求项目（如消费）每增加一单位的社会需求，各产业部门将诱发多少单位的生产额，生产诱发系数越大，它的生产波及效果也越大。②雇佣者收益诱发额。雇佣者收益诱发额是生产诱发额的一部分，由于生产诱发引起雇佣人数增加，引发了雇佣者收益增加，可以通过雇佣系数计算得出。雇佣系数是指各产业部门的从业者所得在该部门生产额中所占的比例，反映从事一单位的生产所需要投入的劳动的量，某一产业的雇佣系数越大，说明需要投入的劳动量越大。

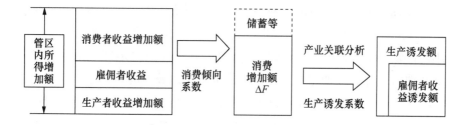

**图 8－2　直销所波及效果产生机制**

间接效果的计算公式为：

$$\Delta X_1 = (I - (I - M) \cdot A)^{-1} \cdot (I - M) \cdot \Delta F$$

$$\Delta L_1 = \lambda \cdot \Delta X_1$$

$$\Delta F = \alpha \cdot F$$

$$\Delta X_2 = (I - (I - M) \cdot A)^{-1} \cdot (I - M) \cdot C \cdot \Delta X_1$$

$$\Delta L_2 = \lambda \cdot \Delta X_2$$

$$\Delta X_3 = (I - (I - M) \cdot A)^{-1} \cdot (I - M) \cdot C \cdot \Delta X_2$$

$$\Delta L_3 = \lambda \cdot \Delta X_3$$

$$\vdots \quad \vdots$$

$$\Delta X_i = (I - (I - M) \cdot A)^{-1} \cdot (I - M) \cdot C \cdot \Delta X_{i-1}$$

$$\Delta L_i = \lambda \cdot \Delta X_i$$

$$\sum_{i=1}^{n} \Delta X_i = \Delta X_1 + \Delta X_2 + \Delta X_3 + \cdots + \Delta X_i$$

$$\sum_{i=1}^{n} \Delta L_i = \lambda \cdot (\Delta X_1 + \Delta X_2 + \Delta X_3 + \cdots + \Delta X_i)$$

式中：$\Delta X$ 代表生产诱发额；$I$ 代表单位矩阵；$M$ 代表进口系数矩阵；$A$ 代表投入系数矩阵；$\Delta F$ 代表消费增加额；$\lambda$ 代表劳动雇佣所得系数；$\alpha$ 代表消费倾向系数［在数值上等于民间消费支出/（雇佣者所得额＋营业利润）］；$F$ 代表民间消费支出；$C$ 代表平均消费系数（在数值上等于民间消费支出/市内生产额）。

# 第三节　"地产地消"的社会合作效果

为了发挥"地产地消"对地域经济的促进作用，在日本全国各地普遍形成了多种形式的"合作"关系，进而使"合作"系统化、具体化，最终建立了较为完善的"合作机制"。即把"地产"的农产品以"地消"作为流通组织形式，力图通过与地域内的各行业、企业间的经营合作，促进地域经济的持续发展，同时也使"地产地消"得以持续发展。具体来说，"地产地消"的"合作机制"着眼点于以下五个视角：生产者（农产品直销所）之间的合作、生产者与消费者的合作、与其他行业的合作、与行政机构的合作和与其地域的合作等。

## 一　生产者（农产品直销所）之间的合作

### （一）生产者（农产品直销所）组织化

建立"地产地消"的合作机制，首先关注的就是生产者之间的合作。由于参与"地产地消"的生产者是以分散的、小规模农户为主，通过生产者之间的合作，把市场销售等活动水平从个体水平提升到组织水平是非常重要的，因此，有必要在地域资源和地理条件方面具有共性的各直销所间建立信息交换关系和信息交换的场所。

首先，从产直活动开始，从生产者（农产品直销所）内部提升活动的质量，包括提高生产销售农产品的质量、附带服务的质量、满足消费者需求的程度等。其中最主要的就是适应消费者需求的变化，提供品种齐全、质量可靠的农产品。其次，在生产者（农产品直销所）内部活动质量提升以后，进一步提升生产者的组织化水平。建立各项组织活动的数据库,实现组织全体成员信息共享,强化组织内部的供给体制。最后,建立农产品直销所与农产品加工厂之间的合作网络,设立联络协议会。根据联络协议会的制度规定,活动目的主要有:①会员间的信息交换、合作活动的发展;②与消费者进行交流掌握需求信息;③研修等提高会员的水平;④发布地域信息,扩大交流;⑤促进地域农业振兴;⑥促进地域社会发展。

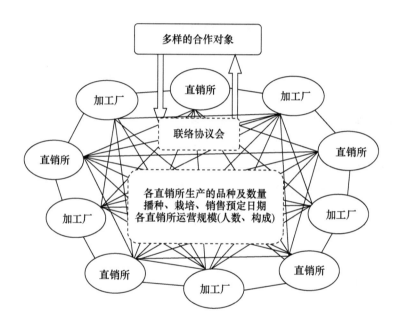

图8-3 农产品直销所合作网络的理想模式

(二)加工企业间合作

农产品直销所在冬季果蔬产品供给不足时,大力推进农产品加工、销售活动,特别是在日本北部一些地区,冬季农业生产活动几乎停止,而直销所的每一个会员都可以在加工厂进行农产品加工生产,然后在直销所销售,如会员采用地方传统工艺生产大酱、腌菜等加工品。同时,逐渐完善地方名、特产品的生产和供应体制,围绕地方传统饮食文化特色开展农产品加工试作、开发,并逐步与具有一定技术的地域企业形成一体化发展,利用直销所和观光设施招徕顾客,有计划地强化加工企业间的合作。

（三）共同活动、共同宣传、共同研修、共同考察

通过强化联络协议会的网络组织合作，以网络组织为核心，充分利用当地农产品，组织策划可以经常开展以"食"为核心的活动。在地域内开展统一理念的宣传活动，通过地域内合作达到扩大客流量的目标，坚持每个季节都进行宣传推广活动。例如，有的地区举办由合作主体运营的纪念印章收集赛，让消费者和观光客留下深刻的印象，坚持每个季节都举办这样的活动很重要，因为举办这样的地域一体化的活动，可以扩大对外宣传、增加客流量，同时在空间上确立了地域品牌。这样，以多种物产为中心形成的品牌印象给人一种感觉——这是我生活着的地方的物产，让人们产生一种想要置身其中，体验一下这种生活的愿望，旨在赢得更多顾客的来访。通过以上季节性的宣传加上地域品牌形象的树立，形成了网络化的地域合作。因为构筑了网络合作体系，把各自独立的主体联结在一起，在会员间可以进行信息交流，也可以统一对外发布信息，满足会员自己的需求，增加学习的机会，促进思想意识的提高。另外，组织网络合作组织成员共同到成功的直销所去参观考察，可以学习新技术、新做法，并将其有效地用于各自的直销活动之中。

二 生产者与消费者的合作

目前，在全国、县、地方等各层面上都开展了以普及"地产地消"为目的的宣传和推广活动，宣传活动的对象不仅限于地域内的消费者和需求者，也面向地域的全体居民，使"地产地消"的理念渗透到地域居民心中并形成一种消费理念。同时，随着"地产地消"的日益普及，使消费者加深对农业以及饮食教育的理解。因此，不仅各直销所积极采取措施扩大规模，增加配套设施和场所，各级政府也不断改进公共设施，提高地域接待游客的承载能力。

"地产地消"的初衷就是要将生产者和消费者直接联系在一起，生产者与消费者之间的合作是"地产地消"活动的核心特征。为了进一步推进"地产地消"，必须不断完善生产者组织和消费者组织，加强生产者之间的合作和消费者之间的合作，使生产者和消费者都朝组织化方向发展，并最终实现生产组织化和消费者组织化，以加强"地

产地消"的信息交流和意见反馈。因此，日本各地普遍成立了旨在加强生产者与消费者合作的"地产地消"推进组织。这个组织承担"地产地消"推进活动的组织和安排工作，召开"地产地消"推进会议，发挥的作用主要是使生产者能够把握消费者的需求信息，促进生产者和消费者相互协作。

"地产地消"的基本思想就是让消费者经常食用"地产"农产品，因为自己钟爱也会推荐给第三人享用。因此，以生产者和消费者的"地产地消"推进组织为中心，取得各种机关、团体的支持配合、开展消费者钟爱"地产"农产品运动，生产者通过参与钟爱运动，可以听到来自消费者的真实声音，促进生产更加优质的农产品。因为人口老龄化以及人口减少等原因，有一些地域不可能在地域内推进"地产地消"，必然要加强与城市居民的交流。因此，必须把城市居民也纳入"地产地消"推进的范围中来。通过宣传地方传统饮食文化和特色烹饪菜肴，开展烹饪讲习会，让消费者认识到食用当地产农产品对健康有益，而且可以食用到安全、放心的菜肴。这样使已经习惯食用快餐的城市居民也回归到地方传统饮食的消费，而且世代相传。另外，通过开展农村绿色生态观光和农业体验、乡村观光等活动，让城市居民加深对农业及农村生活的理解，形成新的生活方式和消费方式。

在推进"地产地消"的基础上，学校、医院、企事业单位等供应餐饮业务的大型团体也积极利用"地产"农产品。一些地区因为直销所销售的农产品少量多品目、品质也不统一，难以保证同一规格的数量，不能适应大型团体餐饮供应对农产品的需求，因此，充分利用生产者间的合作网络形成的流通体系，使大型团体有意识地、积极地利用"地产"的农产品。

### 三 与其他行业的合作

农产品直销活动与其他行业的合作主要包括与商业的合作、与食品加工业的合作、与旅游观光产业的合作、与餐饮行业的合作及与研究机关的合作。

与商业的合作主要是以发展城市中心商业街为契机，联合开展农产品产直活动等。由于大型购物中心的兴起，日本各地的商业街的向心力有所减弱，为了重新振兴商业街，在休息日举办容易招徕顾客光临的农产品产直活动。利用商业街开展产直活动具有临时性，每次活动参加的人员、活动形式等都不固定，为了保证活动能够达到预期的效果，强化以协议会的合作网络为基础的直销所间的合作、回馈以"地产地消"为目的的消费者和观光客的需求，协议会有责任向利用者发布各种活动的信息。通常由协议会负责推荐会员，由被推荐的会员负责举办活动，与消费者和观光客建立新的交流与合作。

与食品加工业的合作最初是为了补充冬季果蔬供应量不足，直销所不断推进农产品的加工开发，但是以个人为单位进行农产品加工，虽然可以体现出各自的特色，但是产品的品质难以标准化，供应量也很有限。于是，在日本全国各地的直销所开始推广具有地域特色的品牌加工品，来激发消费者和观光客的购买欲望，而且确保全年都能营业。因此，直销所与地域农产品加工企业合作，创造地域品牌，向地域外的消费者和观光客进行品牌宣传，希望他们能"把产品带回家"。

与旅游观光产业的合作主要是以住宿设施为中心，提供"看得见"的对"地产地消"的组织安排。比如，把乡土特色菜肴写入住宿客人用的菜单，灵活利用应季农产品推出"全套菜式西餐"等。还有一些地区的直销所与宾馆、旅馆等共同成立合作组织，提供在本地区的"旅馆共通料理"，联合起来对外宣传地域的特色。

与餐饮行业的合作是直销所力图推进"地产地消"，提高新鲜、安全、放心的农产品在地域内的流通率，扩大当地产农产品在当地的消费量而采取的一种措施。一些地域构建了地域内"地产地消"供应体系，使食堂、餐馆、旅馆等都积极加入，经常发送各种农产品信息。

与研究机关的合作主要是基于一些地域资源开发成本较高，目前加工程度低，附加价值较小，为了进一步利用其优势，开发具有高附加值的产品，推进以研究机关为中心的官、产、学、研之间的合作。行政机关从软件和硬件两方面对地域资源开发提供支持，研究机关从消费者的立场指导企业进行产品开发，企业制定相应的市场销售策略。

### 四 与行政机构的合作

网络化、组织化是推进"地产地消"活动的必然选择。设置"地产地消"的推进组织,需要行政上的支持。例如,前文中提到的设置农产品直销所的联络协议会,现在有些地域由政府承担事务局工作,事实上联络协议会成立后由直销所承担事务局的工作很困难,所以必须有政府的支援。在组织成立以后,通过组织各项活动,逐渐发掘有影响力的人作为组织的领导者来承担组织工作。行政机关对"地产地消"的支持包括"硬件"和"软件"两个方面。

"地产地消"的普及、推广活动是从农产品直销所的活动开始的,各种活动和宣传,都离不开行政部门的积极组织和生产者等的积极参与。因此,通过行政部门对直销所建立活动联盟、信息交换、意见反馈等方面给予大力支持,使各项活动、宣传、研修会等更加充实,为"地产地消"的普及提供软件方面的支援。

小规模的直销所往往呈点状分布,各自独立活动,随着组织化的发展,充分利用作为集客中心的基础设施,举办共同活动和进行共同宣传。因此,需要对现有设施进行改建,或者新建设施,这必然会面临资金的问题,行政方面利用已有的资金补助政策和开展新事业对"地产地消"的"硬件"建设提供支援。例如,直销所在冬季时产品品种不全,为了解决这个问题,一些地域的行政当局作为一种单独的事业建设温室,使直销所销售商品品种更加丰富,通过这样的"硬件"方面的支援来推进"地产地消"。

对于以农产品直销所为代表的"地产地消"活动的组织,除行政方面以外,也得到了农协、商工会等公共支援机关的支援。特别是在直销所开设阶段,给予了"硬件"和"软件"方面的支援。为了使公共机关不重复支援、各支援政策在合作的基础上进行配合,达到更好的效果。

随着《食育基本法》的实施,通过与饮食教育合作来推进"地产地消"。为了传承地域传统饮食文化、传统料理等,各地普遍对儿童、学生开展饮食教育,通过与饮食教育的合作,向学校餐饮供应当地产农产品,推进"地产地消"。因此,学校等相关方面作为教育的一个环节,把饮食教育和"地产地消"教育组织在一起进行,开展食材流通过程参观、直销所体验等活动，通过这样的饮食教育和"地产地消"教育的实践，培育将来地域农业发展的人才。

**五 与其他地域的合作**

"地产地消"首先在农村及城市近郊区迅速发展起来，逐渐向城市扩展，其合作地域涉及农村与城市之间、与山区和临海地域之间、农村相邻地域间、农产品主产地之间等的交流与合作。

农村与城市的交流。位于农村的直销所一般购买者中观光客较多，特别是周末和节日期间很繁荣，城市内的直销所平时生意比较兴隆，利用这样的不同开展地域间的合作。即在周末和节日期间将农产品从城市内的直销所向农村的直销所调配；相反，在平时将农村直销所的农产品向城市直销所发送，由于城市客流较大而且集中，所以城市直销所发挥了信息收集的作用。在一些地区也再现了姐妹城市和友好城市间的城市直销所之间的合作。近年来，重新回归田园生活、退休后在城市和农村两地居住、生活的人口逐渐增加，也出现了通过在两个地域居住、生活开展地域间的交流与合作。

与山区和临海地区的交流。随着道路交通设施的完善，位于山区的直销所和位于临海地区的直销所之间也开展了合作，两个地域的直销所经营的产品有明显的特色，山区以农产品为主，临海地区以水产品为主，通过两地直销的交流，不仅使每个直销所销售的商品品目更加齐全，人口流动量也不断增大，"地产地消"的流通量也得到了扩大。

与邻接地域的交流。近年来，各地区开展的直销所活动日益增多，为了使各直销所加强合作，制定了各地直销所发展规划和直销所分布地图，同时逐渐建立起了邻接地域的直销所网络，使来自邻接地域的交流人口规模不断扩大。

与温泉地、温泉乡的交流。日本是世界上有名的温泉之乡，温泉分布区域广泛，尤其是小规模温泉分布零散，但各地温泉都有很多的观光客住宿，直销所与温泉地的合作可以充分利用地域资源，促进地域间的交流，同时可以产生温泉与直销相乘的效果。因此，直销所与温泉联合起来开展宣传活动、促销活动等，形成了组织化的发展模式，集客能力明显增强。在一些小规模分散型的温泉地，灵活利用早市和露天市场也持续地进行各种宣传和推广活动。

产地间的交流。因为日本北部一些地区冬季降雪,所以冬季产品品种不全,直销所不能进行全年经营。因此,除组织加工品加以补充和利用温室生产以外,不得不与其他产地进行交流。与其他产地的交流不仅能够使"地产"的不足得到最有效的补充,而且也能够提供明确的产地信息,产地交流的对象往往都与已经缔结了姐妹城市和友好城市相对应的产地之间进行。

# 第四节 培养新型职业农民

日本农业从业人口老龄化、农村人口过疏化趋势日益明显,农业生产后继乏人,这引起了人们对日本农业未来的担忧。培养新农民,实现农业劳动者年轻化是政府当局颇为关注的现实问题。最初参与"地产地消"活动的生产者以分散的小规模农户为主,而且从事农业生产的劳动者以老人和妇女为主,但是,随着"地产地消"活动的推广及其经济效果的显现,不断有年轻人开始投入到农业生产之中,而这些年轻人一部分为传统农户的后代,他们原本进城务工,但由于农业收入的不断增加,重新回归到农业生产中来;另一部分则是"新型职业农民",是来自城市的失业人员,由于他们处于失业状态,在城市中生活难以维系,自愿到农村从事农业生产。

## 一 日本新型职业农民发展现状

根据日本农林水产省统计,2012 年日本新型职业农民人数达到了5.6 万人,中青年人数合计为2.7 万人,占新型职业农民总数的48.2%,其中,39 岁以下的青年人有1.5 万人,占新型职业农民总数的26.8%,40—59 岁的中年人有1.2 万人,占新型职业农民总数的21.4%。60 岁以上的老年人有2.9 万人,占新型职业农民总数的51.8%。从营农方式上看,新型职业农民中有4.5 万人属于自营农户,约占新型职业农民总数的80%,另外还有很少一部分新型职业农民属于雇佣务农者,即受雇于专业农户从事农业生产活动。

需要说明的是,新型职业农民基本没有农业生产经验,其农业生产经营技术需要在生产实践中不断学习、积累，加之日本实行土地私有制，新型职业农民取得土地的方式大多是租赁农协托管的土地，或者是政府调剂的零星土地，其生产规模较小，按照日本农林水产省的政策引向，新型职业农民主要从事绿色、有机农产品生产，其最终产品的销售途径主要参加农协主导的"地产地消"，所以，新型职业农民在刚开始从事农业生产时就接受了"地产地消"的基本理念。

**二　新农民补助金制度**

为了鼓励青年人参加农业生产经营，日本农林水产省设立青年务农者补助金，每年对一定数量的青年务农者给予一定额度的补助金，补助对象包括准备型和初始经营型两类。

**（一）准备型**

准备型青年务农补助金最长支付 2 年，由都道府县等的青年务农者培育中心支付，每年每人 150 万日元，其申请人应满足的条件为：①预定务农时的年龄在 45 岁以下，有强烈意愿从事农业生产经营活动。②旨在成为独立、自营务农者或者雇佣务农者，父母是务农者的情况下，申请者在研修结束后 5 年内继承父母经营或者成为农业法人的共同经营者。③研修计划达到以下标准：准备在都道府县等认可的研修机构、先进农户、先进农业法人等处进修一年以上（累计约 200 小时）；如果是在先进农户、先进农业法人等处进修的情况下，还要满足以下条件：a）先进农户、先进农业法人等具备一定的技术水平和经营能力，适合作为研修场所；b）先进农户、先进农业法人等的经营者不是补助金申请者的亲属（三代以内）；c）申请者与拟定进修场所的先进农户、先进农业法人等过去没有雇佣关系。④申请人没有与任何单位缔结长期的雇佣契约。⑤申请人没有重复获得生活保障金、求职者补助金等其他国家补助。⑥必须加入成为青年新型职业农民网络成员。

**（二）初始经营型**

初始经营型青年务农补助金最长支付 5 年，由其务农所在地的市町村支付，每年每人支付 150 万日元。其申请人应满足的条件为：①独立、自营务农时的年龄在 45 岁以下，有强烈的愿望从事农业生产经营活动。②作为独立、自营务农者（有自己的经营计划，并作为农业经营主体的状态），必须满足以下条件：a）拥有农地的所有权或经营权；b）拥有主要的农业机械、设施或者处于申请人承借中；c）以申请人名义销售、买卖农产品及生产资料；d）以申请人的名义开立银行账户，用于农产品销售收入的结算和经费开支等经营收支的财务管理；e）在申请人的父母也是务农者的情况下，如果满足上述条件，从父母的经营中独立出一个部门进行经营或者参与父母的农业经营活动并在 5 年内可以继承经营的情况下，其有资格作为申请人的时间从其独立经营、继承经营时开始计算。③经营开始计划满足以下基本条件：即独立、自营务农 5 年后，能够实现以农业为基本谋生职业（包括使用自己生产的农产品从事相关产业的经营活动，如农家宿泊、农产品加工品制造、直接销售、农家餐馆等）。④有关于务农人员、农地的发展计划。⑤申请人没有重复获得生活保障金、求职者补助金等其他国家补助。⑥必须加入成为青年新型职业农民网络成员。

（三）新农民补助金制度效果

以上青年务农者补助金制度的实施，对于改善农业生产者结构发挥了积极作用，每年都有一定数量的经过专门培训的年轻人加入到农业生产者行列。根据日本农林水产省官方统计，2012 年，共向 6815 人发放了青年务农补助金，其中，准备务农型 1707 人，初始经营型 5108 人。获得补助金的准备务农型务农者结构如下：从年龄结构来看，20—29 岁的务农者所占比例最高为 36%，其次是 30—39 岁的务农者所占比例为 32%，再次是 18—19 岁的务农者所占比例为 22%，最后是 40—49 岁的务农者所占比例为 10%；从性别结构来看，男性占 86%，女性占 14%；从家庭出身来看，出身于非农家庭的务农者占 66%；从研修机关来看，受过农业专科学校教育的务农者占 46%，在先进经营农户的生产现场进行过学习的务农者占 42%，其他未经过专门培训的务农者占 12%。获得补助金的初始经营型务农者结构如下：从年龄结构来看，30—39 岁的务农者所占比例最高超过 50%，其次是 20—29 岁的务农者所占比例为 29%，再次是 40—49 岁的务农者所占比例为 20%；从性别结构来看，男性占 88%，女性占 12%；从家庭出身来看，出身于农户家庭和非农家庭的务农者各占 50%。

从以上分析可以看出，日本通过实施青年务农者补助金制度取得了较好的效果，补助金的实际获得者以年龄在 39 岁以下的青年为主、以男性为主；青年务农者补助金制度鼓励了年轻人参与农业生产并以农业为维系其生活的职业，尤其是鼓励了出身于非农家庭年轻人参与农业生产经营，为农业生产发展培育了新农民，而这些新农民大多加入了农协直销所，主要从事农产品"地产地消"的生产经营活动，并日益发展成为"地产地消"的主力军。

# 第五节　培养地域消费者

在日本，农产品"地产地消"能够在较短时间内迅速推广到全国范围，一个很重要的原因是"地产地消"给消费者带来了诸多的有利之处，得到了消费者的普遍接受。然而，尽管"地产地消"能够给消费者带来诸多利益，但是由于快餐业的大发展，年轻人、上班族在家用餐的次数不断减少，食品与工业品一样具有了制成品的属性，消费者只关心一日三餐吃的食物是什么，口味怎么样，而对这些食品是从哪来的、营养价值如何、采用什么原料、利用什么方法制作的等信息并不了解，甚至对农业漠不关心，为了加强消费者对农业的认识和理解，也为了保障消费者饮食营养结构合理，日本于 2005 年 4 月开始在幼儿园、小学、中学等学校实行营养教师制度，并于 2005 年 6 月正式公布实施《食育基本法》，将饮食教育制度以法律的形式确定下来。该法明确规定了学校在"饮食教育"方面的义务，通过学校给学生提供营养均衡而丰富的配餐，以保障学生健康、提高身体素质为目的，并对学生进行饮食方面的有效指导。在用餐时间、各科目教学、专项活动、综合学习的时间有效利用食品原料作为"活教材"，特别是在学校餐饮供应中充分利用当地产农产品作为饮食教育的"活教材"，对学生进行"食农教育"，使学生通过对食品原料的认识加深其对当地的自然和文化、产业等方面的理解，培育学生对生产者及食物的感恩心情，使学生从小树立"地产"农产品对身体健康最有益的理念，培养其成为"地产"农产品的稳定消费者。

## 一 "食农教育"是开展饮食教育的基本途径

"食农教育"与"地产地消"的政策目标具有一致性。饮食教育旨在使国民养成关心自己饮食的好习惯、掌握一定的饮食知识和判断能力，实现一生健康的饮食生活、传承饮食文化、确保身体健康。为了让孩子们秉承丰富的人性、掌握生存能力，饮食比什么都重要。通过多种途径学习与饮食相关的知识和选择饮食的能力，实现健康的饮食生活，迫切需要推进饮食教育。其中，为了提高对饮食的意识，通过自己的判断选择健康安全的饮食，很重要的做法是从农业体验、采购食材、设计菜单到烹饪为止的一连串的工作都由自己亲自做，使之成为可能的途径是"食农教育"。

"食农教育"是将饮食教育和农业体验学习融为一体的活动，可以看到食物从生产到消费的完整流程，当然也包含传统的饮食文化、传统食品及其有关的礼节等。

"食农教育"的意义在于：①通过"食农教育"可以让孩子们了解自然和自己的关系，从农作物种植到做成可以吃的食物的一系列行为，能够使人们深刻感受到生命的尊严和人与自然的关系。②通过"食农教育"可以使孩子们了解自己与社会的关系，平时吃的食品基本上都是人工栽培或人工饲养的东西，而且，其中很多好吃、容易吃的东西都是经过加工、烹调的食品。孩子们通过参观其生产、加工、流通、烹调等复杂的过程，可以了解自己吃的东西是经过许多人的手，投入了许多人的劳动才得到的，能够理解社会存在的意义。③通过"食农教育"能让孩子们学习到"吃"的学问，体验不同烹调加工方法和吃法，知道怎样做更好吃，而且更有利于自己的身体健康，理解如何实现好吃、安全地吃和关于自己身体健康的管理办法、理解塑造健康身体的重要性，这对孩子的发展和成长来说是极为重要的"学习"。④通过"食农教育"可以使孩子更加了解地域风土人情，通过各种活动可以接触地域的特产、饮食文化、传统料理、与地域居民的交流等，是了解地域风土人情的机会，培养地域居民对居住地域的眷恋；同时，"食农教育"也担负着培育地域接班人的作用。⑤"食农教育"的体验是培养孩子关注生命、环境、食品问题等的重要契机。

## 二 "地产地消"为"食农教育"搭建了基本平台

"食农教育"的组织形式多种多样，主要的活动形式有：

（1）农业体验学习。根据日本农林水产省的统计调研数据，全国有1187个市町村设立了教育农场，占全国市町村总数的65%。农业体验学习是"食农教育"中实施最多的活动，包括利用校内农场和校外活动两部分。根据全国农村青少年教育振兴会关于"中小学校农业体验学习的实施情况"的调查结果，全国有六成以上的中小学实施了农业体验活动，农业体验活动的内容以薯类最多，其次是稻作、种植蔬菜等。另外，文部科学省和农林水产省联合开展了农产品收获体验和畜牧业体验等活动项目。

（2）加工体验学习。加工体验学习主要以地域的特产加工、乡土料理、家庭日常用的主食、例行节日料理等为主，因为在体验学习中主要由当地人作为讲师进行传授，所以也是当地居民的交流场所，学习者可以学到包括菜刀的拿法、鱼的处理方式、烹调技法等实践性的知识。

（3）参观产地、直销所等。参观产地的优点是可以看到实际的生产现场。孩子们大多不知道平时自己吃的东西是怎么制作的，必须要让孩子们知道是通过农民的辛苦和努力才生产出了安全、放心、好吃的食物，感受到食物的重要性，这也可以加深孩子们对农业的理解。参观直销店的优点是能了解在居住地域内生产的农产品，并且，在那里会使地区居民和孩子们接触地域精神，从振兴地域经济发展的视角来看，通过让孩子们参观直销所也是对直销所的一种宣传，有利于扩大直销所的知名度。

（4）与学校饮食供给的合作。学校饮食供给是对孩子们来说最熟悉的"食"，在学校饮食供给中利用地域农产品是"食农教育"的"活生生的教材"，现在把孩子们栽培的东西和当地的农产品用于学校饮食供应，最理想的模式是当地的农林水产品能够持续供应学校饮食。

（5）其他形式。除前面介绍的形式以外，还有很多其他的活动，如农林水产省地方农政局到小学、初中派遣职员上门举行以饮食和农业为主题的讲座，安排小学生到农村进行长期住宿体验等。

　　"食农教育"是一个系统工程，需要全社会多方面的协调与配合。对孩子进行"食农教育"的第一责任人是父母，父母应该从小让孩子养成健康饮食习惯；地域居民、"食农教育"的核心人物（专职人员）以及农业经营者通过多种途径与孩子接触、交流，从不同的角度教育、指导孩子正确认识农业、理解农业、理解社会、传承地域传统饮食文化；国家农林水产省、文部科学省、县级政府相关部门、市町村役所及自治会、学校等教育机构、教育委员会、消费者团体、食品关联企业等相互合作，共同支援"食农教育"活动。因此，形成了"食农教育"网络化体系。

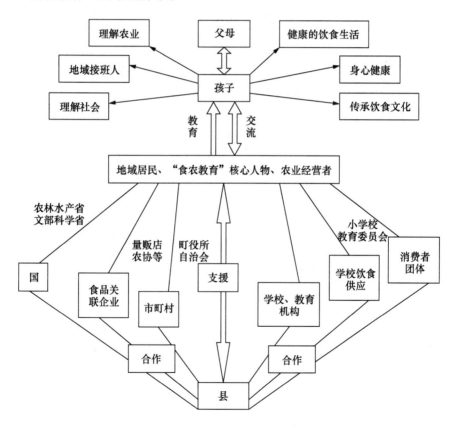

**图 8-4　"食农教育"体系中关联机构间的合作框架**

　　从以上分析可以看出，"食农教育"的活动形式与"地产地消"活动中开展的产消交流活动形式基本相同，主要都是开展农业生产体验活动、农产品加工体验活动、参观农业生产现场和直销所、与学校饮食供应合作等，而这些活动的场所及参与活动的相关机构与"地产地消"活动的合作机构是重合的，所以，"食农教育"的组织网络体系基本可以利用"地产地消"的组织网络体系，开展"食农教育"活动的场所也完全可以利用"地产地消"活动的场所，如农产品直销所的加工体验区、料理教室、观光农园、农业生产体验区等。因此，可以说"地产地消"为"食农教育"搭建了基本平台；另外，"食农教育"的对象以中小学生为主，而"地产地消"交流活动的对象是全部消费者（其中也包含小学生），从这个角度来看，也可以说"食农教育"是"地产地消"交流活动的一部分。

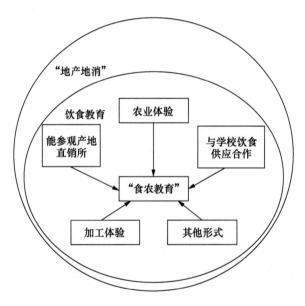

图 8-5 "地产地消"、饮食教育、"食农教育"的关系

## 第六节 "地产地消"扩大了农协的功能

日本农协被公认为世界上最成功的农村合作经济组织形式之一。日本农协全称为"农业协同组合"，"协同"一词，意为协作、相互

扶持,"组合"一词,相当于中文的组织、团体、集体,农业协同组合也可译为农业合作组织。日本农协是一个遍布城乡,由农民志愿联合,自成系统的庞大经济合作组织,是一个服务于农户、农业与农村的综合性服务体系。它包括了金融部门、农业相关事业部门、生活及其他事业部门、营农指导事业部门(指主要负责对农户的生产经营活动进行各种指导协助的部门)等。它的业务包括对农业技术和农业经营的指导,生产资料、生活资料的购置,农产品的加工储存和销售,直至储蓄、信贷、保险、医疗、旅游、观光、文化娱乐等,几乎涉及农民从生产到生活的一切方面。

## 一 日本农协的组织体系

日本农协是适应日本社会制度和具体的政治、经济、文化环境发展起来的组织体系,具有独特的组织体系、服务体系和运行机制,是国家与农民之间必不可少的纽带和桥梁。日本农协是靠自己独特的组织原则和经营原则组织发展起来的特殊法人。其原则主要有自愿加入、民主管理、协作、限制出资配额、促进教育发展和剩余资金分配等。日本农协的最高权力机构是由各基层组合推荐,并经全体会员选举产生的总代表大会。由总代会选举产生理事会和监事会,再由理事会选举产生农协最高领导层。理事会及领导成员的工作受监事会的监督检查。

日本农协的组织机构设置自上而下分为三级,《农协法》对农协各类各级组织的业务范围规定得十分详细,不准交叉经营,上级农协不得剥夺下级的权力,各级农协必须履行自己的义务,接受社员及各级监察部门的监督。

### (一)市、町、村级

市、町、村级以农户为会员,设基层农协。基层农协分为以农户为服务对象的综合农协和以特定农业生产者为服务对象的专业农协。综合农协从事《农协法》规定的包括销售、购买、信用、共济、仓库、指导等各种业务。专业农协是以特定的农畜产品销售为目的,由从事同一专业生产的农家组成,主要存在于养蚕、畜产、园艺等专业领域。综合农协分布在全国各地,其业务除涉及整个农业生产外,还设有金融机构和商店。和专业农协相比,综合农协与人们的生产和生活的关系更为密切，其规模通常也比专业农协大。

（二）都、道、府、县级

都、道、府、县级（相当于我国的省级），以基层农协为会员，组成县级联合会。日本农协的县级组织主要包括县级农协中央会、县级供销联合会、县级保险联合会、县合作信贷联合会、县级专业农协联合会等组织。各种县级联合会是基层农协通过入股方式而联合组成的组织，它们又联合成立县级农业协同组合中央会。

（三）中央级

中央级以县级联合会为会员，组成全国联合会。日本农协的中央级组织由基层农协和县级联合会入股组成，它与县级组织基本上保持了对应关系。中央及县级组织有两大系统：一个是从事指导业务的"农协中央会"系统，是农协的综合性指导机关，主要任务是对下一级农协的组织、业务及经营进行指导，协调各联合会之间的联系和调解纠纷，就农协和农业政策问题向政府有关部门提出建议。另一个是主要从事经济运作的"农协联合会"系统，是民间组织。

20世纪90年代后，随着宏观环境的变化，为了减轻负担、提高效率、规模和实力，日本农协进行了改革，将原来的"市、町、村—都、道、府、县—全国"三级组织体系改为二级，把都、道、府、县联合会并到中央，并将基层农协进行合并。全国中央会下设生产、生活、总务及金融四个委员会，分别与都、道、府、县中央会的农协经济联、共济联、福利联和金融联进行对口联系，都、道、府、县农协只对市、町、村农协进行业务指导，是一种联合协作的关系，不具有行政命令权，从而保证了基层农协的独立性和自主性。

**二　日本农协的主要功能**

农协为农民服务，并与农民结成经济利益共同体，基本上做到了农民需要什么服务，就提供什么服务。日本农协自成立以来，不仅对农村经济的发展起到了重要的作用，而且对日本的经济、政治等方面发挥了重要的影响。其功能主要表现在以下方面。

（一）生产指导服务

农协通过营农指导协会与官办农业推广体系协调农业推广事宜，在涉及农业生产、经营等多方面给农民以指导。指导服务主要是为农业生产和农民生活提供各种指导服务，各农协都配备负责这类指导服务的专职指导员。农业指导员的职责主要是提供农业经营、生产和技术方面的指导。具体内容包括：（1）帮助农户制订长期经营计划。根据农户的土地、资金、劳力等情况，计划好如何经营。对土地所有者来说，计划好是自营作业还是委托他人作业。（2）帮助农户处理生产中遇到的问题，例如生产什么品种，选用什么生产资料，如何解决生产资金问题，如何保证产品质量。（3）帮助农户提高技术水平，组织会员开展技术交流，有组织地推广实施新技术。（4）进行地方农业规划。掌握地方农地资源和利用情况，发挥地方优势，必要时进行调整，以更有效地利用农地。通过上述各项指导，从而使农民有目的、有计划地组织生产，避免了生产的盲目性，提高了农民在市场中的竞争力，农民的经济利益得到了有效保护。

（二）农产品销售服务

在日本集中销售农产品是农协重要的日常工作。为了使农产品销售过程合理化，从而提高农产品的附加值，日本各农协建立了加工和包装厂、冷藏库、运输中心以及地方批发市场等，并在全国大中城市的74个中央批发市场中建立了分支机构。日本农协在组建批发市场和集配中心，组织物流、商流、信息流及结账等方面具有不可替代的作用。它一方面推动日本政府建设高质量、高标准的农产品流通各级批发市场；另一方面也直接参与组建各大中小城市的农产品批发市场。基层农协一般都建有农产品集贸所，向本地区农协成员售种，并负责对其产品进行挑选、包装、冷藏，然后输送到市场。农协的销售系统是：农户（组合员）—农协—经济联—全农。农协作为销售中介的方式有四种：一是全利用方式。在市场较稳定时，会员共同利用协会提供的市场信息、选果、运输条件，以降低流通成本。二是无条件委托方式。在市场有较大变动的情况下，会员委托农协抓住市场有利时机出售。三是手续费方式。农协从交易额中收取一定比例的手续费，以弥补工作人员工资、通信、差旅费等项成本。四是共同计算方式。计算一定时期内同品种同质农产品的平均价格，以此为标准支付给农户。农协系统实行这一与其他企业不具有的独特农产品销售方式，不仅极大地保护了农户的利益，同时还能够促进农协与中间商之间形成计划销售体制，并建立起相互依存和信赖的合作关系，使农协生产更有组织性和计划性，使市场有稳定的供应，避免了盲目生产，既确保了供求的平衡，又确保了农民收入的稳定。

（三）生产生活资料集中采购

农户购入的各种生产资料，有相当大比例是通过农协进行的。农协为减少生产资料流通中的环节和降低成本，据组合员的需要，组织农用生产资料的集中采购，由农协统一与生产厂家订货，再分售给各会员。对加入农协的农民日常生活用品，农协也组织统一购买，这样使农民享受了厂价或批发价，减少了生产资料和生活资料流通的中间环节，降低了成本。农民通过农协采购生产资料和生活资料，销售农副产品，烦琐的事务由农协一手包办，集合了共同采购的成本优势，避免了分散销售的恶性压价，这种批量买卖的方式让农民在价格上得到实惠，增加了农民收入。农协也将接受农家委托作为自身的业务，举办或设置了许多农民个人无力购置的大型设施，比如为农业生产和销售服务的大型农用机械、农机具修理工厂、共用肥料配合设施、蔬菜育苗设施、农产品加工储藏设施等。农协提供的各种社会化服务，有利于促进农业的集约化，提高农业生产要素利用的规模效益。

（四）信用合作服务

日本农协从一开始就特别重视经营信用业务，现在日本农协的信用业务布满全国农村以及城市郊区，其信用资本成为日本金融界的一支不可忽视的力量。同时，农协的信用业务也是整个农协经济的中流砥柱。日本农协发展成为日本最大的企业，其关键是以信用为主轴。日本的法律规定，农协可以自办信用事业，它包括存款、贷款、票据贴现、债务保证和国内汇兑交易等项内容。日本农协从组建后就构筑自己的金融系统，以独立于商业银行的方式，组织以农协会员为对象的信贷业务，这给社员和农协提供了资金保障。由于农协存款利率高于其他银行（一般高0.1个百分点），营业网点遍及农村基层，工作人员定期上门动员和收取存款，吸引了大量农民存款。农协吸收的农民存款也始终保持在农民存款总额的50%以上。农协的贷款以组合员的存款为基础，本着为组合员服务、不追求营利的目的，贷款主要用于农民的借贷、农协自身经营的周转金以及各项发展事业投资。其对农业和农民的贷款占到贷款总额的90%以上，且贷款利息通常低于社会其他银行0.1个百分点，一般不需要担保。

农协信用合作的主要业务除了向农协成员发放支持农业生产的低息贷款外，主要业务转向吸收农民和居民存款并向系统外其他部门提供资金，帮助农民解决富余资金的出路难题。农协信用合作事业一直是日本农协的骨干事业之一，成为农协最大的盈利部门。另外，农协还负责为农户办理国家对农业发放的补助金和长期低息贷款业务，利用"政策金融"导入国家资金，实现国家通过金融来推动农业发展的政策意图。其中主要的农业"政策金融"包括农业现代化资金贷款、农业改良资金、农村渔业金融公库低利贷款、改善和扩大农业经营贷款和自然灾害救济贷款。农协在日本农业金融中处于核心地位，为农业产业化提供了良好的金融基础及资金保障。

全国的农协银行是农林中央金库，农协必须加入中央金库，并必须有15%的农林中央金库保证金，否则不予承认。农林中央金库原是一个纯粹的民间专业金融组织，它的业务包括金库固有业务和按政府法令规定办理的委托—代理业务。前者包括对会员单位的存、贷、汇兑业务和农林债券的发行业务；后者主要是农林渔业公库的委托放款和粮食收购款的代理支付业务。金库的存款主要是县信联的转存款，利率高于一般存款，而且还加付系统利用奖励金。进口的贷款投向主要是信联，在资金充裕的条件下，经主管大臣批准也可以向与农业有关的行业企业发放短期贷款。农林中央金库及其支库与全国信联组成了一个覆盖全国的农协汇兑网络，为其所属团体办理汇兑业务。此外，农林中央金库还经营农林债券发放业务、委托—代理业务和剩余资金利用业务等。其经营规模已经成为日本最大的银行，成为全国最大的金融机构。

（五）保险服务

日本于1938年4月和1947年12月先后颁布了《农业保险法》和《农业损失赔偿法》，参加保险的农户很普遍。日本农协的保险业位居全国保险业第一位。日本农协建立了风险基金制度，它是通过会员之间的相互合作，应对生命、财产、受灾等不利事件的发生，减轻或尽快弥补经济损失。农协的保险事业就是当社员遇到灾害时农协保险进行保赔。农协的保险分长期保险和短期保险：（1）长期保险包括年金（养老金）保险、养老人寿保险、儿童保险、建筑物更新保险、农机具更新保险等险种，除年金保险是投保人到一定年龄之后以年金形式领取保险金外，其余均为发生事故或在投保期满时，领取保险金。（2）短期保险包括火灾保险、汽车保险、汽车损害赔偿责任保险、伤害保险等。农协的保险资金在系统内封闭运行，并作为中长期的农业资金和生活环境整治资金加以盘活。根据1947年2月颁布的《农业损失赔偿法》而建立的农业保险，其保险范围既包括农作物，也包括牲畜。另外，政府还以赔付金等形式对农业保险给予支持。1992年3月末，全国综合农协仅吸收年金保险、儿童保险、火灾保险、汽车保险等保险金即达324.9万亿日元。在生命保险方面，农协系统所持有的保险金额在全国位于第二，仅次于日本生命保险公司。

（六）权益保障

农协这个庞大的组织，其生存与发展靠一个强有力的道义力量，就是"为农民服务"，在日常工作中是如此，在与政府打交道时更是如此。农协是贯彻政府农业政策的力量，然而政府的农业政策在很大程度上是充分听取农协的意见之后制定出来的。因此，日本农协成为连接政府和农民的纽带和桥梁，一方面，政府的农村方针政策的落实是通过农协最终实现的，协助政府推行农村基本经济政策，是农协的责任和义务。政府的惠农措施，先进农业技术的推广普及，低息贷款的发放，都是通过农协落实到每个农户的。农协把分散的农户组织起来，置于国家的影响之下，成为政府政策落实与农户之间协调的中介。另一方面，农协是农民利益的代言人。日本政府在制定政策时，经常听取农协的意见和建议，与农协进行讨论和协商。农协的最高一级组织可以代表农民意愿和利益要求，反映到决策层，施加政治影响。农协在面对政府与议会时是一个强大的压力集团，它代表农民的意见，反映农民的呼声。农协还通过由农民选出的国会议员，在审议法律和政府预算时表达、维护农民的利益。农协不但在国内对政府施加压力，要求保护农业，还对本国政府的国际贸易活动施加压力，以维护自身利益。

由此不难看出，日本农协不仅在农业生产领域发挥着重要作用，在农民生活中也提供广泛的服务。此外，农协不仅是农民经济利益的代表，也是政治利益的代表。作为重要的农民组织和政治力量，农协长期被视为自民党一些党派的票仓，对政党选举及日本政治产生重大影响。凡到过日本的外国人，几乎都会惊讶当地食品价格的昂贵。据世界贸易组织的报告，东京食品价格比世界其他主要城市高出25%—100%。如此高的食品价格与日本农业的保护政策分不开，而这种保护政策的支持者和守护者正是农民及其农协组织。

### 三 "地产地消"扩大了农协的职能

农协在"地产地消"活动中发挥的职能远远超出其固有的职能，在"地产地消"供应链管理中，兵库六甲农协的作用不再是简单地接受农户委托销售农产品，而是发挥着企划中心、信息中心、管理中心、中介中心、结算中心、交易主体等重要作用。

（一）企划中心

农协全农中央确定了以直销所为核心的"地产地消"的基本理念，制订了关于"地产地消"的基本方针和运营方针，制定了推进直销所发展战略。单位农协是"地产地消"事业发展规划的制订者，从地域农业发展的整体角度出发，制订"地产地消"的发展规划。即便是在直销所的运营管理中，农协也是直销所营销计划的策划者。

（二）信息中心

在"地产地消"供应链体系中，农协是信息中心。①农协掌握着每个组合员的生产信息，包括生产的品种、数量、收获期等；②农协掌握着每个组合员的产品信息，包括产品的品种、数量、质量等；③农协还经常收集外部市场信息，包括批发市场的供求信息，蔬果超市等量贩店的需求信息，学校、机关等大宗需求者的需求信息等；④农协还要及时接收来自国家及地方自治体政府关于农业、农村、地域经济发展的基本政策等信息。农协通过对各种信息进行编辑和分类，通过营农协调员入户访谈、直销所召开会员大会以及通过网络情报发布系统等方式传递给组合员，以便组合员做出正确的生产、销售计划。

（三）管理中心

在"地产地消"供应链体系中，农协又是管理中心。①农协负责生产管理，包括种苗、农药、肥料等生产资料的采购与分销管理、生产计划的协调以及生产过程标准化管理等，根据销售的渠道不同，农协还要负责建立相应的生产体制，如组建专门的生产部会等组织；②农协负责流通管理，包括进行供需协调、集货分销、物流管理以及货款回收与结算等事务性工作；③农协负责全面的质量管理，从生产的源头到最终销售给消费者，农协负责全面的质量监督和检验；④农协负责组织生产者与消费者之间的交流活动，加强生产者与消费者之间的理解和信任，维护稳定的产消关系。通过农协的组织管理，将农产品流通供应链各环节主体之间的外部合作关系转化为农协内部的"地产地消"供应链协调关系，可以降低因外部不确定性带来的风险，提高供应链管理绩效。

（四）中介中心

"地产地消"流通的一个重要特征是生产者与消费者直接进行交易，而农协是中介中心，农协的作用在于为生产者和消费者双方搭建交流和交易的平台，如在"店中店"型农超对接中，农协与蔬果超市等量贩店合作只是建立一种合作关系，真正的买卖交易是在生产者和量贩店之间进行，农协负责召集生产者、量贩店负责人召开协议会，但农协并不提供实质性建议，最终的价格、数量、规格等条款都是由生产者和量贩店之间确定的，所以，农协履行的是中介中心的职能。

（五）结算中心

在"地产地消"流通中，货款的结算都是通过农协进行的，因此，农协是结算中心。直销所代理销售的货款通过零售终端的 POS 系统统一结算，一般每两个星期结算一次，在扣除农协的手续费等流通费用后，直接打入生产者在农协的资金账户。农超对接型、农餐对接型和加工业者连携型"地产地消"流通的货款结算也是先统一打入农协账户，再通过农协结算后分配到每个生产者的账户。

（六）交易主体

农协有时也是交易主体，集合会员生产者的产品统一对外进行销售。如农餐对接型和加工业者连携型"地产地消"模式中，农协就是交易的主体，是由农协与学校餐饮供应会和加工企业签订销售协议，然后向农协的会员生产者组织货源来完成交易。因为面对大宗需求者时，分散的小规模农户不可能直接满足其需求，双方的地位明显不对等，只有农协代表全体会员生产者与大宗需求者签订协议，才具有谈判力，才能更好地维护生产者的利益。

# 第九章　兵库六甲农协"地产地消"实证研究

兵库六甲农协位于兵库县东南部，由于邻近大阪、神户两大人口密集城市，蔬菜消费需求量大；管区内气候温暖、水资源充足，适合于蔬菜生产，因此，该地区自古以来就生产蔬菜，且在多数地区都生产以春菊、菠菜等为代表的叶菜，蔬菜生产额在兵库六甲农协的农业生产总额中所占的比例近50%，蔬菜生产能力较强，是兵库县的蔬菜主产区。兵库六甲农协在管区内具备生产能力和消费能力，满足发展"地产地消"流通的"地产"和"地消"两个基本条件。神户市的"地产地消"事业的起源可以追溯到1967年，当时神户市倡导的蔬菜契约销售和产地直卖是日本蔬菜产直销售的先驱，可以说神户地区是日本有组织地开展蔬菜"地产地消"流通的发源地。兵库六甲农协有计划地开展"地产地消"至今也已经有十余年的历史，"地产"农产品的"地消"率不断提高，自2008年开始，实现了管区内主食用米"地产"率100%，蔬果类农产品"地消"率达到60%以上，超过了市场流通率。兵库六甲农协开展的母子茶加工事例、有机蔬菜栽培事例、加强营农指导强化"地产地消"等事例多次被农林水产省作为"地产地消"先进事例予以表彰，兵库六甲农协是日本开展农产品"地产地消"的成功案例之一。因此，本章选择兵库六甲农协作为实证分析对象，在实地调查①的基础上，把握兵库六甲农协"地产地消"的整体情况。

---

① 笔者受日本神户大学农学研究科小野雅之教授邀请，参加日本学术振兴会立项课题《基于农超对接的中国生鲜产品供应链体系现状与意义研究》，课题编号24580322，2012年4—6月随课题组一同深入兵库六甲农协进行实地调查。

# 第一节　兵库六甲农协概况

兵库六甲农协是由神户市、三田市、宝塚市、西宫市、川西市、伊丹市、尼崎市、猪名川町共7市1町9个农协于2000年4月合并设立的广域农协。下设分店70家，管区总面积1201平方公里，耕地总面积7996公顷。总人口330万人，总家庭户数141.1万户，销售农户6982户，占农户总数的69.1%。主要农业从业者6331人，其中，男性3570人，女性2761人，65岁以下的农业从业者2483人，占39.2%；65岁以上的农业从业者3848人，占60.8%。

兵库六甲农协管区划分为四个地区，即神户西地区、阪神地区、神户北地区、三田地区，如图9-1所示。其中，神户西地区处于城市近郊区，以陆地蔬菜生产为主，也逐步发展了大棚蔬菜；阪神地区（宝塚、西宫、川西、尼崎、伊丹、猪名川町）属于城市农业地区，以设施农业为主，主要利用温室、大棚等设施生产蔬菜；神户北和三田地区属于山区，被定为农业振兴地区，以水稻、黑豆等粮食作物和茶叶生产为主，蔬菜生产量相对较少。

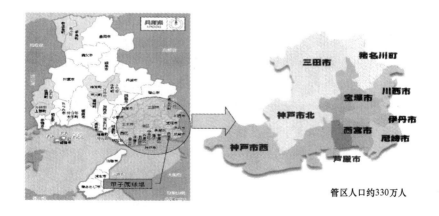

管区人口约330万人

图9-1　兵库六甲农协管区地域分布概况

### 一 主要农产品及销售额

兵库六甲农协管区内的每个地区，都充分利用本地区的气候、土壤条件，生产多种品目的农特产品。神户西地区主产桃、西红柿、葡萄、梨、柿子、圆白菜、草莓、无花果、小松菜、春菊、花圃、切花、神户牛肉等；三田地区主产土当归、毛豆、山芋、黑大豆、大葱、三田牛肉等；神户北区主产茄子、春菊、百合、郁金香、草莓、神户牛肉等；阪神地区的宝塚市主产板栗、毛豆、大葱、黑大豆、树苗等，西宫市主产茄子、菠菜、小松菜、葱等，川西市主产桃、无花果、板栗、香菇等，尼崎市主产生菜、春菊、菠菜、小松菜、水菜等，伊丹市主产南京桃、无花果、春菊、菠菜、西红柿、山药等，猪名川町主产板栗、松蘑、香菇、山药等。

2000 年是兵库六甲农协成立的第一年，当年的农产品销售总额约135 亿日元，此后开始连年增加，2008 年达到了最高点突破 150 亿日元，2009 年、2010 年的销售额均超过了 150 亿日元。从销售额变动情况来看，蔬果类农产品的发展趋势是稳中有升；米麦的销售额在2001—2006 年呈下降趋势，2006 年后趋于稳定；花卉、牛奶、牛肉等产品的销售额基本稳定，具体情况如图 9 - 2 所示。以 2010 年的销售品种结构来进行分析，蔬果农产品在总销售额中所占的比例最高为48.4%，其次是牛肉占 21.2%、牛奶占 16.6%、米麦占 9.9%、花卉占 3.9%，具体情况如图 9 - 3 所示。

### 二 "地产地消"事业规划

兵库六甲农协的合并是在日本粮食管理制度变革之后，由于粮食自由流通使农协的农产品销售业务量明显减少，农协收益恶化，农协共贩体制难以维系，小规模农协难以生存。因此，产生了农协的广域合并。兵库六甲农协合并成立后，虽然通过农协共贩的规模有所改善，农协经营得以维持，但是由于米价下降，小规模农户生产米的收益明显减少，出现大量耕地荒弃现象。另外，小规模生产米的农户为了增加收入，也开始自发地转向种植蔬菜，利用直销所销售（兵库六甲农协合并前已经存在 6 个小型直销所），随着蔬菜生产农户的增加和生产量的扩大，客观上要求扩大直销所的规模，也需要对农户进行生产、销售方面的协调和管理，有效地协调小生产与大市场之间的关

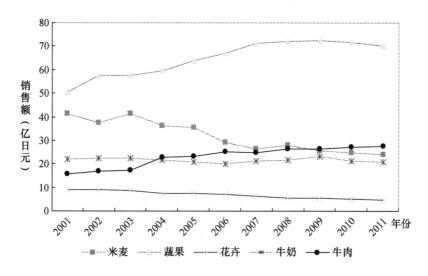

图 9 - 2　兵库六甲农协农产品销售额变动情况

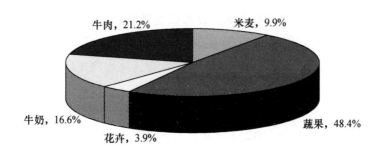

图 9 - 3　兵库六甲农协 2010 年农产品销售品种结构

系。在这样的背景下，为了提高农户收入，恢复耕地和减少耕地放弃现象，促进地域农业发展，发展"地产地消"流通是农协销售事业的最佳选择。因此，兵库六甲农协自合并以来一直致力于发展以"身土不二"为基本理念的"地产地消"流通模式。根据全农关于"地产地消"的基本方针，兵库六甲农协制订了"地产地消"事业五年规划，开始有计划地发展农产品"地产地消"流通模式。

2002 年发表的《兵库六甲农协 2006 事业规划》中包括五个重点项目：第一，适应组合员需求的农业经营、农业振兴提案；第二，以"身土不二"为基本理念的"地产地消"流通为核心，创造新的销售、流通组织形式和实施品牌化策略，以地域农产品完全销售为目标，设置与专业化、组织化经营相适应的大型直销所；第三，发挥农业的多方面作用，为地域社会做贡献；第四，协调、完善农业生产资料采购事业，以降低农业资材的成本；第五，以营农中心为基点，强化营农交流体制。

2007 年发表的《兵库六甲农协 2011 事业规划》中包括三个重点项目：第一，加强农业经营的基础建设，通过扩建产地，扩大农民收入；第二，促进对农业各方面机能的理解，营造支援食、农、环境的基础；第三，加强营农联络、协调机能，实现组合员利益最大化、公平化。其中，在第一项中关于经营基础设施及产地的建设，提出制订以专业农户为主，适应组合员需求的营农销售计划，在市场销售、直销所销售的基础上，发展多种餐饮供应事业以扩大销售。特别是作为面向市场的销售策略，不是要建大规模的产地，而是要建立小规模的微型产地。并且，在销售方面，以加强直销事业、在量贩店开设本地产品专柜为重点，不是设置大型直销所，而是通过量贩店的本地产品专柜来扩大销路，这一点与 2000 年发表的《兵库六甲农协 2006 事业规划》有明显的区别。

兵库六甲农协实施"地产地消"事业规划以来，通过多种渠道扩大"地消"量，截至 2012 年年底，共开设直销所 16 个店铺，兵库六甲农协运营的直销所统一名称为兵库六甲农协市场馆，共有 16 个店铺，分布在兵库六甲农协管区内的四个地区，其中，神户西区设 6 个店铺、神户北区设 3 个店铺、三田地区设 2 个店铺、阪神地区设 5 个店铺。卖场总面积 3853 平方米，每个店铺的平均卖场面积为 241 平方米；与 9 个大型连锁超市合作，在超市店铺内共开设"店中店"64个；与管区内学校餐饮供应会合作，向学校餐饮供应会供应农产品，自 2004 年开始实现了管区内学校餐饮供应所需米的全量供应，蔬果供给率也不断提高；与农产品加工企业合作，向农产品加工企业供应农产品等，形成了管区内"地产地消"的销售网络化体系。

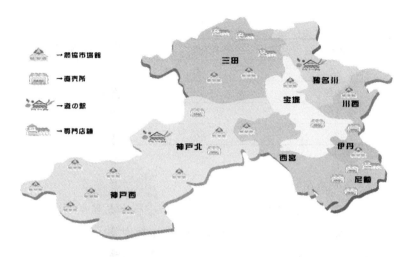

图9-4　兵库六甲农协管区蔬果专卖设施分布

# 第二节　问卷调查

### 一　问卷调查：以生产者为对象

为了把握"地产地消"的生产者特征及生产变化情况，笔者于2012年10月，对兵库六甲农协市场馆的会员生产者进行了问卷调查（调查问卷见附录1），调查问卷通过兵库六甲农协市场馆会员系统发出，以兵库六甲农协管区内正在进行销售的农户为对象，全面了解生产者的基本特征、生产特征、销售场所以及销售所得等方面的情况。

（一）调查问卷整理

此次调研共收回有效问卷80份，表9-1反映了样本的分布情况，神户西区样本量最大，有36个，占样本总量的45%；神户北区样本有12个，占样本总量的15%；三田地区样本有8个，占样本总量的10%；阪神地区有样本24个，占样本总量的30%。

表9-1　　　　　　　　　调查样本分布情况

| 所属地区 | 生产者人数（人） | 比例（%） |
|---|---|---|
| 神户西区 | 36 | 45 |

续表

| 所属地区 | 生产者人数（人） | 比例（%） |
|---|---|---|
| 神户北区 | 12 | 15 |
| 三田地区 | 8 | 10 |
| 阪神地区 | 24 | 30 |
| 合计 | 80 | 100 |

1. 生产者基本特征

年龄结构：60 岁以下的样本有 40 人，占样本总量的 50%；60 岁以上的样本有 40 人，占样本总量的 50%（其中 70 岁以上的样本有 10 人，占样本总量的 12.5%）。样本中，最大年龄为 76 岁，最小年龄为 34 岁，平均年龄为 59 岁，并且，60 岁以上的样本达到 50%，说明目前从事生产的劳动力趋于老龄化，但是，这种年龄结构已经开始呈现下降趋势。

性别结构：男性 45 人，占 56.3%；女性 35 人，占 43.7%。

生产者类型：专业农户有 30 人，占样本总量的 37.5%；兼业农户有 50 人，占样本总量的 62.5%（其中，第一兼业农户有 25 人，占样本总量的 31.25%；第二兼业农户有 25 人，占样本总量的 31.25%）。说明"地产地消"的生产者是以兼业农户为主，但是专业农户也占有了一定的比例。

表 9 - 2 　　　　　　　　生产者基本特征描述

| 生产者特征变量 | 分组标准 | 样本数 | 比例（%） |
|---|---|---|---|
| 年龄 | 30—60 岁 | 40 | 50 |
|  | 60—70 岁 | 30 | 37.5 |
|  | 70 岁以上 | 10 | 12.5 |
| 性别 | 男性 | 45 | 56.3 |
|  | 女性 | 35 | 43.7 |
| 类别 | 专业农户 | 30 | 37.5 |
|  | 第一兼业农户 | 25 | 31.25 |
|  | 第二兼业农户 | 25 | 31.25 |

2. 生产和销售情况

种植面积：调查对象的平均种植面积为 12.35 亩，其中，最大种植面积为 75 亩，最小种植面积为 1 亩；专业农户的平均种植面积为17 亩，兼业农户的平均种植面积为 9 亩。说明生产者的种植面积较小，属于小规模生产者。①

销售额：调查对象的年均销售额为 369 万日元，年均销售额为500 万日元以下的生产者有 55 人，占 68.75%；年均销售额为 500万—1000 万日元的生产者有 20 人，占 25%；年均销售额为 1000 万日元以上的生产者有 5 人，占 6.25%。而神户市年均家庭收入为 624万日元②，生产者"地产地消"的年均销售额相当于其家庭收入的59%，说明"地产地消"已经成为会员生产者家庭收入的重要来源。

生产者所得额：调查对象中，认为参与"地产地消"使生产者所得增加了的有 73 人，占样本总量的 91.25%；认为生产者所得不变的有 7 人，占样本总量的 8.75%；说明"地产地消"可以增加生产者所得。

入会时间：调查对象中，入会时间最长的为 16 年③，最短的为 1年（当年加入）。入会时间小于 5 年的有 20 人，占样本总量的 25%；入会时间在 5—10 年的有 40 人，占样本总量的 50%；入会时间大于10 年的有 20 人，占样本总量的 25%。兵库六甲农协市场馆设立时间为 12 年，调查对象平均入会时间约为 7 年，说明生产者参与"地产地消"具有一定的稳定性，有丰富的生产、销售经验。

销售场所：调查对象中，同时利用市场馆和店中店销售农产品的生产者有 70 人，占 87.5%；只利用市场销售的生产者有 5 人，占6.25%；只利用店中店销售的生产者有 5 人，占 6.25%。说明市场馆

---

① 根据日本农林水产省农业普查统计分类标准，都府县域内的大规模生产者是指经营耕地面积超过 50 亩的生产者，北海道地区的大规模生产者是指经营耕地面积超过 300 亩的生产者。

② 数据来源于日本总务省 2011 年家计调查，2010 年神户市月均家庭收入为 52 万日元。

③ 兵库六甲农协成立前其管区内就有 6 个直销所，该农户在兵库六甲农协成立前就已经开始参加直销所销售。

和店中店具有很好的互补性。

劳动时间：调查对象中，因参与"地产地消"使生产者劳动时间增加了的有72人，占样本总量的90%；劳动时间不变的有8人，占样本总量的10%。说明参与"地产地消"增加了生产者的劳动时间（包括栽培时间、分拣包装时间、搬运时间），参与"地产地消"以后，调查对象平均每天的劳动时间增加了2.1小时。

种植面积增减：调查对象中，种植面积增加了的有70人，占样本总量的87.5%；种植面积不变的有10人，占样本总量的12.5%。说明通过"地产地消"，可以扩大生产种植面积，促进土地有效利用。

种植品目：调查对象中，种植品目增加了的有52人，占65%；种植品目不变的有23人，占样本总量的28.75%；种植品目减少了的有5人，占样本总量的6.25%。说明生产者参与"地产地消"，主要是实行多品目的生产经营。

表9-3　　　　　　　　　　生产和销售情况

| 生产、销售情况变量 | 分类标准 | 样本数量 | 比例（%） |
|---|---|---|---|
| 种植面积 | 小于10亩 | 55 | 68.75 |
| | 10—20亩 | 15 | 18.75 |
| | 大于20亩 | 10 | 12.5 |
| 销售额 | 小于500万日元 | 55 | 68.75 |
| | 500万—1000万日元 | 20 | 25 |
| | 大于1000万日元 | 5 | 6.25 |
| 生产者所得 | 增加了 | 73 | 91.25 |
| | 不变 | 7 | 8.75 |
| | 减少了 | 0 | 0 |
| 入会时间 | 小于5年 | 20 | 25 |
| | 5—10年 | 40 | 50 |
| | 大于10年 | 20 | 25 |
| 销售场所 | 同时利用店中店和市场馆 | 70 | 87.5 |
| | 只利用店中店 | 5 | 6.25 |
| | 只利用市场馆 | 5 | 6.25 |

续表

| 生产、销售情况变量 | 分类标准 | 样本数量 | 比例（%） |
|---|---|---|---|
| 劳动时间 | 增加了 | 72 | 90 |
| | 不变 | 8 | 10 |
| | 减少了 | 0 | 0 |
| 种植面积增减 | 增加了 | 70 | 87.5 |
| | 不变 | 10 | 12.5 |
| | 减少了 | 0 | 0 |
| 种植品目 | 增加了 | 52 | 65 |
| | 不变 | 23 | 28.75 |
| | 减少了 | 5 | 6.25 |

### （二）调查分析结论

通过对调查问卷的分析整理，可以得出以下结论：第一，参与"地产地消"的生产者呈老龄化趋势，但生产者平均年龄（59 岁）低于日本总体水平①，主要原因有两个方面：一是兵库六甲农协"地产地消"运营效果较好，吸引了一些大规模的专业生产者加入直销所销售，目前，专业大户在直销所会员中所占的比例达到 30%；二是由于日本实行农业补贴政策②，兵库六甲农协每年都会吸收一些新型职业农民③加入直销所，而专业生产大户和新型职业农民大多属于青壮年，一般年龄在 35—45 岁，随着这部分生产者的数量不断增加，兵库六甲农协参与"地产地消"的生产者的平均年龄出现了年轻化的趋势；另外，参与"地产地消"的生产者中，女性生产者的比例为 43.7%，生产者以兼业农户为主，小规模生产者所占的比例较大。这种情况与

---

① 根据日本农林水产省统计，截至 2010 年，日本农业就业人口的平均年龄为 65.8 岁，其中主要农业从业者的平均年龄达到了 66.1 岁。

② 兵库六甲农协管区内，政府对从事有机农业生产的新型职业农民，每户每月补贴 15 万日元。

③ 新型职业农民是指由城市失业人员转为农业生产的劳动者。

日本农业生产者总体结构特征基本相同①，但第二兼业者所占的比例（31.25%）明显低于全国农业生产者总体结构中第二兼业生产者所占的比例。第二，"地产地消"的销售所得是生产者家庭收入的主要来源，且参与"地产地消"增加了生产者所得。第三，生产者参与"地产地消"具有一定的稳定性，平均参与时间较长。第四，生产者参与"地产地消"，大多选择同时利用市场馆和"店中店"两个销售场所，说明这两个组织形式具有一定的互补性，二者结合更有利于实现销售。第五，参与"地产地消"增加了生产者的劳动时间、种植面积和种植品目，实际上是给生产者创造了新的就业机会。第六，从生产者角度来看，生产者认为"地产地消"有利于开展营农活动，促进地域经济发展。

## 二 问卷调查：以消费者为对象

2012 年 11 月 1—30 日，笔者与兵库六甲农协"地产地消"事业负责人一同进行了顾客满意度调查（调查问卷见附录 2），调查采用调查问卷方式进行，在兵库六甲农协市场馆四个核心店铺的出入口处设置问卷放置台和回收箱，消费者自愿参加，将填好的问卷放回回收箱，本次调查共回收有效问卷 2400 份。

### （一）关于"地产地消"意识的调查

调查结果：调查对象的消费者在日常生活中对"地产地消"的农产品，有 955 人的消费意识很强，占调查对象总数的 39.8%；有 1229 人的消费意识较强，占调查对象总数的 51.2%；两项之和达到 2184 人，占调查对象总数的 91%。以上调查结果说明，消费者已经对"地产地消"具有一定的意识，消费倾向明显，消费者愿意购买"地产地消"的农产品。

---

① 日本农业从业人口中，女性人口为 130 万人，占农业人口总数的 49.9%；男性人口为 130.6 万人，占农业人口总数的 50.1%；日本的农户构成中，专业农户所占比重较小，兼业农户所占比重较大，并且在兼业农户中，第一兼业农户所占比重较小，第二兼业农户所占比重较大。根据日本农林水产省统计数据，2010 年，销售型农户总数为 163.1 万户，其中，专业农户为 45.1 万户，第一兼业农户为 22.5 万户，第二兼业农户为 95.5 万户，兼业农户占农户总数的 72.3%。

表9－4　　　　　　　　消费者对"地产地消"的意识调查

| 调查项目 | 评价 | 人数 | 比例（%） |
|---|---|---|---|
| 购买"地产"农产品的意识 | 很强 | 955 | 39.8 |
| | 较强 | 1229 | 51.2 |
| | 一般 | 163 | 6.8 |
| | 无意识 | 53 | 2.2 |

（二）顾客满意度调查

本次调查设计的顾客评价项目包括三个方面：一是顾客对产品的满意度；二是对服务的满意度；三是未来的消费意向。对产品的满意度通过四个指标来评价，包括产品新鲜度、质量安全性、产品口感和价格，评价采用与超市对比评价的方式，每个指标分别设计三个评价等级；对服务的满意度通过两个指标来评价，包括对与生产者交流活动的满意度和对直销所销售服务质量的满意度；对未来的消费意向项目设计四个选项，由消费者根据自己的实际情况做出选择。调查结果见表9－5。

表9－5　　　　　　　　顾客满意度调查

| 调查项目 | | 评价 | 人数 | 比例（%） |
|---|---|---|---|---|
| 产品满意度 | 产品新鲜度（与超市相比） | 新鲜 | 2357 | 98.2 |
| | | 一般 | 43 | 1.8 |
| | | 不新鲜 | 0 | 0 |
| | 质量安全性（与超市相比） | 放心 | 2220 | 92.5 |
| | | 一般 | 163 | 6.8 |
| | | 不知道 | 17 | 0.7 |
| | 产品口感（与超市相比） | 好 | 2146 | 89.4 |
| | | 一般 | 209 | 8.7 |
| | | 不好说 | 45 | 1.9 |
| | 价格（与超市相比） | 便宜 | 1786 | 74.4 |
| | | 无差别 | 566 | 23.6 |
| | | 较贵 | 48 | 2.0 |

续表

| 调查项目 | | 评价 | 人数 | 比例（%） |
|---|---|---|---|---|
| 服务满意度 | 与生产者交流活动 | 满意 | 2174 | 90.6 |
| | | 一般 | 173 | 7.2 |
| | | 不满意 | 53 | 2.2 |
| | 销售服务质量 | 满意 | 2198 | 91.6 |
| | | 一般 | 168 | 7.0 |
| | | 不满意 | 34 | 1.4 |
| 未来的消费意向 | | 经常来 | 1877 | 78.2 |
| | | 只在周末来 | 377 | 15.7 |
| | | 不会特意来 | 79 | 3.3 |
| | | 说不好 | 67 | 2.8 |

（三）调查分析结论

以上调查结果说明：第一，消费者对"地产地消"的农产品满意度较高，"地产地消"的农产品具有"新鲜、安全、好吃、便宜"的特点，更受消费者欢迎。而"地产地消"的农产品所具有的"新鲜、安全、好吃、便宜"的特征与消费者对农产品的需求特征是吻合的，因此，进一步验证了"地产地消"是与农产品交易特征相适配的一种流通模式。第二，消费者对直销所组织的生产者与消费者的交流活动比较满意，通过继续开展生产者与消费者的交流活动可以进一步加强消费者对生产者的信任和对"地产"农产品的认识和了解，消费者对直销所的销售服务也比较满意。第三，在直销所购物的消费者中，93.9%的消费者是忠实消费者，这一方面表明消费者对"地产地消"的满意度较高，另一方面也说明直销所已经成为消费者购物的一个理想场所，这种零售业态已经得到了消费者的认可。

# 第三节　SWOT 分析

## 一　兵库六甲农协开展"地产地消"的 SWOT 分析

（一）优势（Strength）

"地产地消"是一种地域流通，其流通范围仅限定在特定的地域

范围之内，因此，其优势是与地域资源禀赋、自然条件等密切相关
的。通过对兵库六甲农协的调查，分析其自身的资源条件和"地产地
消"发展现状，兵库六甲农协发展"地产地消"型流通模式的优势
可以概括为五个方面，即地缘优势、技术优势、品牌优势、直销所网
络优势和供应链竞争优势。

第一，地缘优势。兵库六甲农协是兵库县内14个综合农协之一，
是兵库县内组织规模、销售规模最大的农协；管区延伸到神户、大阪
两个大城市，拥有141.1万户家庭、320万名消费者，市场潜力大；
管区内拥有神户市市立农业公园、六甲山牧场、有马温泉等著名旅游
景区，集客能力较强；阪神高速贯穿管区全境，交通便利。

第二，技术优势。兵库六甲农协共设置了203块农业试验田，7
个大型种苗中心，不断开发、试验新技术，培养新品种、新肥料、新
农药，然后在管区内统一推广。目前，在管区内实行统一的农产品栽
培技术标准，推广有机栽培、特殊栽培；推广堆肥生产技术，农户可
以利用田间地头的空地就近加工堆肥；普及病虫害有机防治技术；引
进了光学式文字读取装置，实现了生产履历记账自动读取汇集、管
理等。

第三，品牌优势。兵库六甲农协管区内的不同地区，根据地域农
业生产的特点，创造了具有地域特色的农产品品牌，分别取得了有机
JAS认证、兵库放心品牌认证和兵库推荐品牌农产品认证，产地的信
誉度较高，消费者对地域农产品的品牌认知度也较高，各地区的认证
品牌如表9-6所示。神户西区位于神户市近郊区，以生产蔬菜为主，
尤其是绿叶蔬菜实现了品牌化生产、经营；神户北区和三田地区位于
六甲山北部，水资源充足，以生产水稻和农产加工品为主，其中，三
田大米是全国的知名品牌；阪神地区是城市农业区，以设施农业为
主，以大棚蔬菜生产为主，多个品目获得兵库放心品牌及兵库推荐
品牌。

第四，直销所网络优势和供应链竞争优势。兵库六甲农协自2001
年开始建立直销所网络，截至2007年完成最后一个直销所的建设，
形成了由16个直销所组成的销售网络体系，直销所网络以四个核心
店为中心，本着为生产者服务、为消费者服务的理念，实行集中管理、

表 9 – 6 兵库六甲农协农产品品牌一览

| 品牌类别 | 神户西区 | 神户北区 | 三田地区 | 阪神地区 |
|---|---|---|---|---|
| 有机 JAS 认证品牌 | 西红柿、圆生菜、樱桃、柿子、绿叶蔬菜等 | 水稻 | 水稻、母子茶 | |
| 兵库放心品牌 | 芹菜、圆白菜、马铃薯 | 水稻、面条 | 水稻、黑大豆、西红柿、茶、秋葵、大葱 | 黑大豆、芋头、小松菜、菠菜、茄子、水菜、自然薯等 |
| 兵库推荐品牌农产品 | 软叶蔬菜、果树等 84 个品目 | 茄子、草莓、葡萄、年糕、北神大酱 | 山神大酱、三田年糕、羽束咸菜 | 小松菜、水菜、菠菜、芋头、大葱等 |

分散经营、共负盈亏的原则，实现了销售网络内部化，既拓宽了销售渠道，又降低了销售成本。六甲 megumi 是全国农产品直销所中年销售额接近 20 亿日元的大型店铺之一，对其他店铺的经营具有示范作用。而且，通过第七章第一节的分析，可见直销所与传统的蔬果超市等量贩店相比，在顾客满意度、销售效率、盈利能力等方面具有明显的竞争优势。

（二）劣势（Weakness）

第一，特色产品有质无量。兵库六甲农协通过实行供应链全程的质量监管，打造了地域农产品品牌，但是，具有地域特色的农产品及农产品加工品的产量较小，一些品牌农产品有质无量，不能实现质与量齐增，还没有形成规模化生产经营。如母子茶，已经获得有机 JAS 认证，但其生产量很有限，目前也仅限于小规模的作坊式生产，只有十多户茶农从事生产、加工，其产品在兵库六甲农协市场馆销售还处于供不应求的状态，其品牌效应难以发挥出来。再如主食用米，是全国为数不多的有机 JAS 认证的水稻，但其产量也很有限，已经完全实行"地产地消"，但是仅在兵库六甲农协管区内销售，还没有推广到兵库县的其他地区，其品牌效应还没有发挥出来。

第二，直销所规模小，盈利能力有待改善。目前，兵库六甲农协市场馆的规模还比较小，只有两个核心店属于大型店铺，平均卖场面积 896 平方米，年均销售额 12.9 亿日元；另外 14 个店都属于中小型店铺，平均卖场面积只有 154 平方米，年均销售额为 1.1 亿日元。而市场馆的盈利主要来自两个大型的核心店，小型店铺每年有 4—5 个店铺处于亏损状态，依靠自负盈亏，难以持续运营。为了满足消费者和生产者的需求，只能由大型店铺的盈利来弥补小型店铺的亏损，追求整体利润大于零的保本经营，无法实现整体利润最大化。

第三，尚未实现品牌效益。目前的农产品品牌是由农户一家一户分散注册的，使用的范围仅限于注册的农户，没有实现地域共享，品牌普及率还有待提高。在直销所内销售的品牌农产品的价格与普通农产品的价格没有什么差别，品牌价值没有体现出来，生产者也没有获得品牌收益。

第四，产业间合作较少。兵库六甲农协与观光、加工等产业的合作还比较少，没有形成产业集群。产业间合作的销售额在"地产地消"总额中所占比例很小，2011 年与加工企业合作的销售额只占"地产地消"总额的 2.7%，向学校餐饮供应农产品的销售额也只占"地产地消"总额的 12.7%。

第五，农业生产后备力量不足。日本普遍面临生产者高龄化、人口减少的趋势，兵库六甲农协管区内的农业生产者老龄化趋势也很明显，而且农业生产的后备力量不足。调查对象中 30% 的生产者面临后继无人的状态。"地产地消"的专门人才储备也不充分，目前的"地产地消"基本上是依靠营农协调员来进行营农生产、经营指导，营农协调员大多是从有生产经验的农民中选拔出来的，其文化素质尚有欠缺。

（三）机会（Opportunity）

第一，消费者的消费意识普遍提高。日本推行"地产地消"已有十余年，通过政策引导、地方政府、生协、农协等的宣传，消费者对食品安全的意识普遍提高，追求农产品的"新鲜、安全、放心"，"身土不二"的理念已经成为消费者购买农产品的一个指针，地域传统饮食的恢复和挖掘已经蔚然成风。兵库六甲农协管区内的学校重视到农业生产现场开展饮食教育，学校餐饮供应中不断扩大"地产"农产品使用量。餐饮企业也不断打出"地产地消"的招牌,以地域特色菜肴招徕顾客,更增强了消费者对"地产地消"的认识和理解,将"地产"农产品作为消费的第一选择。

第二,生产者积极性较高。根据直销所的管理制度,产品的销售价格是由生产者自己确定的,生产者享有定价权,更有利于维护生产者的利益;另外,直销所的建立,使小规模农户生产的农产品以及自给型农户家庭消费剩余的农产品都可以到直销所销售,提高了商品化比率,也增加了农户的收入,尤其是给老年人、妇女等创造了实现自身价值的机会,可以通过直销所销售获得家庭零用钱。所以,生产者的积极性较高,愿意继续参与直销所的经营,同时带动非会员生产者不断加入,每年新增会员数不断增加。

第三,第六次产业化法的推动。2010 年 12 月,第六次产业化法的实施,旨在推进农、林、渔业的生产—加工—销售一体化发展,开发充分利用地域资源的新产业,促进地域经济振兴。该法第三章明确了通过开展"地产地消",强化生产者和消费者的关系;振兴地域农、林、渔业等关联产业;丰富消费者的饮食生活;提高农产品自给率;减轻环境负荷;形成良好的"地产地消"流通体系。国家、地方自治体、相关生产组织共同努力促进"地产地消"的发展,在国家层面制定基本方针、都道府县及市町村制订利用地域农产品的促进计划,国家及地方公共团体给予必要的经济支援,"地产地消"已经成为日本地域经济发展的明确方向,不仅是生产者组织推动,行政方面也积极倡导,发展"地产地消"型流通模式具有良好的社会环境。

（四）威胁（Threat）

第一,传统的蔬果超市等量贩店的竞争。兵库六甲农协市场馆作为一种新型的农产品零售业态,其直接的竞争对手就是地域内传统的蔬果超市等量贩店,而地域内传统蔬果超市等量贩店建立时间较长,大多实行连锁式经营,且销售网点密集,遍布到兵库六甲农协管区内的每一个社区,消费者到传统的蔬果超市等量贩店购物的在途时间平均在 20 分钟以内,与到位于郊区的直销所购物相比更加方便、快捷;另外,传统的蔬果超市等量贩店货品种类齐全,进口、国产、地产产品都有,可以满足不同消费偏好的消费者的需求。所以,"地产地消"

型流通与传统的蔬果超市等量贩店之间的竞争非常激烈。

第二，来自进口的冲击。由于日本农产品自给率较低，所以大量进口农产品及其加工品是日本农产品市场的一大特征，进口农产品与"地产"农产品相比，价格相对较低，吸引了很多消费者的注意。根据笔者在日本消费的亲身感受，日本产大蒜每头 198 日元，而从中国进口的山东大蒜每公斤的价格是 198 日元，价格相差非常大，进口农产品对日本农产品的冲击也较大。目前，日本即将加入 TPP①，可以想见加入 TPP 后，随着新一轮的农产品贸易自由化的袭来，会给日本农产品价格带来新的挑战，也必将引发日本农产品流通体系的新的变革。这对于刚刚趋于稳定发展的农产品直销所是一次严峻考验。

第三，地方批发市场的竞争。随着"地产地消"的普及，日本地方批发市场的农产品受理量和经由率都明显下降（已在第三章第二节中阐述，在此不再赘述），"地产"农产品的受理量下降更为明显，导致一些地方批发市场无法继续运营，为了增加农产品受理量，提高批发市场经由率，一些地方批发市场推出了各种措施扩大"地产"农产品的比例，如兵库六甲农协管区内的三田市地方批发市场，组织专门的采购人员到农户地头收购农产品，对于销售大户还在经营年度末一次性给予销售奖励，2011 年的销售奖励额度为农户交纳给批发市场的销售手续费的 5%，而兵库县的姬路市批发市场给予农产品销售大户的年底奖励则达到了农户所交纳的手续费的 15%。所以，来自地方批发市场的竞争也日益激烈。

**二　未来可供选择的经营策略**

本节在对兵库六甲农协"地产地消"型流通进行 SWOT 分析的基础上，构造 SWOT 分析矩阵表，根据 SWOT 矩阵分析提出兵库六甲农协未来发展"地产地消"可供选择的经营策略。

（一）SWOT 矩阵

根据 SWOT 分析矩阵表，如表 9 - 7 所示，可以采取的经营策略有四种，SO 战略（进攻型战略）、ST 战略（差别化战略）、WO 战略（增长型战略）和 WT 战略（防御型战略）。

---

① TPP 是《跨太平洋战略经济伙伴关系协定》的简称。

表9－7                 SWOT 分析矩阵

| SWOT 分析矩阵<br>S：优势<br>W：劣势<br>O：机会<br>T：威胁 | 外部环境分析 | |
| --- | --- | --- |
| | 机会（O）<br>消费者意识普遍提高、生产者积极性较高、六次产业化法的推动、地方政府的支持 | 威胁（T）<br>来自传统超市的竞争、来自进口的冲击、地方批发市场的竞争 |
| 内部环境分析 | | |
| 优势（S）<br>地缘优势、技术优势、品牌优势、直销所网络优势、供应链竞争优势 | SO 战略<br>突出优势，利用机会，实现市场最大化的市场进攻战略 | ST 战略<br>利用优势，回避威胁，差别化战略 |
| 劣势（W）<br>特色产品有质无量、直销所规模小、品牌效益不明显、产业间合作少、农业生产后备力量不足 | WO 战略<br>克服劣势，利用机会增长型战略 | WT 战略<br>减少劣势，回避威胁防御型战略 |

SO 战略的核心内容是突出优势，利用机会。对兵库六甲农协来说，就是要利用兵库六甲农协自身具有的优势，把握机遇，扩大市场份额，实行进攻型战略；尤其是扩大直销所网络销售的份额，通过市场最大化，实现规模经济效益，进一步扩大优势。

WO 战略的核心内容是克服劣势，利用机会。对兵库六甲农协来说，宜采用增长型战略，扩大生产规模、质量齐增，实现品牌效益；同时还应该注重培养"地产地消"专门人才，提高人才素质，培育农业生产接班人；最终实现变劣势为优势，实现"地产地消"的持续发展。

ST 战略的核心内容是利用优势、回避威胁。在与蔬果超市等量贩店的竞争中，应突出"地产"农产品的"新鲜、安全、放心"的品质优势，实行差别化战略；同时加强生产者与消费者之间的交流，扩大温情效应，稳定并扩大忠实顾客的比例。

WT 战略的核心内容是减少劣势、回避威胁。对兵库六甲农协来说，宜实行防御型战略，稳定既有的市场，减少或避免经营风险。

（二）经营策略选择

综合 SWOT 分析结果，根据兵库六甲农协的实际情况，笔者认为，兵库六甲农协发展"地产地消"可以继续完善合作机制，开发更广泛、更深层次的合作渠道，加强生产者之间的合作，大力发展农超对接，加强直销所间的合作，发展直销所同其他产业、行政机关间的合作。

1. 生产者间的合作

为了在"地产地消"流通体系中建立合作机制，首先应该关注的就是生产者之间的合作。通过生产者之间的合作，实现生产者组织化，进而实现生产者间资源共享，把市场销售等活动水平从个体水平提升到组织水平，把个体优势转化为组织优势。首先，提升生产者活动的质量。包括提高生产、销售的农产品的质量、附带的服务的质量、满足消费者需求的程度等，其中最主要的就是适应消费者需求的变化，提供品种齐全、质量可靠的农产品。其次，在生产者活动质量提升以后，进一步提升生产者的组织化水平，建立各项组织活动的数据库，实现组织全体成员信息共享，强化组织内部的供给体制。通过生产者组织化，开展品牌化产品的规模化生产，扩大品牌效益。

2. 直销所间的合作

目前，兵库六甲农协虽然已经建立了直销所网络，但通过直销所网络实现的销售额还很低，生产者生产的农产品几乎还停留在各自所属的直销所销售，网络优势没有体现出来。要想发挥直销所网络优势，有必要强化直销所间的合作；另外，建立与县域内不同地区的直销所之间的合作，联合销售，一方面可以扩大销售额，另一方面也可以扩大对兵库六甲农协管区内生产的农产品的品牌宣传，吸引更多的消费者。因此，需要成立直销所间的联络协议会，通过联络协议会建立信息发布平台，发布地域信息，扩大交流，实现会员间的信息交换与合作，促进地域农业振兴和促进地域经济发展。

3. 直销所与行政机关的合作

首先，网络化、组织化是"地产地消"推进活动的必然选择。设置"地产地消"的推进组织，需要行政上的支持。例如，前文中提到的设置农产品直销所间的联络协议会，现在有些地域由政府承担事务局工作，事实上联络协议会成立后由直销所承担事务局的工作很困难，所以必须有政府的支援。在组织成立以后，通过组织各项活动，逐渐发掘有影响力的人作为组织的领导者来承担组织工作。其次，"地产地消"的普及、启发活动是从农产品直销所的活动开始的，各种活动和宣传，包括生产者在内，行政等部门的积极组织至关重要。因此，行政上对直销所建立活动联盟、信息交换、意见反馈等方面给予大力支持，使各项活动、宣传、研修会等更加充实，为"地产地消"的普及提供软件方面的支援。最后，小规模的直销所往往呈点状分布，各自独立活动，随着组织化的发展，充分利用作为集客中心的基础设施，举办共同活动和进行共同宣传。因此，需要对现有设施进行改建或者新建设施，这必然会面临资金的问题，行政方面利用已有的资金补助政策和开展新事业对"地产地消"的"硬件"建设提供支援。例如，直销所在冬季时产品品种不全，为了解决这个问题，一些地域的行政当局作为一种单独的事业建设温室大棚，使直销所销售商品品种更加丰富。通过这样的"硬件"方面的支援来推进"地产地消"。

4. 直销所与竞争业者之间的合作

兵库六甲农协市场馆最直接的竞争对手就是兵库六甲农协管区内的蔬果超市等量贩店，直销所在与蔬果超市等量贩店的竞争中实行的是差别化战略，其销售的商品以"地产"、"晨采"为主，从长期发展来看，应打破这种竞争局面，建立合作关系，发展农超对接型"地产地消"。目前，在兵库六甲农协管区内有9家大型连锁超市，共开设店铺139家，渗透到了兵库六甲农协管区内的每一个大型社区，而其中只有32个店铺开设了"地产"产品专柜。直销所在网点布局上与蔬果超市等量贩店无法竞争，在互惠互利的基础上开展农超对接，变竞争关系为合作关系，变竞争对手为合作伙伴，可以实现直销所与量贩店的"双赢"效果。所以，应积极发展农超对接型"地产地消"，利用蔬果超市等量贩店的销售网点扩大"地产"农产品的销售。在与蔬果超市等量贩店的合作中，农协应该进一步发挥中间协调作用，有效地组织农户进行有计划的生产、销售，提高店中店的出店率，实现常态化的稳定生产和销售。如图9-5所示，农协应在量贩店和农户之间继续架起沟通协调的桥梁，而不能只是与量贩店建立联系后，由农户自由出店，要保证流通运行稳定。

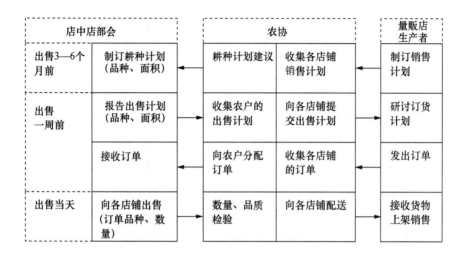

图 9 – 5　理想的店中店运营流程

5. 直销所与其他产业之间的合作

首先，直销所与食品加工企业合作。近年来，直销所不断推进农产品的加工开发，在直销所的销售额中加工产品销售额所占的比例不断增加，但是以个人为单位进行农产品加工，虽然可以体现出各自的特色，但是产品的品质难以标准化，供应量也很有限。通过直销所与地域农产品加工企业合作，更有利于创造地域品牌，向来自其他地域的消费者进行品牌宣传，可以扩大地域品牌的影响力。其次，直销所与旅游企业的合作。与旅游企业的合作主要是以住宿设施为中心，提供"地产地消"的农产品及其加工品。例如：把乡土特色菜肴写入住宿客人用的菜单；灵活利用应季农产品推出"季节特色菜套餐"；与宾馆、旅馆等行业协会合作，共同成立合作组织，提供在本地区的"旅馆通用菜"，加强对地域特色的宣传。再次，直销所与餐饮企业的合作。通过直销所与当地的餐饮企业合作，推进"地产地消"，提高"新鲜、安全、放心"的农产品在地域内的流通率，扩大当地产农产品在当地的消费量。直销所可以与餐饮企业签订长期供货合同，向餐饮企业提供按时配送农产品的服务，构建地域内"地产地消"供应体系，使地域内的食堂、餐馆、旅馆等都积极加入进来，形成稳定的"地产地消"供销渠道。最后，直销所与研究机关等的合作。直销所与研究机关的合作主要是由于一些地域资源开发成本较高，目前加工程度低，附加价值较小，为了进一步利用其优势，开发具有高附加值的产品，应该积极推进以研究机关为中心的官、产、学、研之间的合作。行政机关从软件和硬件两方面对地域资源开发提供支持，研究机关从满足消费者需求的角度进行地域资源开发的研究、实验与可行性研究，并指导企业进行产品开发，企业制定相应的市场销售策略。这样，以研究机关为中心，通过官、产、学、研之间的合作，形成产品研发—生产—销售的经营链，构筑使地域资源在质的方面得到提高和在量的方面获得增长的生产基础，促进地域特色产品的开发与销售，创造地域产品品牌。

# 第四节 "地产地消"的组织管理

农协是"地产地消"流通的主导者之一，兵库六甲农协依托自身的职能机构实施对"地产地消"的组织管理，其组织管理行为贯穿于"地产地消"流通供应链的全过程，从生产环节、销售环节到消费环节，其中，对消费环节的组织管理是"地产地消"组织管理行为的延伸，也使农协对"地产地消"供应链的组织管理形成了完整的闭路管理。

## 一 运作管理

农协系统依托"农协中央会—县经济联—单位农协"的强大管理体系和单位农协营农经济事业基础，通过"生产资料供应—生产—销售—消费"各环节运营上的内部分工与协调，各环节环环相扣，有效降低外部性造成的风险，提高"地产地消"供应链的整体运行效果。兵库六甲农协的"地产地消"供应链全程管理如图9-6所示。

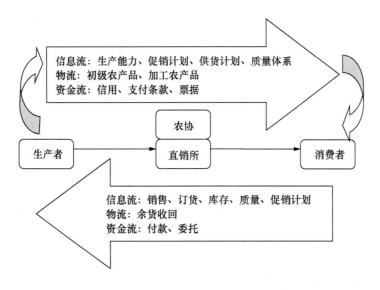

图9-6 "地产地消"供应链管理过程

在生产环节，兵库六甲农协的营农理念是"营农创环"，即通过营农指导，导入新技术、新品种、新工艺，推进环境创造型农业。另外，营农指导还要指导农户转变经营观念，强化销售意识，引导小规模农户开展少量、多品目农产品生产，利用直销所销售农产品，增加

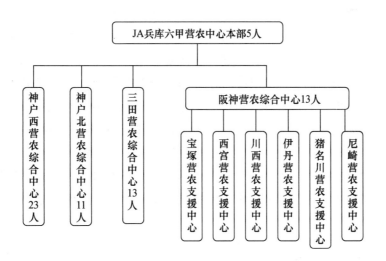

图9-7 兵库六甲农协营农组织架构

销售收入。兵库六甲农协共设置十个营农中心，其中，神户西、神户北、三田、阪神各有一所综合营农中心，宝塚、西宫、川西、尼崎、伊丹、猪名川各设一个营农支援中心。设置专职的营农协调员，分配在各营农中心。通过营农协调员进行营农访谈是营农支援体制的核心，对于生产规模小的地区和分散的小规模农户很难有效地组织农业生产和经营活动，农户把营农协调员专家小组视为农业生产经营的专家组，对农户的生产和经营具有重要的引导和指导作用。

因为参与"地产地消"流通的生产者大多是老年人和妇女，而不是专业的有经验的生产者，需要引导他们有目的地开展生产和销售，为了保证市场馆常年运营同时确保销售的商品种类齐全，要引导生产者全年生产。第一，选择潜在的生产者，主要以中老年人、妇女和新型职业农民为对象。第二，导入生产方案。在向农户募集会员时给农户规定一个具体的生产方案，最初的生产方案一般是以一个品种的蔬菜为主、3—4 种蔬菜组合的生产方案，包括生产体系、劳动时间、目标产量、目标收入（一般确定为年销售收入 100 万—200 万日元）、生产所需的生产资料、机械、设施等的一个完整的、可操作性的生产方案。初期投资以 4 亩的农地计算，需要投资 40 万日元。为了保证在市场馆主要蔬菜品种能够全年销售、品种齐全，营农中心普遍推广的生产方案是建设永久性的温室大棚，最小限度是投资建设面积为 1亩的温室大棚。第三，栽培技术指导。主要是指导农户生产"新鲜、安全、放心"的农产品，推进多品种化、全年稳定生产，普及新的栽培技术（无农药、减农药栽培技术）、导入新品种，推广使用堆肥、导入农业生产工程管理（GAP①）。通过设置新品种、新技术试验田，举办露天教室、田畔讲习会、生产部会研修会等形式，由营农协调员、经营经验丰富的生产者对新加入的农户进行现场指导。

在销售环节，兵库六甲农协根据《直销所宪章》，致力于构建以直销所为中心的"地产地消"销售网络体系，通过多种形式加强地域

---

① GAP：Good Agricultural Practice 的缩写，直译为"好的农业生产方法"，在此译为"农业生产工程管理"，是指从保证农产品品质安全和农业生产者作业安全的角度，在农产品生产各阶段，生产者应该遵守的正确农场管理规定。

内各相关主体间的合作，扩大"地消"。第一，兵库六甲农协在管区
内四个地区分别确定一个核心店，构建了以市场馆核心店为主的内部
销售网络，四个核心店再辐射到各自所在区域内的其他中、小店铺。
这样，在兵库六甲农协管区内形成了核心店之间的主网络和四个区域
内的局域网络，使兵库六甲农协管区内的农产品可以在管区内市场馆
的每个店铺共同销售。第二，在全国范围内选择具有优势的农协合
作，以保证兵库六甲农协市场馆的产品种类齐全。具体包括：冲绳县
的 JA 冲绳和歌山县的 JA 纪里、爱知县的 JA 爱知多、长野县的 JA 北
信州 miyuki 和北海道士别市的 JA 北 hibiki。通过外部合作网络，将各
地的特色农产品摆上柜台，在扩大了销售额的同时，也吸引了更多的
消费者。第三，与学校餐饮供应会、餐饮企业、机关食堂、加工业者
合作，因为这些合作对象的单次需求量较大，而且需求相对稳定、持
久，所以兵库六甲农协将其视为大宗需求者，以合同销售方式进行
销售。

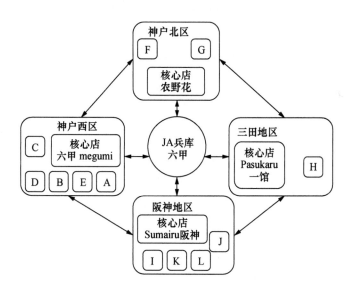

图9-8　兵库六甲农协市场馆网络组织结构

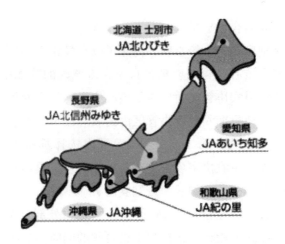

图 9 - 9　与兵库六甲农协合作的农协分布情况

在消费环节，兵库六甲农协的主要目标是扩大和稳定"地消"量，以"医食农源"为核心理念，通过多种形式开展生产者和消费者交流的活动：第一，饮食教育活动。接待管区内中、小学生开展农业体验活动。第二，在直销所内设立料理教室，聘请专业的营养师定期举办料理制作讲习会，根据季节开发新菜单，并在农产品上市时及时举办新菜单制作说明和试食会，让消费者了解地域农产品营养成分和食用方法，使消费者在日常生活中吃出营养、吃出健康。第三，开放观光农园，向消费者介绍地域各种农产品的特点、收获季节、口味、与其他地域生产的农产品的差别等知识，让消费者认识、了解地域内的农产品，观光农园已经成了消费者休闲、养生的一个理想场所。第四，定期举办生产者和消费者交流的活动，根据季节举办不同品目的农业产业节。

通过生产者和消费者面对面交流，增进相互了解，可以使生产者直接接收到消费者的意见，了解消费者的需求偏好，改进生产；同时也加深了生产者和消费者之间的个人感情，产生温情效应，形成稳定的、忠实的消费者，有利于生产持续发展。对消费者来说，由于与生产者建立了感情，产生信任感，自己清清楚楚地知道自己消费的产品是谁生产的、是怎样生产的，可以更加放心地进行消费。

## 二  质量监管

许多农产品的属性和特点在购买或消费前是不可观测的。消费者面临着"事前"不确定，这种不确定可能会延续到某种食源性疾病产生之后，当消费者不能确定疾病的来源时，又会面临"事后"不确定性。为降低不确定性造成的风险，必须采取措施加强农产品质量安全管理。"地产地消"流通供应链管理实行的是全程质量监管，确保消费者买到"新鲜、安全、放心"的农产品，彻底实现农产品质量安全可追溯。质量监控从生产前准备阶段开始一直延伸到销售终端，包括生产前质量控制、生产中质量控制和销售环节质量控制，确保农产品质量安全。

表 9 – 8                "地产地消"的质量控制措施

| 供应链环节 | 生产前 | 生产中 | 销售环节 |
| --- | --- | --- | --- |
| 质量控制措施 | 土壤分析<br>土壤改良<br>堆肥生产<br>农药分析<br>农药采购与回收制度<br>新技术试验田 | 新品种新技术推广<br>农产品生产履历制度<br>农产品质量认证制度<br>病虫害防治<br>农药残留检查 | 包装与标签管理制度<br>生产履历备案制度<br>品质检验制度<br>加工产品准入制度 |

兵库六甲农协在生产前实施以下质量控制措施：第一，以提供风险补助金的方式设立 300 块试验田，试验成功的肥料、农药以及新品种再向农户推广。第二，坚持适地适作，实施土壤分析与土壤改良，有计划地规划生产基地。自 2005 年以来，平均每年为农户提供土壤分析服务 1013 次，年均增加专业生产基地 67 公顷。第三，投资建设三个堆肥肥舍，利用农户饲养的牲畜粪尿、农作物秸秆培育堆肥，2001 年以来，平均每年生产并投入使用堆肥 4844 吨。另外，通过组织现场讲习会等形式向农户传授堆肥生产技术，鼓励农户利用自家田间地头的空地自治堆肥。第四，实行农药统一采购、统一回收制度，并由农协负责控制农药使用，严禁使用国家不允许使用的剧毒农药，与生产者签订保证书，承诺不使用未经国家许可的农药。自 2001 年

开始实行回收过期农药的制度，累计回收过期农药 88.2 吨，年均回收过期农药 6.8 吨。

在生产环节，兵库六甲农协实施以下三项质量保障措施：第一，推行农产品生产履历制度，导入 FAX – OCR① 履历登记系统，要求农户在生产的过程中随时记录档案，将农产品生产履历随时上传给兵库六甲农协营农中心管理系统，营农中心的营农协调员随时可以查看农户的生产进程，发现问题及时处理。第二，推行农产品品质认证制度，包括有机 JAS② 认证（已获得认证 5 项）、兵库放心品牌③认证（已有 20 类农产品，包括 97 个品目取得认证）、兵库奖励品牌认证（已有 32 类农产品及加工农产品、98 个品目取得认证）。第三，建立质量安全预警机制，设立三个质量安全监控小组：一是设置"新鲜、安全、放心"三重运动内部检查委员会，配备认证的专职质检员 6 人，质检员培养对象 9 人，内部检查委员会的成员不定期到田间地头、生产作业现场、加工现场进行监督检查，保证质量不合格的产品不许销售。二是病虫害防治巡回检查小组，针对不同季节发病率较高的病虫害实施提前检查预防。三是"新鲜、安全、放心"品质标识专家组，指导农户正确标识农产品品质，不许伪造质量标识和认证标识。

---

① FAX – OCR：生产者用手书写记录农产品生产履历，传真到农协，农协系统自动识别并汇编的信息系统。

② JAS 认证以 JAS 法为依据，JAS 法是指日本于 1950 年制定的《与农林物资标准化和品质的正确标示相关的法律》，作为农产品认证的依据，后来经过多次修改，质量标准逐渐完善，现行的 JAS 法是 2002 年修订的。具体认证分两类：第一类是常规农产品认证，经过有关部门审核能够持续生产符合 JAS 要求的产品，就允许生产者在其产品上贴上 JAS 标志。第二类是有机农产品认证，JAS 法明确了有机农产品及其加工食品的规格标准，可以通过检查来确定是否符合规格标准，现行的标准包括"有机低农药栽培"、"有机减农药栽培"等，有机 JAS 标志是有机食品的专用标志。

③ 兵库放心品牌是兵库县 2002 年开始实施的认证，其认证标准有三个：一是采用对人体健康和环境保护有益的栽培方法生产；二是实施农药残留量检验，其农药残留量在国家标准的 1/10 以下；三是栽培方法和农药检验结果公开，有明确的责任者。

图 9 - 10　农产品认证标识

在销售环节，主要实施以下四个质量保障措施：第一，严格的包装和标签规定。市场馆规定进场销售的商品必须使用能够保证产品品质的有防霉孔的袋子包装；在商品外包装上必须贴上以自己登记的姓名制作的条码和标签，条码和标签都使用统一的条码机自己制作；商品标签上必须正确标注产品的生产地，如兵库县产、神户产等。第二，品质检验。市场馆对 8 个品种的蔬菜实行农药残留常规检查，这8 个品种是萝卜、西兰花、圆白菜、西红柿、黄瓜、茄子、南瓜、白菜，对其他蔬菜实行不定期抽查，以提高农户的品质安全意识。第三，加工品入场制度。市场馆规定加工产品进入卖场销售应满足一定的条件，具体包括：①生产原料以国产原料（不少于 50%）为主，最好是使用兵库县产原料进行加工；②必须按照《食品卫生法》的规定，在保健所取得生产许可证，并提交其复印件备案；③每件商品上必须明确记载规定的项目，必须提交商品的原材料明细和样品。第四，坚持实施叶茎类蔬菜当日晨采制度，当日销售剩余货品如果第二天继续销售则必须实行半价，以提示消费者产品的新鲜度有差别。

# 第五节　销售额与销售渠道结构

### 一　销售业绩

兵库六甲农协"地产地消"的销售总额不断增长，自 2008 年开始，蔬果类产品的"地产地消"销售额超过了经由批发市场的销售额；兵库六甲农协管区内主食用米实现了完全"地产地消"。从销售场所来看，直销所的销售额逐年上升，从 2001 年的 13.95 亿日元增长到2011年的41.27亿日元,年均增长率为18.8%;"农超对接"的销售额基本稳定在10亿—12亿日元;2004年开始,兵库六甲农协全量供应神户市学校餐饮供应所需的主食用米;蔬菜供应主要包括油菜、圆白菜、香葱、白菜、茄子、菠菜、水菜、小松菜、土豆、洋葱、胡萝卜共计11个品种23个品目,供应量逐年增加。2011年,兵库六甲农协供应的蔬菜总量达到178吨,占神户市学校餐饮需求总量的15.8%,从单品供应情况来看,供应比率居前五位的依次是小松菜100%、水菜92.7%、香葱72.4%、茄子70.8%、菠菜55.5%;"地产地消"的销售总额呈不断上升的趋势,截至2011年,"地产地消"销售总额达到了51.74亿日元。

(一) 市场馆销售情况

兵库六甲农协市场馆的销售额呈逐年增长的态势,2000年,市场馆销售总额为10.46亿日元,到2011年,市场馆的销售总额增长到了41.27亿日元,年均增长2.57亿日元,年均增长率为24.5%。市场馆的客流量也呈增长态势,2006年,市场馆的客流量为207.5万人次,到2011年,市场馆的客流量增加到了240.4万人次,年均增加6.58万人次,年均增长率为3.2%。

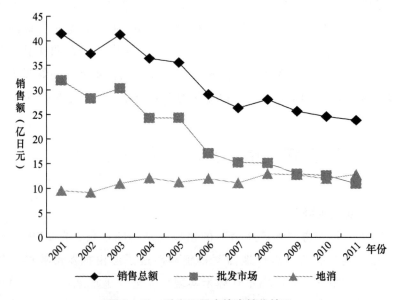

图9-11 兵库六甲农协米销售情况

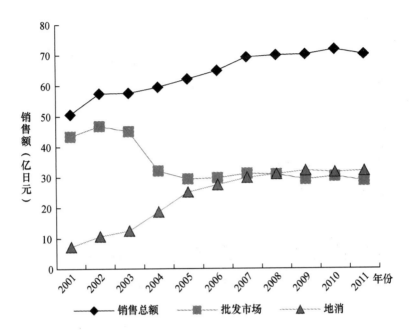

图 9 – 12　兵库六甲农协蔬果产品销售情况

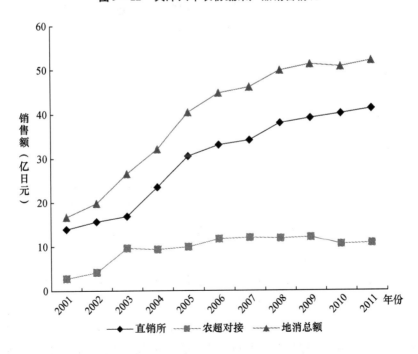

图 9 – 13　兵库六甲农协"地产地消"销售额变动情况

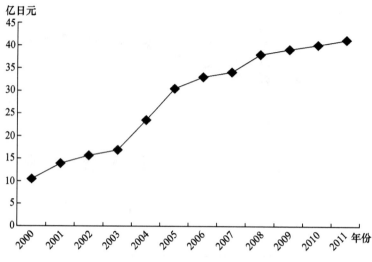

**图 9 - 14　兵库六甲农协市场馆销售情况**

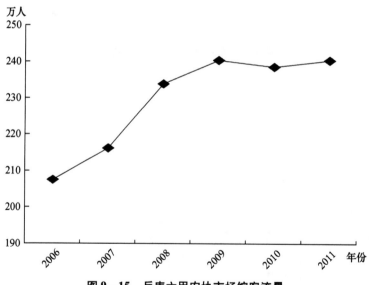

**图 9 - 15　兵库六甲农协市场馆客流量**

（二）农超对接销售情况

2001 年，兵库六甲农协开始与超市等量贩店合作，以产直交易、开设店中店的方式销售农产品，店中店的销售情况基本稳定略有增长，但总体规模不大，2001—2010 年，店中店年均销售额 1.64 亿日元。大宗交易销售额的数据自 2004 年起单独记载，当年销售总额 8.74 亿日元，2004—2011 年，年均销售额为 7.79 亿日元。

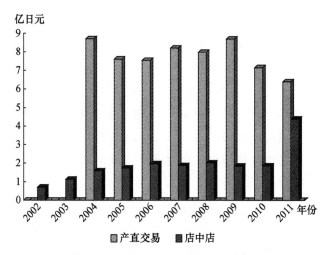

**图9-16　兵库六甲农协农超对接销售情况**

（三）学校餐饮供应情况

2001 年，兵库六甲农协向学校餐饮供应提供蔬菜 59.7 吨，主食用米 1092 吨，到 2008 年，实现了学校餐饮供应的主食用米全量供应。2011 年，兵库六甲农协向学校餐饮供应提供蔬菜 217 吨，主食用米 1274 吨。2001—2010 年，年均供应蔬菜 131.4 吨，主食用米 983.4 吨。

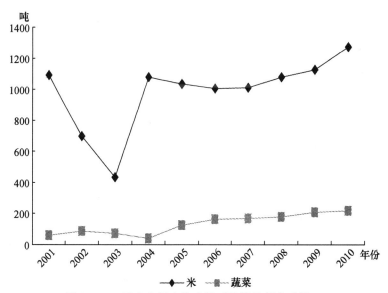

**图9-17　兵库六甲农协农校对接销售额变动情况**

## 二 "地消"产品及渠道结构分析

兵库六甲农协"地产"农产品可分为蔬果类产品、米麦类产品、花卉和畜产品四大类。不同类别的农产品其销售渠道也有所不同，如表9-9所示，2011年，"地消"产品构成中，销售额最大的是蔬果类产品，其次是米麦；从"地消"渠道来看，花卉和畜产品的"地消"部分完全通过市场馆销售，62.2%的蔬果类产品、44.2%的米麦产品也通过市场馆进行销售。生鲜产品通过市场馆销售总额为32.31亿日元，占生鲜产品"地消"总额的62.4%；通过农超对接方式销售总额为11.46亿日元，占生鲜产品"地消"总额的22.2%；向学校餐饮供应销售总额为6.59亿日元，占生鲜产品"地消"总额的12.7%；向加工企业销售总额为1.38亿日元，占生鲜产品"地消"总额的2.7%。通过市场馆和农超对接方式的销售额之和为43.77亿日元，占生鲜产品"地消"总额的84.6%。

表9-9　　　　　　兵库六甲农协生鲜农产品销售渠道结构

单位：亿日元、%

| "地消"类型 | | "地消"总额 | | | | "地消"总额 | 市场销售额 | "地产"总额 |
|---|---|---|---|---|---|---|---|---|
| | | 市场馆 | 农超对接 | 学校餐饮供应 | 加工企业 | | | |
| 蔬果 | 销售额 | 19.98 | 10.79 | 0.48 | 0.86 | 32.11 | 28.88 | 60.99 |
| | 比例 | 62.2 | 33.6 | 1.5 | 2.7 | | | |
| 米麦 | 销售额 | 5.70 | 0.67 | 6.01 | 0.52 | 12.90 | 10.98 | 23.88 |
| | 比例 | 44.2 | 5.2 | 46.6 | 4.0 | | | |
| 花卉 | 销售额 | 3.34 | 0 | 0 | 0 | 3.34 | 0.47 | 3.81 |
| | 比例 | 100 | 0 | 0 | 0 | | | |
| 畜产品 | 销售额 | 3.29 | 0 | 0 | 0 | 3.29 | 48.35 | 51.64 |
| | 比例 | 100 | 0 | 0 | 0 | | | |
| 销售额合计 | | 32.31 | 11.46 | 6.59 | 1.38 | 51.74 | 88.68 | 140.32 |
| 比例 | | 62.4 | 22.2 | 12.7 | 2.7 | 100 | | |

## 第六节　销售效率与经济效益

直销所是一种新型的以农产品销售为主的零售企业，直销所的经济效益直接影响以直销所为核心的"地产地消"供应链的稳定性和持续性。本节以兵库六甲农协直销所经营的实际财务数据为基础，计算分析直销所的销售效率和经济效益。

### 一　销售效率

销售效率反映直销所生产效率，包括销售规模和销售效率。兵库六甲农协管区内的蔬果零售企业①主要是食品超市和蔬果超市，根据日本经济产业省 2008 年商业统计数据和兵库六甲农协 2011 年事业报告的数据分别计算传统的蔬果零售企业和直销所销售效率、兵库六甲农协市场馆的销售效率，计算结果如表 9 - 10 所示。

**表 9 - 10　　　　　　直销所与蔬果超市销售效率比较**

| | 店铺 | 年销售额 (亿日元) | 职员 (人) | 生产者 (人) | 卖场面积 (平方米) | 人员效率(万日元/人) | 卖场效率(万日元/平方米) |
|---|---|---|---|---|---|---|---|
| 兵库六甲农协市场馆 | 六甲 megumi | 17.37 | 15 | 726 | 934 | 11581.71 | 186.00 |
| | 农野花 | 2.40 | 9 | 254 | 190 | 2670.83 | 126.24 |
| | Pasukaru 一号馆 | 8.47 | 13 | 607 | 758 | 6513.75 | 111.71 |
| | Sumairu 阪神 | 4.42 | 12 | 553 | 449 | 3679.91 | 98.35 |
| | 核心店平均 | 8.17 | 12.25 | 398.25 | 582.75 | 6665.32 | 140.11 |
| | 兵库六甲农协平均 | 2.58 | 6.88 | 223.2 | 241 | 3751.57 | 107.1 |
| 全国直销所平均 | | 0.52 | 7.1 | 87 | 131 | 734 | 39.8 |
| 兵库县 | 蔬果零售业平均 | 0.37 | 3.48 | — | 50.63 | 1074.76 | 73.78 |
| | 蔬果超市平均 | 3.16 | 22.6 | — | 533.6 | 1399.12 | 59.23 |

注：兵库县数据根据日本经济产业省 2008 年商业统计调查结果计算得出；兵库六甲农协市场馆数据根据兵库六甲农协 2011 年事业报告整理得出。

---

① 蔬果零售业包括食品超市、蔬果超市以及其他各种量贩店的蔬果专卖区。

（一）规模指标分析

与兵库县蔬果零售业比较，兵库六甲农协市场馆的年均单店销售额、从业人员数、卖场面积等规模指标值均高于兵库县蔬果零售业的平均指标值。市场馆单店年均销售额为 2.58 亿日元，是兵库县蔬果零售业平均指标值的 7 倍；单店平均卖场面积为 241 平方米，是兵库县蔬果零售业平均指标值的 4.8 倍；而单店平均职员数 7.1 人，是兵库县蔬果零售业平均指标值的 2 倍。

与兵库县蔬果超市比较，兵库六甲农协市场馆的年均单店销售额、从业人员数、卖场面积等规模指标值均低于兵库县蔬果超市的平均指标值。市场馆单店年均销售额为 2.58 亿日元，是兵库县蔬果超市平均指标值的 82%；单店平均卖场面积为 241 平方米，是兵库县蔬果超市平均指标值的 45%；而单店平均职员数 7.1 人，是兵库县蔬果超市平均指标值的 31%。

根据以上分析，兵库六甲农协市场馆规模指标值高于兵库县蔬果零售业的平均指标值，但低于兵库县蔬果超市的平均指标值。说明兵库六甲农协与一般的蔬果零售业相比具有规模优势，但与兵库县内专门的蔬果超市相比不具有规模优势。

（二）销售效率指标分析

兵库六甲农协市场馆与兵库县蔬果零售业比较，兵库六甲农协市场馆的人员效率、卖场效率等效率指标值均高于兵库县蔬果零售业的平均指标值。兵库六甲农协市场馆的人员效率为 3751.57 万日元/人，是兵库县蔬果零售业平均指标值的 3.5 倍；卖场效率为 107.1 万日元/平方米，是兵库县蔬果零售业平均指标值的 1.5 倍。

兵库六甲农协市场馆与兵库县蔬果超市比较，兵库六甲农协市场馆的人员效率、卖场效率等效率指标值均高于兵库县蔬果超市的平均指标值。兵库六甲农协市场馆的人员效率为 3751.57 万日元/人，是兵库县蔬果超市平均指标值的 2.7 倍；卖场效率为 107.1 万日元/平方米，是兵库县蔬果超市平均指标值的 1.8 倍。

根据以上分析，兵库六甲农协市场馆平均销售效率指标值均高于兵库县零售业和蔬果超市的平均指标值，说明兵库六甲农协市场馆具有销售效率优势。

## 二　经济效益

经济效益反映直销所的经营收益情况，主要指标包括利润总额、销售利润率①和利润增长率②三个指标。利润总额反映直销所经营利润的规模，销售利润率反映企业产品的盈利能力，利润增长率反映企业持续增长的能力，也直接影响到"地产地消"流通模式的持续发展。

### （一）经营损益分析

兵库六甲农协市场馆既是兵库六甲农协"地产地消"流通渠道的核心，也是开展"地产地消"流通后新设立的场馆，作为一种独立的流通业态，以实体店的组织形式运营。市场馆运营的收益情况直接影响其运营的持续性，也可以反映"地产地消"的运营效果。市场馆是在生产者和消费者双方共同支持下运营的，但是，如果只有生产者和消费者的支持而实际运营出现赤字，市场馆的持续运营也无法保证，作为"地产地消"的核心的市场馆也将不会存在。

### 1. 总损益分析

兵库六甲农协市场馆于 2007 年完成最后一个店铺的建设并投入运营，2008 年市场馆的纯利润达到 1.45 亿日元，销售利润率为 3.83%；2010 年，市场馆的纯利润达到了 1.74 亿日元，销售利润率为 4.34%。2010 年与 2008 年相比，利润增长率为 19.88%。市场馆的经营效益稳定增长，销售利润率明显高于传统的食品超市等量贩店的销售利润率③（1%—2%），并且，兵库六甲农协运营市场馆的收益率高于经由批发市场销售时兵库六甲农协的收益率④（2%—3%），说明市场馆的运营良好，可以持续发展。

---

① 销售利润率＝利润总额/营业收入×100%。
② 利润增长率＝（本期利润－上期利润）/上期利润×100%。
③ 根据日本中央三井信托控股集团 2010 年关于超市现状的调查报告，日本一般食品超市等量贩店的销售利润率为 1%—2%。
④ 经由批发市场销售兵库六甲农协的收益率为销售额的 2%—3%，即为兵库六甲农协实际获得的手续费收入。

**表 9-11　　　兵库六甲农协市场馆 2008 年经营损益分析　　单位：千日元**

| 综合营农中心 | | 神户西 | 神户北 | 三田 | 阪神 | 合计 |
|---|---|---|---|---|---|---|
| 生产者人数 | | 911 | 359 | 549 | 549 | 2368 |
| 销售额 | | 2076117 | 423798 | 991362 | 305424 | 3796701 |
| 手续费收入 | 农产品销售（产直） | 207943 | 39012 | 83400 | 22091 | 352446 |
| | 主食销售 | 39040 | 16885 | 24331 | 21536 | 101792 |
| | 生产、生活用品销售（除主食） | 2725 | 0 | 1881 | 620 | 5226 |
| | 直销所间连携销售 | 30440 | 2886 | 6557 | 3626 | 43509 |
| | 运费收入 | 0 | 0 | 0 | 0 | 0 |
| | 其他 | 514 | 4635 | 13710 | 914 | 19773 |
| | 合计（A） | 280662 | 63418 | 129879 | 48787 | 522746 |
| 支出 | 直接事业费　劳务费 | 54318 | 5858 | 38131 | 22040 | 120347 |
| | 部会活动费（钟点工） | 1199 | 0 | 0 | 325 | 1524 |
| | 业务费 | 10662 | 2247 | 12158 | 4677 | 29705 |
| | 运输费 | 168 | 0 | 0 | 1570 | 1738 |
| | 促销费 | 2639 | 140 | 3909 | 3201 | 9889 |
| | 其他 | 6271 | 279 | 27 | 1199 | 7776 |
| | 合计（B） | 75216 | 8524 | 54225 | 33012 | 170979 |
| | 总收益（C）＝（A）-（B） | 205444 | 54894 | 75654 | 15775 | 351765 |
| | 事业管理费　工资（正职员） | 27504 | 28200 | 20475 | 7700 | 83879 |
| | 业务设施费 | 37907 | 5786 | 28265 | 2621 | 74579 |
| | 税金 | 4708 | 1860 | 1589 | 1294 | 9451 |
| | 折旧费 | 19199 | 3452 | 11333 | 4414 | 38398 |
| | 其他 | 0 | 0 | 0 | 0 | 0 |
| | 合计（D） | 89317 | 39298 | 61663 | 16029 | 206307 |
| | 费用合计（E）＝（B）+（D） | 164535 | 47822 | 115888 | 49041 | 377288 |
| 纯利润（F）＝（C）-（D） | | 116126 | 15596 | 13991 | -254 | 145459 |
| 销售利润率（%） | | 5.59 | 3.68 | 1.4 | -0.08 | 3.83 |

**表 9-12　　　兵库六甲农协市场馆 2010 年经营损益分析　　单位：千日元**

| 综合营农中心 | 神户西 | 神户北 | 三田 | 阪神 | 合计 |
|---|---|---|---|---|---|
| 生产者人数 | 910 | 414 | 1282 | 808 | 3414 |

续表

| 综合营农中心 | | 神户西 | 神户北 | 三田 | 阪神 | 合计 |
|---|---|---|---|---|---|---|
| 销售额 | | 1998573 | 430294 | 996356 | 589196 | 4014420 |
| 手续费收入 | 农产品销售（产直） | 201438 | 38315 | 70920 | 49466 | 360139 |
| | 主食销售 | 45424 | 16585 | 32360 | 27587 | 121956 |
| | 生产、生活用品销售（除主食） | 9022 | 0 | 2473 | 1076 | 12571 |
| | 直销所间连携销售 | 24229 | 5864 | 9525 | 12774 | 52392 |
| | 运费收入 | 0 | 0 | 31868 | 3291 | 35159 |
| | 其他 | 12661 | 6052 | 8362 | 214 | 27289 |
| | 合计（A） | 292774 | 66816 | 155507 | 94408 | 609505 |
| 支出 | 直接事业费　劳务费 | 66497 | 9373 | 39471 | 30280 | 145621 |
| | 部会活动费 | 0 | 0 | 0 | 90 | 90 |
| | 业务费 | 6092 | 1842 | 9366 | 4191 | 21491 |
| | 运输费 | 143 | 0 | 12959 | 8077 | 21179 |
| | 促销费 | 3602 | 508 | 1853 | 3722 | 9685 |
| | 其他 | 7000 | 1423 | 287 | 6996 | 15705 |
| | 合计（B） | 83334 | 13146 | 63936 | 53355 | 213771 |
| | 总收益(C)=(A)-(B) | 209442 | 53670 | 91571 | 41053 | 395734 |
| | 事业管理费　工资 | 34252 | 20300 | 28500 | 18200 | 101252 |
| | 业务设施费 | 37368 | 7367 | 31443 | 8263 | 84441 |
| | 税金 | 285 | 1860 | 0 | 590 | 2735 |
| | 折旧费 | 11046 | 2902 | 13506 | 4764 | 32218 |
| | 其他 | 716 | 0 | 0 | 0 | 716 |
| | 合计（D） | 83666 | 32429 | 73449 | 31817 | 221361 |
| | 费用合计(E)=(B)+(D) | 167000 | 45575 | 137385 | 85172 | 435132 |
| 纯利润(F)=(C)-(D) | | 125776 | 21241 | 18122 | 9236 | 174373 |
| 销售利润率（%） | | 6.29 | 4.94 | 1.82 | 1.57 | 4.34 |
| 利润增长率（以2008年为基期）（%） | | 8.3 | 36.2 | 29.5 | 3736 | 19.88 |

资料来源：根据兵库六甲农协市场馆经营报告分析整理。

2. 单店损益分析

从单店利润情况来看，2008年，兵库六甲农协市场馆的16个店铺中，有4个店铺出现亏损，其中一个店铺是当年新建店铺，另外12

个店铺均有纯利润，其中，六甲 megumi 单店的纯利润为 1.09 亿日元，单店纯利润占兵库六甲农协市场馆纯利润总额的 75.2%，单店销售利润率为 6.27%；Pasukaru1 单店纯利润 0.35 亿日元，单店纯利润占兵库六甲农协市场馆纯利润总额的 23.9%，单店销售利润率为 4.68%，这两个店纯利润合计为 1.44 亿日元，占兵库六甲农协市场馆纯利润总额的 99.1%。2010 年，兵库六甲农协市场馆的 16 个店铺中，有 5 个店铺出现亏损，另外 11 个店铺均有纯利润，其中，六甲 megumi 单店纯利润为 1.27 亿日元，销售利润率为 7.44%，单店纯利润占兵库六甲农协市场馆纯利润总额的 75.3%，与 2008 年相比，利润增长率为 17.15%；Pasukaru1 单店纯利润 0.42 亿日元，销售利润率为 5.38%，单店纯利润占兵库六甲农协市场馆纯利润总额的 24.2%，利润增长率为 21.7%；这两个店纯利润合计为 1.69 亿日元，占兵库六甲农协纯利润总额的 99.5%。

从以上分析可以看出，大规模店铺经营效果显著，而小规模店铺存在亏损现象，亏损的原因主要是租赁店铺经营，租金较高，市场馆 16 个店铺中有 3 个店铺是采用租赁店铺的方式建立的，这 3 个店铺的经营一直是在亏损运行。但兵库六甲农协市场馆的 16 个店铺运营总体效果较好，两个大规模店铺对兵库六甲农协市场馆的运营具有重要意义，这两个店铺的利润直接弥补了新建店铺和租赁店铺的经营亏损。

表 9 – 13　　　　兵库六甲农协市场馆单店经营损益情况　　　单位：千日元

| 店铺名称 | 2008 年 | 2010 年 | 店铺名称 | 2008 年 | 2010 年 |
|---|---|---|---|---|---|
| Reinbo 店 | -621 | -1786 | 农野花 | 9612 | 8161 |
| Hato 店 | 686 | -1020 | Pasukaru1 号馆 | 34710 | 42241 |
| Kirameki 神出 | -139 | -1642 | Pasukaru2 号馆 | -20720 | -24118 |
| Pikari 店 | 5642 | 2964 | 西谷梦市场 | 3399 | 1930 |
| 农协直销所 | 2017 | 108 | 彩菜 yamaguti | 1381 | 543 |
| 六甲 megumi | 108541 | 127152 | 四季之乡 | 133 | -770 |
| 铃蘭店 | 3536 | 4592 | Sumairu 阪神 | -8266 | 7257 |
| 淡河服务区店 | 2448 | 8488 | 稻穗园 | 3101 | 276 |

资料来源：根据兵库六甲农协市场馆 2008 年、2010 年经营报告分析整理。

**表 9 – 14　　　兵库六甲农协市场馆两个大规模店铺经营损益** 单位：千日元

| 年度 | 店铺名称 | | 六甲 megumi | Pasukaru1 |
|---|---|---|---|---|
| 2008 | 销售额 | | 1729765 | 740921 |
| | 收入 | 手续费 | 235844 | 94801 |
| | 支出 | 直接事业费 | 53803 | 35926 |
| | | 事业管理费 | 73500 | 24165 |
| | | 合计 | 127303 | 60091 |
| | 纯利润 = 收入 – 支出 | | 108541 | 34710 |
| | 纯利润占市场馆总利润比例（%） | | 75. 2 | 23. 9 |
| | 销售利润率（%） | | 6. 27 | 4. 68 |
| 2010 | 销售额 | | 1709083 | 785688 |
| | 收入 | 手续费 | 258388 | 124627 |
| | 支出 | 直接事业费 | 63211 | 47943 |
| | | 间接事业费 | 68025 | 34443 |
| | | 合计 | 131238 | 82386 |
| | 纯利润 = 收入 – 支出 | | 127152 | 42241 |
| | 纯利润占市场馆总利润比例（%） | | 75. 3 | 24. 2 |
| | 销售利润率（%） | | 7. 44 | 5. 38 |
| | 利润增长率（以 2008 年为基期）（%） | | 17. 15 | 21. 7 |

资料来源：根据兵库六甲农协市场馆 2008 年、2010 年经营报告分析整理而成。

（二）大规模店铺的优势分析

将兵库六甲农协市场馆各店铺按年销售金额划分成三种类型：年销售额达到 5 亿日元以上的店铺为大型店，年销售额在 1 亿—5 亿日元的店铺为中型店，年销售额在 1 亿日元以下的店铺为小型店。根据 2011 年的销售数据分析不同类型店铺的经营情况，分析大规模店铺的经营优势。

1. 规模分析

从兵库六甲农协市场馆的运营的基础数据进行分析，如表 9 – 15 所示，大型店两个店的销售额占市场馆销售总额的 62.6%，卖场面积占市场馆卖场总面积的 44%，从业人数占市场馆总从业人数的

25.5%，来客人数占市场馆总来客数的 51.9%；中型店 4 个店的销售额占市场馆销售总额的 25.2%，卖场面积占市场馆卖场总面积的 27.6%，从业人数占市场馆总从业人数的 33.6%，来客人数占市场馆总来客数的 29.1%；小型店 10 个店的销售额占市场馆销售总额的 12.2%，卖场面积占市场馆卖场总面积的 28.4%，从业人数占市场馆总从业人数的 40.9%，来客人数占市场馆总来客数的 19%。

分析可知，小型店从业人数最多、卖场面积较小、来客人数最少、销售额最少；而大型店从业人数最少，卖场面积最大、来客人数最多、销售额最大；大型店的销售额是小型店销售额的 5 倍。因此，大型店在经营上占据规模优势。

表 9 – 15　　　　兵库六甲农协市场馆 2011 年的经营基础情况

| 店铺规模 | 销售规模 | | 生产者数 | 店铺数 | 规模指标 | | | | | | | |
|---|---|---|---|---|---|---|---|---|---|---|---|---|
| | 销售总额（千日元） | 比例（%） | | | 从业规模 | | 卖场规模 | | 营业天数 | 来客规模 | | |
| | | | | | 人数 | 比例（%） | 面积 | 比例（%） | | 人数 | 比例（%） |
| 大型店 | 2584044 | 62.6 | 1333 | 2 | 28 | 25.5 | 1692 | 44.0 | 312 | 1247246 | 51.9 |
| 中型店 | 1039210 | 25.2 | 1571 | 4 | 37 | 33.6 | 1062 | 27.6 | 312 | 700414 | 29.1 |
| 小型店 | 503476 | 12.2 | 444 | 10 | 45 | 40.9 | 1099 | 28.4 | 312 | 455879 | 19.0 |
| 合计 | 4126730 | 100 | 3348 | 16 | 110 | 100 | 3853 | 100 | 312 | 2403539 | 100 |

资料来源：根据兵库六甲农协市场馆 2011 年事业报告计算。

2. 效率分析

采用每一店铺的平均销售额、人员效率[①]、卖场效率[②]、日销售额、客单价[③]五个销售效率指标分析不同规模类型的店铺的销售效率，计算结果如表 9 – 16 所示，大型店的五个销售效率指标数值均最大，而小型店的五个销售效率指标数值均最小，说明大型店具有销售效率

---

　①　人员效率是指平均每一个从业人员的年销售额，人员效率 = 年销售额/从业人数。

　②　卖场效率是指卖场单位面积（每一平方米）的年销售额。卖场效率 = 年销售额/卖场面积。

　③　客单价是指平均每一个顾客单次购买的金额。客单价 = 年销售额/来客人数。

上的优势。其中，大型店的单店平均销售额指标值为 12.92 亿日元，
是小型店的 25 倍；人员效率指标值为 9228.7 万日元，是小型店的 8
倍；卖场效率指标值为 152.7 万日元，是小型店的 3 倍；日销售额指
标值为 414.1 万日元，是小型店的 25 倍；客单价指标值为 2071 日
元，是小型店的 1.9 倍。

表 9-16　　　　　　　不同类型店铺销售效率分析　　　　单位：千日元

| 店铺规模 | | 规模指标（每一店铺平均） | | | | |
|---|---|---|---|---|---|---|
| | | 销售额 | 人员效率 | 卖场效率 | 日销售额 | 客单价 |
| 销售金额 | 大型店 | 1292022 | 92287 | 1527 | 4141 | 2.071 |
| | 中型店 | 259803 | 28087 | 979 | 833 | 1.484 |
| | 小型店 | 50348 | 11188 | 458 | 162 | 1.104 |
| | 合计 | 257921 | 37516 | 1071 | 827 | 1.717 |

资料来源：根据兵库六甲农协市场馆 2011 年事业报告计算。

通过以上分析，大型店在规模和效率两方面均具有优势，是市场
馆能够有效运营的支柱，为市场馆的持续运营奠定了基础。

（三）分析结论

通过本节的分析可见，兵库六甲农协市场馆的纯利润高于市场流
通的纯利润；市场馆的销售利润率和利润增长率两个指标都较高；市
场馆和与之竞争的蔬果零售业相比较，具有一定的规模优势和效率优
势。综合以上分析的结果，说明兵库六甲农协市场馆的存在具有可持
续性。

# 第七节　对地域经济影响效果分析

通过实行"地产地消"农产品流通供应链管理，加强了农产品流
通过程的协调性，提高了流通效率，对于引导生产、促进消费、打造具
有竞争力的农产品品牌、缩减流通环节、节约流通成本、增加农民收入、
提高流通效益、构建高效的农产品流通体系等方面具有重要作用。由于

兵库六甲农协市场馆与传统蔬果超市等量贩店的流通供应链结构不同、流通成本不同，因此，零售价格也不同。假定通过两种渠道销售的农产品的质量相同，具体分析市场馆运营所产生的经济效果。

**一 直接经济效果**

兵库六甲农协市场馆 2010 年职员数为 13 人，生产者会员 3348 人，市场馆来客人数为 240.35 万人，销售总额为 41.27 亿日元，其中"地产地消"的直销品销售额为 30.54 亿日元，其他非"地产"产品和市场馆采购再销售的产品的销售额为 10.73 亿日元。"地产地消"的直销品销售额对生产者所得和消费者所得会产生直接经济效果，因此，在计算中采用直销品销售额进行计算。

计算结果如表 9 – 17 所示。①生产者所得增加额为 8.23 亿日元；②消费者所得增加额为 5.07 亿日元；③雇佣者所得 2.46 亿日元，其中，职员工资为 1.01 亿日元，雇用钟点工劳务费 1.45 亿日元[①]；④市场馆的经营利润为 1.74 亿日元[②]。

以上①＋②＋③＋④合计为 17.5 亿日元，相当于市场馆直销品销售额的 57.3%。其中，生产者所得增加额、消费者所得增加额、雇用者所得增加额、市场馆经营利润在直销品销售额中所占比例分别为 26.9%、16.6%、8.1%、5.7%，说明利用市场馆销售农产品与传统市场销售相比，在销售额中有 26.9% 的部分转化为生产者所得增加额，16.6% 的部分转化为消费者所得增加额，8.1% 的部分转化为雇佣者所得增加额，5.7% 的部分转化为市场馆经营利润。

**表 9 – 17　　兵库六甲农协市场馆直接经济效果计算明细**　单位：亿日元

| 2011 年 | (A) | (B) | (C) | (D) | | (C－D) | (B－A) |
|---|---|---|---|---|---|---|---|
| | 直销品销售额 | 与超市零售价相比 | 超市零售价换算额 | 生产者所得额（直） | 生产者所得额（市） | 生产者所得比例 | 生产者所得增加额 | 消费者所得增加额 |
| 米 | 5.70 | 低5% | 6.00 | 4.85 | 4.20 | 0.7 | 0.65 | 0.3 |
| 蔬菜 | 14.52 | 低15% | 17.08 | 12.34 | 7.69 | 0.45 | 4.65 | 2.56 |

———————

① 资料来源：根据兵库六甲农协 2011 年事业报告数据计算得出。
② 同上。

续表

| 2011 年 | (A) 直销品销售额 | (A) 与超市零售价相比 | (B) 超市零售价换算额 | (C) 生产者所得额（直） | (D) 生产者所得额（市） | (D) 生产者所得比例 | (C－D) 生产者所得增加额 | (B－A) 消费者所得增加额 |
|---|---|---|---|---|---|---|---|---|
| 水果 | 2.59 | 低20% | 3.24 | 2.20 | 1.39 | 0.43 | 0.81 | 0.65 |
| 花卉 | 3.34 | 低15% | 3.93 | 2.84 | 1.18 | 0.3 | 1.66 | 0.59 |
| 加工食品 | 3.86 | 低20% | 4.83 | 3.28 | 2.90 | 0.6 | 0.38 | 0.97 |
| 畜产品 | 0.33 | 相同 | 0.33 | 0.28 | 0.23 | 0.7 | 0.05 | 0 |
| 工艺品等 | 0.20 | 相同 | 0.20 | 0.17 | 0.14 | 0.7 | 0.03 | 0 |
| 合计 | 30.54 | | 35.61 | 25.96 | 17.73 | | 8.23 | 5.07 |

注：（A）中直销品销售额数字来源于兵库六甲农协市场馆销售业绩报告，与超市零售价格比是根据市场馆定价规则确定的比率；（D）中"所得比例"来源于日本农林水产省2009 年《食品流通阶段价格形成调查结果概要》。

进一步分析如图 9－18 所示，利用市场馆销售农产品每个生产者年所得额平均增加 24.58 万日元；消费者在市场馆购买农产品时，每次购买平均支出减少 210 日元；市场馆职员（农协职员 14 人）平均每人

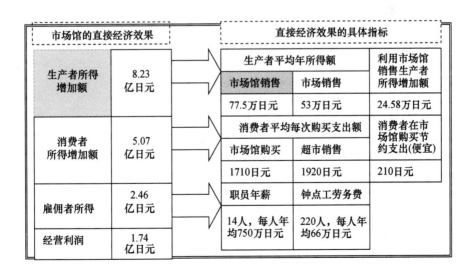

图 9－18　兵库六甲农协市场馆直接经济效果分析

年薪约为 750 万日元；市场馆日常运营雇用的钟点工每人每小时劳务费为 750 日元，全年共为农民提供 19.42 万小时的钟点工工作，雇用钟点工 220 人，每人年均劳务费收入约 66 万日元；市场馆的经营利润为 1.74 亿日元。

## 二 间接经济效果

根据产业经济学的产业关联理论，以神户市 2005 年 34 部门的投入产出表为基础，构造神户市的三部门（第一产业、第二产业、第三产业）产业关联表如表 9 - 18 所示。部门分类标准：第一产业包括农业和林业；第二产业包括制造业、建设、燃气、电力、自来水；第三产业包括商业、金融、保险、房地产、运输、通信、公务等。

根据表 9 - 18 神户市产业关联数据，使用 Excel 进行产业关联数据分析，计算消费对生产的诱发额，计算公式为：

$$\Delta X_1 = (I - (I - M) \cdot A)^{-1} \cdot (I - M) \cdot \Delta F$$

$$\Delta L_1 = \lambda \cdot \Delta X_1$$

$$\Delta F = \alpha \cdot F$$

$$\Delta X_2 = (I - (I - M) \cdot A)^{-1} \cdot (I - M) \cdot C \cdot \Delta X_1$$

$$\Delta L_2 = \lambda \cdot \Delta X_2$$

$$\Delta X_3 = (I - (I - M) \cdot A)^{-1} \cdot (I - M) \cdot C \cdot \Delta X_2$$

$$\Delta L_3 = \lambda \cdot \Delta X_3$$

$$\vdots \quad \vdots \quad \vdots$$

$$\Delta X_i = (I - (I - M) \cdot A)^{-1} \cdot (I - M) \cdot C \cdot \Delta X_{i-1}$$

$$\Delta L_i = \lambda \cdot \Delta X_i$$

$$\sum_{i=1}^{n} \Delta X_i = \Delta X_1 + \Delta X_2 + \Delta X_3 + \cdots + \Delta X_i$$

$$\sum_{i=1}^{n} \Delta L_i = \lambda \cdot (\Delta X_1 + \Delta X_2 + \Delta X_3 + \cdots + \Delta X_i)$$

式中：$\Delta X$ 代表生产诱发额；$I$ 代表单位矩阵；$M$ 代表进口系数矩阵；$A$ 代表投入系数矩阵；$\Delta F$ 代表消费增加额；$\lambda$ 代表劳动雇佣所得系数；$\alpha$ 代表消费倾向系数［在数值上等于民间消费支出/（雇佣者所得额 + 营业利润）］；$F$ 代表民间消费支出；$D$ 代表雇佣所得额；$H$ 代表营业利润；$C$ 代表平均消费系数（在数值上等于民间消费支出/市

单位：亿日元

**表9-18　神户市产业关联（三部门）**

| 部门 | 第一产业 | 第二产业 | 第三产业 | 中间投入合计 | 家计外消费 | 民间消费 | 政府消费 | 投资 | 出口 | 最终需求合计 | 进口 | 市内生产额 |
|---|---|---|---|---|---|---|---|---|---|---|---|---|
| 第一产业 | 27 | 1219 | 148 | 1388 | 8 | 368 | 0 | 8 | 11 | 395 | -1606 | 177 |
| 第二产业 | 32 | 13262 | 7724 | 21018 | 418 | 6503 | 122 | 9525 | 23257 | 39824 | -24816 | 36027 |
| 第三产业 | 25 | 8960 | 17391 | 26376 | 1852 | 27406 | 11141 | 2794 | 23160 | 66353 | -19644 | 73084 |
| 中间投入合计 | 84 | 23435 | 25263 | 48782 | 2278 | 34278 | 11263 | 12327 | 46427 | 106572 | -46066 | 109288 |
| 家庭外消费 | 1 | 587 | 1690 | 2278 | | | | | | | | |
| 雇佣者所得 | 25 | 7247 | 24656 | 31928 | | | | | | | | |
| 经营收益 | 40 | 1477 | 9203 | 10720 | | | | | | | | |
| 折旧 | 19 | 1781 | 9962 | 11762 | | | | | | | | |
| 间接税 | 9 | 1670 | 2687 | 4396 | | | | | | | | |
| 经常性补贴 | -1 | -200 | -377 | -578 | | | | | | | | |
| 粗附加值合计 | 93 | 12562 | 47821 | 60506 | | | | | | | | |
| 市内生产额 | 177 | 36027 | 73084 | 109288 | | | | | | | | |

内生产额）；计算结果如下：

$$A = \begin{pmatrix} 0.1525424 & 0.0338357 & 0.0020251 \\ 0.180791 & 0.3681128 & 0.1056866 \\ 0.1412429 & 0.2487024 & 0.2379591 \end{pmatrix} \quad I = \begin{pmatrix} 1 & 0 & 0 \\ 0 & 1 & 0 \\ 0 & 0 & 1 \end{pmatrix}$$

$$M = \begin{pmatrix} 0.90632005 & 0 & 0 \\ 0 & 0.6602458 & 0 \\ 0 & 0 & 0.2823671 \end{pmatrix} \quad (I-M) = \begin{pmatrix} 0.0936795 & 0 & 0 \\ 0 & 0.3397542 & 0 \\ 0 & 0 & 0.7176329 \end{pmatrix}$$

$$(I-M) \cdot A = \begin{pmatrix} 0.0142901 & 0.0031697 & 0.0001897 \\ 0.0614245 & 0.1250679 & 0.0359075 \\ 0.1013606 & 0.178477 & 0.1707672 \end{pmatrix}$$

$$I-(I-M) \cdot A = \begin{pmatrix} 0.9857099 & -0.00317 & -0.00019 \\ -0.061424 & 0.8749321 & -0.035907 \\ -0.101361 & -0.178477 & 0.8292328 \end{pmatrix}$$

$$(I-(I-M) \cdot A)^{-1} = \begin{pmatrix} 1.014772 & 0.0037569 & 0.0003948 \\ 0.0770128 & 1.1534167 & 0.0499629 \\ 0.1406154 & 0.2487108 & 1.2167359 \end{pmatrix} \quad (I-M) \cdot F = \begin{pmatrix} 35.22348 \\ 2351.439 \\ 20996.5 \end{pmatrix}$$

$$\Delta X_1 = \begin{pmatrix} 1.359486 \\ 6.119714 \\ 13.659761 \end{pmatrix} \quad \Delta L_1 = \begin{pmatrix} 0.192018 \\ 1.231009 \\ 4.608328 \end{pmatrix} \quad \Delta X_2 = \begin{pmatrix} 0.001871 \\ 0.265551 \\ 3.021825 \end{pmatrix}$$

$$\Delta L_2 = \begin{pmatrix} 0.000264198 \\ 0.053416896 \\ 1.019458487 \end{pmatrix} \quad \Delta X_3 = \begin{pmatrix} 0.000235 \\ 0.033362 \\ 0.663006 \end{pmatrix} \quad \Delta L_3 = \begin{pmatrix} 0.00003326 \\ 0.006710995 \\ 0.223675062 \end{pmatrix}$$

第一次生产诱发额约为 21.14 亿日元，其中，对第一产业的生产诱发额为 1.36 亿日元，对第二产业的生产诱发额为 6.12 亿日元，对第三产业的生产诱发额为 13.66 亿日元；生产诱发额中包括雇佣所得诱发额约为 6.03 亿日元，其中，对第一产业的雇佣者所得诱发额为 0.19 亿日元，对第二产业的雇佣者所得诱发额为 1.23 亿日元，对第三产业的雇佣者所得诱发额为 4.61 亿日元。

第二次生产诱发额约为 3.29 亿日元，其中，对第一产业的生产诱发额为 0.002 亿日元，对第二产业的生产诱发额为 0.27 亿日元，对第三产业的生产诱发额为 3.02 亿日元；生产诱发额中包括雇佣所得诱发额约为 1.07 亿日元，其中，对第一产业的雇佣者所得诱发额为 0.0003 亿日元，对第二产业的雇佣者所得诱发额为 0.05 亿日元，对第三产业的雇佣者所得诱发额为 1.02 亿日元。

第三次生产诱发额约为 0.70 亿日元，其中，对第一产业的生产诱发额 0.0002 亿日元，对第二产业的生产诱发额为 0.03 亿日元，对第三产业的生产诱发额为 0.66 亿日元；生产诱发额中包括雇佣所得诱发额约为 0.23 亿日元，其中，对第一产业的雇佣者所得诱发额为 0.00003 亿日元，对第二产业的雇佣者所得诱发额为 0.007 亿日元，对第三产业的雇佣者所得诱发额为 0.22 亿日元。

总波及效果是第一次波及效果、第二次波及效果、第三次波及效果之和，总波及效果为 25.13 亿日元，其中，雇佣者所得诱发额为 7.33 亿日元。

### 三 分析结论

通过本节的计算分析，证明兵库六甲农协市场馆的运行不仅对生产者、消费者、雇佣者以及农协四方都有利，而且对地域经济发展也产生了波及效果，如表 9-19 所示。

表 9-19　　　　　　市场馆运营经济效果计算明细　　　　单位：亿日元

| 直接效果（管区内所得增加额） | | | | | 波及效果 | | 经济效果总额 |
|---|---|---|---|---|---|---|---|
| 合计 | 经营利润 | 生产者所得增加额 | 消费者所得增加额 | 雇佣者所得增加额 | 生产诱发额 | 雇佣者所得诱发额 | |
| 17.5 | 1.74 | 8.23 | 5.07 | 2.46 | 25.13 | 7.33 | 42.63 |

市场馆的直接经济效果总额为 17.5 亿日元，其中，生产者所得增加额为 8.23 亿日元，消费者所得增加额为 5.07 亿日元，雇佣者所得为 2.46 亿日元，兵库六甲农协运营市场馆获得了 1.74 亿日元的经营利润；兵库六甲农协市场馆对地域经济的波及效果总额（只考虑三次波及）为 25.13 亿日元，其中雇佣者所得诱发额为 7.33 亿日元。兵库六甲农协市场馆的经济效果总额为 42.63 亿日元，相当于兵库六甲农协市场馆直接经济效果的 2.4 倍，相当于兵库六甲农协市场馆直销品销售额的 1.4 倍。

# 第八节　本章小结

本章以兵库六甲农协为对象进行了实地调研，调查分析结论如下：

兵库六甲农协"地产地消"的生产者以兼业、小规模农户为主，生产者年龄趋于老龄化。"地产地消"是参加农户的家庭收入的主要来源。"地产地消"的消费者以个人家庭消费为主，93.9%的消费者都是忠实消费者，顾客满意度较高。

兵库六甲农协对"地产地消"实行全程管理，其管理行为贯穿生产环节、销售环节以及消费环节。其中，对消费环节的组织管理是"地产地消"流通组织管理的延伸，使"地产地消"供应链管理实现了完整的闭路管理。兵库六甲农协实行全面的质量管理，质量控制措施贯穿于农产品生产前、生产过程中及销售环节全程，形成了从源头到过程再到终端销售的全面质量控制体系，彻底实现了农产品质量可追溯。

兵库六甲农协经营的产品以生鲜农产品为主，从销售业绩上看，"地产地消"的销售额逐年增长，尤其是蔬果类农产品的增长持续、稳定；从产品结构上看，自 2008 年以来，其经营的生鲜农产品中，蔬果、米麦、花卉三类农产品的"地消"额高于市场销售额；从"地消"渠道来看，可以说市场馆和农超对接是兵库六甲农协农产品"地产地消"的主渠道，而市场馆是兵库六甲农协农产品"地消"渠道的核心。

本章通过对兵库六甲农协开展"地产地消"进行 SWOT 分析，提出兵库六甲农协未来发展"地产地消"可以建立更广泛、更深层次的合作机制，通过生产者之间的合作实现生产者组织化，扩大生产规模；通过直销所之间的合作，发挥直销所网络优势，扩大销售量；通过直销所与竞争业者之间的合作，利用蔬果超市等量贩店的销售网络，有效组织运营"店中店"，实现直销所与量贩店"双赢"效果；通过直销所与其他产业间的合作，联合宣传、共同推进，构筑使地域资源的质的方面得到提高和量的方面获得增长的生产基础，形成稳定的"地产地消"供应体系，促进"地产地消"的发展。

"地产地消"的持续发展取决于供应链上的核心企业（直销所）的可持续发展，本章首先以兵库六甲农协运营的直销所为对象，分析直销所的销售效率与经济效益，通过将直销所与蔬果零售业比较分析，证明直销所在销售效率、销售利润率和利润增长率等方面具有明显的竞争优势，说明直销所具有可持续发展的能力，可以支撑"地产地消"流通持续发展。通过对直销所运营的经济效果进行定量分析，证明"地产地消"流通使供应链上的相关主体（生产者、消费者、直销所及雇佣劳动者）的经济所得增加了，由此引发社会最终消费的增加，进而产生对地域经济的波及效果，产生了生产诱发效果和雇佣诱发效果，促进地域经济发展。

# 第十章　研究结论与展望

## 一　研究主要结论

本书的主要结论如下：

第一，"地产地消"是农产品流通制度的一种创新。基于外部性因素的变化，生产者、消费者自发地选择了这样一种模式，再加上政府政策推动，产生了"地产地消"流通模式；"地产地消"的流通模式与生鲜农产品的交易特征相匹配，直销所投资具有一定资产专用性、交易频率相对不高、交易不确定性大，适宜采用三方治理结构，通过中间层组织来完成交易；"地产"与"地消"相互促进的机制，决定了"地产"与"地消"必须一体化发展。

第二，"地产地消"是日本农产品市场外流通的主要模式，是市场外流通的主要组成部分，"地产地消"流通渠道体系主要有直销所型、餐馆供应型、产品加工型、农超对接型和观光农园型，其中，直销所是"地产地消"流通的主渠道；"地产地消"流通交易的载体主要是直销所和传统的超市等量贩店；"地产地消"流通体系中的规范与支撑要素形成了由国家层面制定法律、政策，都道府县层面制定"农业、农村振兴计划"和条例，在市町村层面开展事业化工作的政策支撑体系。

第三，"地产地消"流通模式中，生产者以小规模农户为主，消费者以个人家庭消费（大众消费）为主，交易对象以生鲜农产品为主。"地产地消"的交易方式是有条件的委托—代理制，是基于生产者享有决策权的委托—代理方式，与传统的农协共贩体制下的无条件的委托—代理制相比，有条件的委托—代理下，农协与生产者的目标趋于一致，有效地降低了基于委托人和代理人之间的信息不对称所导致的道德风险和逆向选择，维护生产者的利益。

　　第四，"地产地消"流通模式是基于供应链管理的农产品流通模式，是供给推动与需求拉动共同作用的双驱动供应链，供应链管理的运营机制主要体现为合作机制、自律机制、激励机制和决策机制；"地产地消"供应链管理注重过程管理、强化关系管理，"地产地消"供应链管理结构属于三方治理结构，协调层组织发挥了重要作用。在"地产地消"流通模式下，农协是企划中心、信息中心、管理中心、中介中心和结算中心，对模式运行发挥计划、组织、协调等重要作用。

　　第五，基于供应链管理的"地产地消"流通中，通过农协对供应链全程管理使供应链上各环节实现无缝链接，加强了供应链的协调性；通过全程质量监管，减少机会主义行为，确保农产品质量安全；以交易成本最小化为原则的物流管理、信息流管理、资金流管理，减少了流通时间，降低了流通成本，提高了对市场需求的响应能力；供应链上的核心企业（直销所）的经营效率与效益均优于竞争对手（超市等量贩店）；使供应链上各相关主体所得增加，实现"帕累托改进"，同时产生对地域经济的波及效果。

　　第六，面向未来，发展"地产地消"可以建立更广泛、更深层次的合作机制，通过生产者之间的合作实现生产者组织化，扩大生产规模；通过直销所之间的合作，发挥直销所网络优势，扩大销售量；通过直销所与行政机关的合作，由政府承担直销所间的合作的一些事务性工作，并在软件和硬件方面提供支持，推进"地产地消"；通过直销所与竞争业者之间的合作，利用蔬果超市等量贩店的销售网络，有效组织运营"店中店"，实现直销所与量贩店"双赢"效果；通过直销所与其他产业间的合作，联合宣传、共同推进，构筑使地域资源质的方面的提高和量的方面获得增长的生产基础，形成稳定的"地产地消"供应体系，促进"地产地消"的发展。

## 二　研究不足与展望

　　"地产地消"属于地域流通，不同地域的资源条件不同、地理位置不同、自然气候条件不同等客观情况，决定了"地产地消"必须因地制宜，突出地域特色。因此，对"地产地消"的理论与实证分析是一项复杂的工程，很难对其整体的运行状况及效果做出全面的分析和评价，本书选择兵库六甲农协作为分析对象，力图对该地域的"地产地消"做出整体分析和评价，但受在国外研究的资金、时间等因素的限制，加之在日本调研期间正值中日关系不断恶化之际，有些调研计划受到了一些影响。因此，本书尚存在一些不足之处，有待在今后的研究中不断改进和完善。

第一，"地产地消"发展的时间较短，尚没有完整、全面的统计数据，关于全国"地产地消"的开展情况只有两次有关直销所的普查数据，所以无法对日本全国的"地产地消"运行状况进行准确的分析。

第二，本书中关于店中店的调查与分析中，由于店中店分布面较广，调查需要大量资金和时间，难以进行全面普查，研究中只是通过与农协负责人员座谈的方式了解了一些情况，走访了少数开店的超市，尚缺少对农户的具体调查和对超市等量贩店的具体调查。未来将追踪店中店的发展动态，进行具体分析。

第三，因为产品加工型"地产地消"在兵库六甲农协的销售额中所占比例较小，本书没有将其作为重点分析，对加工企业的实地调查分析较少，但是根据日本的《六次产业化法》，产业加工、产业间合作是"地产地消"的主要发展方向，今后还将继续追踪，进行深入研究。

第四，本书中关于"地产地消"的经济效果分析，主要是用兵库六甲农协市场馆（直销所）的销售数据进行的分析，由于缺少详细的统计数据，对其他类型的"地产地消"的经济效果还难以进行量化分析，需要在今后的研究中逐渐加以完善。

第五，本书分析了"地产地消"供应链管理的运营机制、业务流程和管理模式，定性地分析了"地产地消"供应链管理的意义，但是由于相关数据有限，没有对"地产地消"供应链运营的整体绩效作出客观分析和评价，只是对基于供应链管理给供应链上的核心企业（直销所）带来的竞争优势进行了分析，今后会继续研究构建"地产地消"供应链绩效评价指标体系，对"地产地消"供应链管理绩效进行客观评价。

# 问卷调查表 1（以农户为对象）

| 调查项目 | 选择项（请在符合您的选项前的括号内画"√"） |
|---|---|
| 生产者基本信息 | 1. 性别：（ ）男 （ ）女<br>2. 年龄：（ ）（请将实际年龄写在括号里）<br>3. 农业生产接班人：（ ）有 （ ）无<br>4. 农户类型：（ ）专业农户（ ）第一兼业农户（ ）第二兼业农户 |
| 生产规模 | 5. 种植面积：（ ）亩（请将实际种植面积写在括号里）<br>6. 年销售额：（ ）万日元（请将实际销售收入写在括号里） |
| "地产地消"经营及效果 | 7. 请将您加入直销所或店中店销售的开始时间写在后面的括号里<br>直销所（ ）年；店中店（ ）年 |
| | 8. 销售场所：（ ）只利用直销所；（ ）只利用店中店；<br>（ ）同时利用直销所和店中店 |
| | 9. 从自家田地到销售场所所需时间（单程、机动车运输所需时间）<br>直销所：（ ）10 分钟以内；（ ）10—20 分钟；<br>（ ）20—30 分钟；（ ）30 分钟以上<br>店中店：（ ）10 分钟以内；（ ）10—20 分钟；<br>（ ）20—30 分钟；（ ）30 分钟以上 |
| | 10. 请将不同销售场所的实际收入按由高到低的顺序排列，排列的序号用 1—4 的数字表示，并将该序号写入各销售场所前的括号内。<br>（ ）批发市场；（ ）直销所；<br>（ ）店中店；（ ）通信销售 |
| | 11. 与加入直销所或店中店销售前的情况相比，有哪些变化？<br>劳动时间：（ ）增加了；（ ）不变；（ ）减少了<br>种植面积：（ ）增加了；（ ）不变；（ ）减少了<br>生产品种：（ ）增加了；（ ）不变；（ ）减少了<br>销售收入：（ ）增加了；（ ）不变；（ ）减少了<br>产品鲜度：（ ）提高了；（ ）不变；（ ）下降了<br>与消费者交流：（ ）增加了；（ ）不变；（ ）减少了<br>货款回收时间：（ ）缩短了；（ ）不变；（ ）延长了<br>销售信息获得：（ ）更及时；（ ）不变；（ ）更慢了 |

续表

| 调查项目 | 选择项（请在符合您的选项前的括号内画"√"） |
|---|---|
| 今后发展设想 | 12. 今后，您对"地产地消"经营有什么计划？<br>（  ）扩大销售规模；（  ）维持现状<br>（  ）缩小销售规模；（  ）没想好 |
|  | 13. 今后，您打算主要利用哪一个销售场所销售农产品？<br>（  ）直销所；          （  ）店中店；<br>（  ）批发市场；        （  ）通信销售 |

**附录 2**

# 问卷调查表 2（以消费者为对象）

顾客您好，感谢您一直以来对兵库六甲农协市场馆的支持与信赖，为更好地改进生产和服务，在新的一年来临之际，我们希望得到您的反馈意见，请在下表内符合您的选项后面的空格里画"√"，并将您填写的调查表于 2012 年 12 月 1 日前放回回收箱，谢谢您的合作！

| 调查项目 | | 选择项目 | 选择结果 |
|---|---|---|---|
| 对"地产地消"的意识 | | 很强 | |
| | | 较强 | |
| | | 一般 | |
| | | 没有意识 | |
| 商品满意度 | 新鲜度 | 新鲜 | |
| | | 一般 | |
| | | 不新鲜 | |
| | 安全性 | 放心 | |
| | | 一般 | |
| | | 不好说 | |
| | 口味 | 好 | |
| | | 一般 | |
| | | 不好说 | |
| | 价格 | 便宜 | |
| | | 无差别 | |
| | | 较贵 | |

续表

| 调查项目 | | 选择项目 | 选择结果 |
|---|---|---|---|
| 服务满意度 | 交流活动 | 满意 | |
| | | 一般 | |
| | | 不满意 | |
| | 服务 | 满意 | |
| | | 一般 | |
| | | 不满意 | |
| 未来的消费意向 | | 经常来 | |
| | | 只在周末来 | |
| | | 只在顺路时来 | |
| | | 不好说 | |

# 参考文献

**日文参考文献**

[1] 新開章司,「アメリカにおけるファーマーズマーケットの特徴と経営組織―西海岸地域の事例を中心に―」,『農業経営研究』, 42 (1), 2004, 第135―138頁。

[2] 新開章司,「農産物直売所の成長と組織形態」,『農業経営研究』, 41 (2), 2003, 第46―69頁。

[3] 新開章司,「農産物直売所の経営展開と経営組織に関する一考察」,『農業経営学および農村計画学』, 3, 2002, 第59―68頁。

[4] 新開章司,「アメリカにおけるファーマーズマーケットの特徴と経営組織」,『農業経営研究』, 42 (1), 2004, 第135―138頁。

[5] 新開章司、西和盛、堀田和彦,「農産物直売所の経営戦略と組織に関する一考察―消費者の価値観と店舗選択行動をもとに」,『農業経営研究』, 45 (2), 2007, 第159―162頁。

[6] 飯坂正弘,「季節別にみた道の駅直売所利用者の購買行動―道の駅かもがわ円城を事例として―」,『日本農業経済学会論文集』, 1999, 第181―184頁。

[7] 飯坂正弘,「POSシステム導入による農産物直売所の運営改善効果―広島県における導入試験―」,『日本農業経済学会論文集』, 2003, 第257―260頁。

[8] 飯田耕久、高橋強等,「農産物直売施設による営農意欲向上と地域の活性化効果」,『農村計画学会誌』, 2004, 第211―216頁。

［9］ 岩本博幸，「地産地消を通じた地域ブランド形成の可能性—CVMによる宝塚市民の宝塚モンブランの評価」，『農林業問題研究』，2011 年 9 月，第 34—37 頁。

［10］ 伊藤智司，「インターネット産直の現状と展望」，『農林統計協会』，49（6），1999，第 46—55 頁。

［11］ 伊東幸恵、渡辺幸一，「農産物直売所の運営事態と活性化のための運営方策—大分県内を対象として」，『九州農村生活研究報告』，11，2002，第 28—33 頁。

［12］ 一瀬裕一郎，「卸売市場と卸売市場外流通の競争関係—山梨県青果物流通を事例として」，『2005 年度日本農業経済学会論文』，第 249—256 頁。

［13］ 井上留孝，「農産物直売所における JA と JA 間協同の現状」，『協同組合研究』2011 年 5 月，第 4—9 頁。

［14］ 池本廣希，『地産地消の経済学』，新泉社，2008。

［15］ エリザベス．ヘンダーソンロビン．ウァン．エン著，山本きよ子訳，『CSA 地域支援型農業の可能性—アメリカ版地産地消の成果』，家の光協会，2008。

［16］ 岡部守，「農産物センターの意義と機能」，『農村生活研究』，37（3），1999，第 15—20 頁。

［17］ 大浦裕二、河野恵伸等，「店舗間競争下における農産物直売所に対する消費者ニーズと販売戦略—消費者意識及び生産者意識の定量分析による検討—」，『農村普及研究』，8（2），2003，第 1—11 頁。

［18］ 小野洋、横山繁樹、尾関秀樹、佐藤和憲，「農産物直売所の地域経済への効果–地域産業連関表を用いて」，『2005 年度日本農業経済学会論文集』，第 201—204 頁。

［19］ 小柴有理江，「農産物直売所とインショップの存在構造」，『日本の農業 323』，農政調査委員会，2005。

［20］ 小柴有理江，「農産物直売所の展開の特徴と生産者—小規模直売所を中心として」，『農林業問題研究』，2007 年 6 月，第 136—140 頁。

［21］大浦裕二、中鳥直美，「農産物直売所における消費者情報の
活用—農産物直売所販売改善プログラムの開発—」，『近畿中
国四国農研農業経営研究』12，2006，第 12—22 頁。

［22］大西千絵、小沢互，金成学、小野雅之，「市と直売における
性格の相違点と今後の展開方向」，『フードシステム研究』，
15（3），2008，第 1—10 頁。

［23］小柴有里江，「新たな農産物直売所インショップの展開と地域
振興」，『日本地域政策研究』，（1），2003，第 41—48 頁。

［24］小野雅之、小林宏至編著，『流通再編と卸売市場』，2002。

［25］尾高恵美，「農産物直売所の売場効率」，『調査と情報』，農中
総研，2011 年 11 月，第 8—9 頁。

［26］下平尾勲、伊東維年、柳井雅也著，『地産地消 – 豊かで活力
のある地域経済への道標』，日本評論社，2009 年版。

［27］河田員宏，「農産物直売所の来店者の特徴を活かした効果的
な宣伝方策」，『農林業問題研究』，2009 年 6 月，第 81—
85 頁。

［28］河田員宏、古川満，「直売所の類型化とその改善方策」，『岡
山県農業総合センター農業試験場研究報告』，24，2006，第
65—77 頁。

［29］川越俊彦、諸岡慶昇、速水佑次郎，「ジャワの商人と農民」，
速水佑次郎（編），『農業発展における市場メカニズムの再検
討』，アジア経済研究所，1988，第 13—57 頁。

［30］岸康彦，「新階段を迎えた農産物直売所—地産地消の潮流の
中で—」，『農業研究』，15，2002，第 129—174 頁。

［31］桂瑛一，「農産物マーケテイングの基本の性質」，『農村研
究』，99，2000，第 1—11 頁。

［32］甲斐諭，「地域を活性化させる農産物直売所の持続的発展要
因の解析」，『農業市場研究』，15（2），2006，第 12—19 頁。

［33］木村彰利，「大城市近郊の農産物直売所による地域農業活性
化に関する一考察」，『農業市場研究』，2010 年 6 月，第 24—
30 頁。

［34］吉田晋一，「農産物直売所における需給ミスマッチに関する考察―城市近郊中規模直売所を対象として」，『農林業問題研究』，2009 年 6 月，第 86―91 頁。

［35］吉田晋一，「城市近郊地域型農産物直売所における需要量変動要因分析」，『農業市場研究』，2010 年 9 月，第 13―18 頁。

［36］堀田学，「農産物直売所の研究動向と流通機能に関する考察」，『神戸大学農業経済』，36，2003，第 55―60 頁。

［37］堀田学，「ファーマーズマーケットの今日的特質と定着か方策」，『農村生活研究』，46（4），2002，第 6―14 頁。

［38］慶野征、中村哲也，「道の駅併設農産物直売所とその顧客の特質に関する考察」，千葉大園学報，2004 年第 58 号，第 41―49 頁。

［39］鴻巣正，「農産物直売所を媒介とした地域農業の展開―広がる地域コミュニテイーづくり」，『調査と情報』，2003 年 7 月，第 24―25 頁。

［40］佐倉朗夫，「城市近郊農業における生産者直売所の現状と今後の可能性」，『関東東海農業経営研究』，87，1996，第 11―19 頁。

［41］櫻井清一，「農産物直売所の販売状況と参加農家の出荷行動」，『農業経営研究』，32（3），1994，第 61 頁。

［42］櫻井清一，「農産物直売所の組織再編過程と新たな課題」，『農村生活研究』，39（3），1995。

［43］櫻井清一、斉藤昌彦，「中山間地域に広がる農産物直売活動」，児玉明人編『中山間地域農業、農村の多様性と新発展』，富民協会，1997，第 232―247 頁。

［44］櫻井清一，「中山間地域における農産物流通システムの新発展―直販をはじめとする多様な販路形成―」，『農業研究センター経営研究』，39，1997，第 13―25 頁。

［45］櫻井清一，「農産物直売所を核とした生産、販売戦略とフードシステム」，土井斎藤編『フードシステムの構造変化と農漁業』，農林統計協会，2001。

［46］財団法人地域活性化センター，調査報告書，『道の駅を拠点とした地域活性化 – 調査報告書』，2012 年 3 月。

［47］笹澤武，「甘楽富岡農協における販売事業の一考察—直売所とインショップの事業展開を中心として」，『関東学園大学経済学紀要』，33（2），2007，第 129—138 頁。

［48］渋谷進，「実験発表農协が取り組む地産地消運動—地域活性を目指した直売づくり」，『九州農村生活研究会会報』，12，2003，第 4—12 頁。

［49］白武義治，「地域農業再生と活性化に果たす農産物直売所—長崎県における農産物直売所を事例として—」，『農業経済論集』，54（1），2003，第 25—38 頁。

［50］住本雅洋、伊庭治彦，「農産物直売所に対する消費者の評価と課題—兵庫六甲農協パスカルさんだを事例として—」，『神戸大学農業経済』，36，2003，第 75—85 頁。

［51］菅野雅之，「城市近郊地域における大規模農産物直売所の機能分析—農协花園農産物直売所を事例として」，共済総研レポート，2009 年 6 月，第 13—20 頁。

［52］田口光弘、柴田静香，「継続購買の傾向に基づいた生産者に対する消費者のロイヤルテイの計画—直売所の顧客 ID 付き POSデータ分析」，『農業経営研究』，45（1），2007，第 79—83 頁。

［53］田中秀樹，「食の現段階と地産地消運動の今日的意義」，日本流通学会年報，『流通』，2004 年版，NO17，第 6—16 頁。

［54］田中秀樹，「地域づくりと直売市—地域づくり型産地形成と協同の拠点」，『農業．農協問題研究』，2009 年 1 月第 40 号，第 7—29 頁。

［55］滝沢昌道，「4 都県（東京、神奈川、静岡、山梨）の直売所における販売の実態」，『関東東海農業経営研究』，90，1999，第 97—100 頁。

［56］滝沢昌道，「共同直売所の類型化と販売金額に及ぼす要因の解明」，『関東東海農業研究成果情報』，1999，第 92—93 頁。

［57］駄田井久，「農産物直売所における消費者行動の実証的分析」，『岡山大学農学部学術報告』，93，2004，第77—81頁。

［58］駄田井久、佐藤豊信、石井盟人，「農産物直売所におけるマーケテイング戦略の構築—安心．安全の視点から」，『農林業問題研究』，2007年6月，第141—145頁。

［59］土田志郎、守屋透、白井敏樹，「農産物直売所におるコミュニケーション活動とマーケテイング効果」，『農林業問題研究』，2006年6月，第128–133頁。

［60］津谷好人、斎藤文信、秋山満，「激化競争する下における直売所経営の戦略適合—栃木県における事例を対象に—」，『農業経営研究』，44（1），2006，第127—131頁。

［61］徳田博美，「青果物におけるコンテナ流通の現段階と課題」，『2005年度日本農業経済学会論文集』，第243–248頁。

［62］二木季男著，『成功するファーマーズマーケット』，家の光協会，2000。

［63］二木季男，『地産地消マーケティング』，家の光協会，2004。

［64］二木季男，『地産地消と地域再生–先進優良事例に学ぶ』，家の光協会，2008。

［65］西和盛、新開章司、堀田和彦，「消費者の価値観と店舗選択行動—農産物直売所の競争戦略構築に向けて—」，『農業経営研究』，45（2），2007，第147—152頁。

［66］八木洋憲等，「城市近郊農産物直売所に対する需要の空間分析—来店者のトラベル、コストからの接近—」，『農業経営研究』，42（1），2004，第139—142頁。

［67］半杭真一，「地産地消による差別化戦略が対象する消費者の分類と定量化」，『農業市場研究』，2008年12月，第38—45頁。

［68］服部俊宏、堤聴等，「直売所における農産物販売が農家に与える影響」，『農林計画論文集』，2，2000，第301—306頁。

［69］福田善乙，「地域における街路市（朝市）の役割と地産地消」，『社会科学論集』，80，2001，第55—86頁。

［70］藤田武弘、内藤重之等，「流通チャネルの多様化と城市近郊における農産物朝市、直売所の存立構造」，『農政経済研究』，22，2000，第1—21頁。

［71］藤田武弘著，『地場流通と卸売市場』，農林統計協会，2000。

［72］藤原亮介、大西敏夫、藤田武弘、内藤重之，「城市地域における常設型農産物直売所の存立意義」，『農林業問題研究』，第154号，2004，第204—207頁。

［73］藤井吉隆、梅本裕二、山本淳子，「農産物直売所における購買行動の特徴と店頭マッケテイング方策」，『農林業問題研究』，2008年6月，第163—168頁。

［74］福山豊、小林一、松村一善，「農協主体の農産物直売所における生産者の出荷行動に関する考察—鳥取県T農協を対象として」，『農林業問題研究』，2008年6月，第156—162頁。

［75］福山豊、小林一、松村一善，「農協主体の農産物直売所における生産者の出荷行動に関する一考察—鳥取T農協を対象として—」，『農林業問題研究』，170，2008，第156—162頁。

［76］牧山正男、三富良正，「地場産農産物購入者の属性と意識—スーパーの直売コーナーにおけるアンケートから—」，『農村計画学会会誌』，23，2004，第121—126頁。

［77］三島徳三、行方のな，「農産物直売所の実態と意義に関する考察」，『流通』，（17），2004，第150–157頁。

［78］李倫美，「大型農産物直売所増設にともなう出荷行動の変化–posデータ分析から」，日本農業研究所研究報告『農業研究』第24号，2011年，第55—86頁。

［79］生源寺真一，「成熟する日本社会と農村」，『地域開発』vol–469，2006年，財団法人地域開発センター。

［80］岩崎由美子，「地産地消における連携の意義と課題—農産物直売所を中心に—」，『シンクタンクふくしまNEWSLETTER』，2005年，第32頁。

［81］守友裕一，「地域政策の変化の中での地産地消の意義」（シンクタンクふくしま所内研究会資料）。

### 中文参考文献

[1] 埃里克·弗鲁博顿、鲁道夫·芮切特：《新制度经济学——一个交易费用分析范式》，上海人民出版社 2006 年版。

[2] 安慧：《试论诺斯的制度变迁理论》，《中国商界》（下半月）2008 年第 8 期。

[3] 安玉发、张浩：《蔬果农产品协议流通模式研究》，中国农业大学出版社 2010 年版。

[4] 波特：《竞争优势》，华夏出版社 1997 年版。

[5] 欧阳斌：《国外农产品供应链管理成功案例之研究》，《安徽农业科学》2009 年第 2 期。

[6] 陈志祥、马士华：《供应链中的企业合作关系》，《南开管理评论》2001 年第 1 期。

[7] 陈科、乐毕君：《基于农超对接的供应链物流管理模式研究》，《物流工程与管理》2011 年第 10 期。

[8] 陈小霖：《供应链环境下的农产品质量安全保障研究》，《南京理工大学》2007 年第 9 期。

[9] 戴化勇：《农产品供应链管理与质量安全关系的实证研究》，《管理学研究》2008 年第 1 期。

[10] 邓俊森、戴蓬军：《供应链管理下鲜活农产品流通模式的探讨》，《农业经济》2006 年第 8 期。

[11] 邓俊森、戴蓬军：《供应链管理下鲜活农产品流通模式探讨》，《商业研究》2006 年第 23 期。

[12] 傅俊伟、李小明、李培亮：《供应链及供应链管理之初探》，《商业研究》2005 年第 12 期。

[13] 甘永春、左振华、甘晓辉：《基于交易费用理论的供应链合作关系研究》，《科技广场》2009 年第 8 期。

[14] 耿献辉：《中国涉农产业：结构、关联与发展》，博士学位论文，南京农业大学，2009 年。

[15] 胡庆龙：《罗纳德·哈利·科斯——新制度经济学创始人》，人民邮电出版社 2009 年版。

[16] 胡欣欣：《中日流通业比较研究》，中国轻工业出版社 1994

年版。

[17] 黄鑫鼎：《制度变迁理论的回顾与展望》，《科学决策》2009 年第 9 期。

[18] 黄勇、陈景旗：《我国农产品物流发展的问题及对策研究》，《广西社会科学》2004 年第 11 期。

[19] 蒋凯：《生鲜农产品供应链的分析及其优化》，《沿海企业与科技》2006 年第 1 期。

[20] 焦必方、方志权：《中日鲜活农产品流通体制比较研究：从生产者到消费者》，上海财经大学出版社 2002 年版。

[21] 兰萍：《全球化背景下农产品供应链的发展及对策研究》，《北方经贸》2005 年第 12 期。

[22] 李季芳：《基于核心企业的水产品供应链管理研究》，博士学位论文，中国海洋大学，2008 年。

[23] 李季芳：《基于连锁超市的生鲜农产品供应链管理模式研究》，《山东财经学院学报》2009 年第 2 期。

[24] 李平、王维薇、张俊飚：《农户市场流通认知的经济学分析——以食用菌种植户为例》，《中国农村观察》2010 年第 6 期。

[25] 李雪珍：《绿色农产品供应链中供应商的选择》，《农业经济问题》2007 年第 4 期。

[26] 李培亮、陶敏：《浅谈供应链及供应链管理》，《中国钨业》2005 年第 4 期。

[27] 李智：《日本流通业的管理经验及教训》，《商贸经济》2005 年第 1 期。

[28] 李小雪、唐立新：《基于品牌战略的农产品供应链管理研究》，《物流工程与管理》2009 年第 5 期。

[29] 李岩、傅泽田、刘雪：《农产品供应链管理问题初探》，《农村经济》2008 年第 3 期。

[30] 李莹：《我国"农超对接"理论与实证研究》，博士学位论文，沈阳农业大学，2011 年。

[31] 连漪、李佳楠、叶宏球：《农产品供应链管理模式与对策》，《安徽农业科学》2012 年第 12 期。

［32］林家宏、温思美、罗必良：《企业办市场　企业管市场市场
企业化——“布吉模式”的创新价值及对中国农产品流通体制
改革的启示》，《中国农村经济》1999 年第 9 期。

［33］刘和旺、颜鹏飞：《论诺斯制度变迁理论的演变》，《当代经济
研究》2005 年第 12 期。

［34］刘文革、刘婷婷：《以诺斯为代表的制度变迁理论评析》，《学
术交流》2007 年第 3 期。

［35］刘从九：《基于供应链的农产品流通组织重构》，《中国合作经
济》2004 年第 5 期。

［36］罗必良、王玉蓉、王京安：《农产品流通组织制度的效率决定：
一个分析框架》，《农业经济问题》2000 年第 8 期。

［37］罗金：《北方新一轮林权制度改革：动因、路径与绩效》，博士
学位论文，沈阳农业大学，2011 年。

［38］诺斯：《西方世界的兴起》，华夏出版社 1999 年版。

［39］诺斯：《经济史中的结构与变迁》，上海三联书店 1994 年版。

［40］邱祝强、王菲、张智勇：《基于农产品供应链管理的企业自建
可追溯系统研究》，《广东农业科学》2010 年第 4 期。

［41］沈厚才、陶青、陈煜波：《供应链管理理论与方法》，《中国管
理科学》2000 年第 3 期。

［42］史晋川、沈国兵：《论制度变迁理论与制度变迁方式划分标
准》，《经济学家》2002 年第 1 期。

［43］孙宝文：《基于委托—代理理论的供应链伙伴关系研究》，中国
人民大学出版社 2008 年版。

［44］孙明贵：《浅析 90 年代以来日本“流通革命”的原因》，《现代
日本经济》2003 年第 2 期。

［45］宋金田、祁春节：《交易成本对农户农产品销售方式选择的影
响——基于对柑橘种植农户的调查》，《中国农村观察》2011 年
第 5 期。

［46］宋则：《流通体制改革攻坚》，中国水利水电出版社 2005 年版。

［47］汪旭辉：《零售企业竞争优势》，中国财政经济出版社 2009
年版。

［48］汪旭辉：《农产品流通体系现状与优化路径选择》，《改革》
2008 年第 2 期。

［49］汪旭辉：《建设新农村背景下的农产品流通体系优化》，《2006
年流通产业与区域经济发展研讨会论文集》2006 年第 9 期。

［50］汪洪涛：《制度经济学：制度及制度变迁性质解释》，复旦大学
出版社 2003 年版。

［51］王金圣：《供应链及供应链管理理论的演变》，《财贸研究》
2003 年第 3 期。

［52］王海萍：《供应链管理理论框架探究》，《经济问题》2007 年第
1 期。

［53］王洪涛：《威廉姆森交易费用理论述评》，《经济经纬》2004 年
第 4 期。

［54］王宁、黄立平：《基于信息网络的农产品物流供应链管理模式
研究》，《农业现代化研究》2005 年第 3 期。

［55］王石舟：《美国大型农产品企业（ADM，Cargill）供应链探
悉》，《商场现代化》2006 年第 7 期。

［56］吴寿玉：《日本的农协组织和农产品流通》，《山东畜牧兽医》
2008 年第 3 期。

［57］魏国：《论诺斯的制度变迁理论》，《山东理工大学学报》（社会
科学版）2002 年第 12 期。

［58］魏国辰、肖为群：《基于供应链管理的农产品流通模式研究》，
中国物资出版社 2009 年版。

［59］威廉姆森：《交易费用经济学讲座》，《经济工作者学习资料》
1987 年第 50 期。

［60］韦森：《再评诺斯的制度变迁理论》，《经济学》（季刊）2009
年第 1 期。

［61］吴小平：《西方营销渠道理论综述》，《商业经济》2005 年第
1 期。

［62］夏春玉：《中国农村流通体制改革研究》，经济科学出版社 2009
年版。

［63］夏春玉：《当代流通理论——基于日本流通问题的研究》，东北

财经大学出版社 2005 年版。

[64] 夏春玉、徐建、薛建强:《农产品流通市场结构、市场行为与农民收入——基于 SCP 框架的案例研究》,《经济管理》2009年第 9 期。

[65] 夏春玉:《城市零售流通系统的空间竞争结构及其变化》,《商业经济与管理》2005 年第 10 期。

[66] 夏春玉:《流通、流通理论与流通经济学——关于流通经济理论(学)的研究方法与体系框架的构想》,《财贸经济》2006 年第6 期。

[67] [日] 香川敏幸:《日本流通产业的发展和政府的作用》,《中国流通经济》2003 年第 5 期。

[68] 杨青松:《农产品流通模式研究》,博士学位论文,中国社会科学院研究生院,2011 年。

[69] 杨浩、诸葛建华:《零售企业主导型供应链的管理特征研究》,《财贸研究》2004 年第 6 期。

[70] 杨为民:《农产品供应链一体化模式初探》,《农村经济》2007年第 7 期。

[71] 杨维霞:《农产品供应链整合策略分析》,《农业经济》2008 年第 12 期。

[72] 杨浩、诸葛建华:《零售企业主导型供应链中的信息共享》,《科技管理研究》2006 年第 8 期。

[73] 于宏新:《电子商务环境下农产品供应链管理研究》,《安徽农业科学》2010 年第 21 期。

[74] 杨小凯、张永生:《新古典经济学和超边际分析》,中国人民大学出版社 2000 年版。

[75] 杨依山、刘宇:《制度变迁理论评述》,《理论学刊》2009 年第6 期。

[76] 袁平红:《直销所——日本农产品流通新模式》,《现代日本经济》2009 年第 2 期。

[77] 张晟义:《中外涉农供应链研究和发展的初步比较》,《科学管理研究》2004 年第 5 期。

［78］张晟义：《涉农供应链浅析》，《物流技术》2003 年第 3 期。

［79］张敏：《基于核心企业的农产品供应链分析》，《物流技术》2004 年第 5 期。

［80］张倩、李崇光：《农产品物流发展的供应链管理模式及对策》，《软科学》2008 年第 1 期。

［81］张艳娟：《诺斯的制度变迁理论刍议》，《重庆文理学院学报》（社会科学版）2010 年第 7 期。

［82］赵宏波：《政府主导下的区域蔬菜供应链管理研究》，硕士学位论文，广西大学，2006 年。

［83］赵林度：《零售企业食品供应链管理》，中国轻工业出版社 2006 年版。

［84］赵晓飞、田野：《我国农产品流通渠道模式创新研究》，《商业经济与管理》2009 年第 2 期。

［85］邹雪丁等：《基于国际经验的农产品流通模式研究》，《物流技术》2009 年第 1 期。

［86］钟波兰：《构建农产品绿色供应链》，《物流科技》2008 年第 4 期。

［87］朱昌蕙：《委托代理理论与中国企业家队伍》，《成都大学学报》（自然科学版）1997 年第 12 期。

［88］朱毅华、王凯：《农产品供应链整合绩效的实证研究——以江苏地区为例》，《南京农业大学学报》（社会科学版）2004 年第 6 期。

# 后 记

2012 年 4 月至 2013 年 3 月，在日本国际交流基金会资助下，我在日本京都大学和日本神户大学进行了为期一年的访问研究，研究课题为"日本农协主导的农产品'地产地消'流通模式"研究，本书是在该课题研究的基础上进一步深入研究的成果。

在赴日本研究之前，中国社会科学院研究生院农村发展系杜志雄主任、苑鹏教授为我撰写了专家推荐信，国际交流与合作处王炜处长为我提供了日语能力评价证明，也正因如此，我的日本之行才得以顺利成行，而且收获颇丰。在本书搁笔之际，内心思绪万千，千言万语难以表达对各位老师的感激之情。

在课题研究过程中，得到了日本神户大学食料流通经济研究科小野雅之教授和日本京都大学农学研究科加贺爪优教授的悉心指导，使我在每一次的例行学术研讨后都会有新思路、新想法，也使得本研究的整体框架和内容日趋成熟，两位教授对学术研究的热情和精益求精的精神一直激励着我前进，令我难以忘怀。

日本神户大学食料流通经济研究科的宫井浩治博士、汪清硕士在本课题调研和文献资料检索过程中提供了大量的支持与帮助，在此表示诚挚的谢意。

李凤荣

2016 年 6 月